2016

郑州农村发展报告

ZHENGZHOUNONGCUNFAZHANBAOGAO

郑州市人民政府

中国统计出版社
China Statistics Press

图书在版编目(CIP)数据

郑州农村发展报告.2016/郑州市人民政府编.—北京:中国统计出版社，2016.8

ISBN 978-7-5037-7848-3

Ⅰ.①郑... Ⅱ.①郑... Ⅲ.①农村经济发展-研究报告-郑州市-2016 Ⅳ.①F327.611

中国版本图书馆CIP数据核字(2016)第161730号

郑州农村发展报告·2016

作　　者/ 郑州市人民政府
责任编辑/ 佘竞雄　刘江华
装帧设计/ 段　凡
出版发行/ 中国统计出版社
地　　址/ 北京市丰台区西三环南路甲6号　邮政编码 100073
电　　话/ 邮购 (010) 63376909　书店 (010) 68783171
网　　址/ http://www.zgtjcbs.com
印　　刷/ 河南传美印刷有限公司
经　　销/ 新华书店
开　　本/ 889×1194毫米　1/16
字　　数/ 270千字
印　　张/ 20.25印张
版　　别/ 2016年10月第1版
版　　次/ 2016年10月第1次印刷
定　　价/ 260.00元

如有印装差错，由本社发行部调换。

《郑州农村发展报告·2016》
编委会

《郑州农村发展报告·2016》
编辑部

前　言

2015年是“十二五”的收官之年。

这一年，郑州市以“服务城市、富裕农民、优化生态、繁荣农村”为目标，抓改革、转方式、调结构，推动一二三产业融合发展，推进都市生态农业建设，加快农业现代化进程，“三农”工作持续向好，实现了“十二五”的圆满收官。

抓改革促活力。推进农村产权交易制度改革，挂牌成立了农村产权交易中心，建立了市、县、乡三级农村产权流转交易体系。推进农村集体经济股份合作制改革，下发了《关于开展农村集体经济股份合作制改革和村委会改居委会工作的指导意见》，截至2015年底，农村集体经济股份制改革已有256个村组完成了股改工作，完成产权制度改革的村组资产总额达70.4亿元。推进农村投融资机制改革，出台了《郑州市财政资金支持农业企业发展暂行办法》，设立1亿元专项资金，通过贴息、贴担保费等方式，扶持龙头企业做大做强；筹资3亿元组建郑州都市农业担保公司，通过放大财政资金作用，引导和撬动信贷资金、社会资金投入现代农业发展。启动农村供给侧改革，促进了一二三产业融合。通过改革，进一步激发了农村活力。

转方式调结构。大力推进以“服务城市”为侧重的都市生态农业建设，实施“136工程”，在全市规划建设了中牟·国家农业公园等12个万亩以上的现代农业示范区和47个面积在1000至2000亩、总面积近6万亩的都市生态农业示范园。引入全域旅游理念，全面拓展农业生活功能，打造了滨河风光览胜游等5条农业休闲观光精品线路。2015年，全市休闲农业接待人次达2300万人次，营业收入27.78亿元。大力推进农业产业化集群建设，已培育农业产业化集群28个；生态林业、生态水系和“菜篮子”工程建设成效显著；初步构建起了具有郑州特色的都市生态农业产业体系。

新农村新气象。近年来，郑州市大刀阔斧推进新型城镇化建设和产业富民，全市1900多个行政村规划为219个新型农村社区，启动建设165个，部分乡镇已基本实现了全域城镇化，实现了农民就近就业、就近创业。随着“人在哪里居住、居住什么样的环境、产业在哪里布局、布局什么样的产业”问题的解决，农民“过上城里人生活”逐步成为现实，呈现出一派顾顾向荣的新气象。

为真实记录2015年郑州市“三农”工作进程，我们编辑了郑州市2016年农村发展报告。百密一疏，书中难免有错误之处，敬请批评指正。

目 录

政策评价篇

县(市)区篇

资料篇

特色篇

重要文献

研究探索

他山之石

新书推介

后　记

概述

2015年，是“十二五”规划的收官之年，也是全面深化改革的关键之年。全市农业农村经济继续保持良好的发展态势，取得了新的成效，呈现出基础稳固、保障有力、转型加快等特点。

全市农林牧渔业总产值实现276.6亿元（含巩义市，下同），比上年增长3.0%；增加值实现153.5亿元，比上年增长3.0%，全年粮食总产保持在160万吨以上，达到168.3万吨，比上年增长3.9%。其中，夏粮产量为85.6万吨，比上年增长5.4%；秋粮产量为82.7万吨，比上年增长2.4%。全市粮食单产为322.7千克/亩，比上年增长6.5%。水果产量为27.5万吨，比上年下降4.4%。全年蔬菜产量为273.6万吨，比上年下降4.5%。

全市猪牛羊禽肉总产量为25.7万吨，比上年下降2.6%，其中，猪肉产量17.8万吨，比上年下降4.0%；禽蛋产量23.0万吨，比上年增长1.1%；牛奶产量42.8万吨，比上年下降10.7%。

2015年郑州巩固国家森林城市建设成果，突出抓好生态廊道、森林公园体系、环城生态林建设、花卉苗木产业发展，着力打造美丽郑州。完成林业生态廊道467公里，植树造林3.45千公顷，义务植树361万人次，植树数量达1362万株，全年实现林业增加值3.4亿元，比上年增长2.6%。截止2015年底全市共有森林公园24个，其中国家级森林公园2个；

森林覆盖率达到33.36%。

全年水产养殖面积发展到9.8千公顷，水产品产量14.9万吨，完成渔业增加值9.4亿元，比上年增长6.9%。

2015年，农村居民人均可支配收入17125元，比上年名义增长8.9%，实际增长8.4%。农民收入增长高于城镇居民收入增长，城乡居民收入差距进一步缩小，城乡居民收入比为1.8:1，比上年缩小0.1个百分点。农村居民人均工资性收入为9889元，比上年增长10.6%，增幅回落0.2个百分点，拉动农村居民人均可支配收入增长6.0个百分点。农村居民人均经营性净收入为5259元，比上年增长5.7%。农村居民人均财产净收入为1298元，增长16.2%。农村居民人均转移净收入为678元，增长8.7%，

2015年随着农民人均纯收入的不断增长，农民人均生活消费支出增长强劲，达到12080元，比上年增加955元，增长8.6%。全市实现乡村社会消费品零售额277亿元，增长14.6%，高于全社会3.1个百分点，占社会消费品零售总额的比重为8.8%。全市实现农户固定资产投资83.7亿元，比上年下降12.5%。

现代农业篇

XIANDAINONGYEPIAN

现代农业

基本态势

2015年，郑州市按照“抓改革创新、强投资开放、促结构调整、求民生改善”的总体要求，继续加大对“三农”的支持力度，加强农业农村基础设施建设，不断提高农业创新力、农副产品供给率和农业对生态的保障力，使全市农业和农村经济保持了良好的发展态势。全年完成农林牧渔业增加值153亿元，增长3.0%；农村居民人均纯收入17125元，增长8.9%。

一、主要农产品产能稳步提升

全年农作物播种总面积704.66万亩，其中粮食作物播种面积521.55万亩，总产168.31万吨；油料作物播种面积64.68万亩，总产15.38万吨；棉花播种面积4.12万亩，总产0.25万吨；蔬菜播种面积96.81万亩，总产273.56万吨。肉、蛋、奶、水产品产量分别达到25.9万吨、23万吨、43.6万吨和15.4万吨。

二、林业产业持续发展

全年完成营造林总规模13.88万亩，其中造林8.85万亩、抚育改造合格面积5.03万亩，营造林任务总规模完成率和造林任务完成率在全省18个地市中均排名第一。截止2015年底，全市森林覆盖率达到33.36%。完成市域内7条高速公路和5条快速通道等生态廊道建设467公里，绿化面积5848万平方米，廊道绿化创造“郑州样板”。完成郑州树木花卉博览园一期工程，新建10个森林体验园。全年参加义务植树人数361万人次，植树1362万余株。完成花卉苗木基地建设2.2万亩。完成林业总产值5.55亿元。

三、畜牧业标准化规模化养殖水平大幅提高

全市畜牧龙头企业发展到136家，其中国家级4家、省级20家、市级112家，带动农户13万多户。畜禽养殖专业合作组织发展到312家，带动规模养殖户1.9万余户。创建国家级畜禽养殖标准化示范场18个，规模养殖场（户）4100多个，规模养殖比重达74%。生猪饲养量348.85万头，肉牛饲养量25.97万头，肉羊饲养量94.26万只，家禽饲养量6742.74万只，奶牛存栏数7.67万头。畜牧业产值达到99.62亿元，占农林牧渔业的比重达38.96%。

四、水产经济保持平稳

完成水产标准化健康养殖项目2个，立项扶持水产龙头企业、合作社5个，认定无公害水产品生产基地29个，创农业部水产健康养殖示范场16家，15个产品获得了无公害产品认证，无公害水产养殖面积达到7.2万亩，水产养殖总面积达到14.1万亩。发展休闲渔业实体近1000家，水面8000多亩，总投资逾15亿，吸纳劳动力1万多人，产值达17.6亿元。

农业发展与国民经济

农业、农村和农民问题，事关改革、发展、稳定大局。无论形势如何变化，农业的基础地位不会改变，农业对整个国民经济的支撑作用不会减弱。

2015年是“十二五”规划的收官之年，也是全面深化改革的关键之年。郑州市农业农村工作认真贯彻落实中央、省委农村工作会议精神和郑州在都市生态农业上先行先试、率先发展的要求，以新型城镇化为引领，以“服务城市、富裕农民、优化生态、繁荣农村”为目标，抓改革、转方式、调结构，推动一二三产业融合发展，全市农业农村经济继续保持良好的发展态势，取得了新的成效，呈现出基础稳固、保障有力、转型加快等特点，为实现“两个率先”夯实了基础。

一、农业生产总体平稳

2015年，全市农林牧渔业总产值实现276.6亿元（含巩义市，下同），比上年增长3.0%；增加值实现153.5亿元，比上年增长3.0%，比全国低0.9个百分点，比全省低1.4个百分点，农业生产总体平稳。农业结构不断优化调整，农产品产量出现新变化。

(一)粮食增产

在粮食种植面积下降的情况下，全年粮食总产保持在160万吨以上，达到168.3万吨，比上年增长3.9%。其中，夏粮产量为85.6万吨，比上年增长

5.4%；秋粮产量为82.7万吨，比上年增长2.4%。全年粮食种植面积为347.7千公顷，比上年下降2.5%。其中，夏粮播种面积为172.2千公顷，比上年下降2.3%；秋粮播种面积为175.5千公顷，比上年下降2.6%。与之相反，随着农业生产效率的提升，粮食单产逐年提高，2015年全市粮食单产为322.7千克/亩，比上年增长6.5%。

(二)蔬果面积产量双下降

2015年全市果园面积为21.4千公顷，比上年下降6.6%，水果产量为27.5万吨，比上年下降4.4%。在2012年水果产量达到30.8万吨的历史高位后，连续三年出现回落。全年蔬菜种植面积64.5千公顷，比上年下降4.7%，产量为273.6万吨，比上年下降4.5%。与水果生产形势相同，蔬菜产量在2012年首次突破300万吨达到302.1万吨后，连续三年出现下降。

(三)肉蛋奶“两降一增”

2015年全市猪牛羊禽肉总产量为25.7万吨，比上年下降2.6%，其中，猪肉产量17.8万吨，比上年下降4.0%；禽蛋产量23.0万吨，比上年增长1.1%；牛奶产量42.8万吨，比上年下降10.7%。

(四)林渔业后劲增强

2015年郑州巩固国家森林城市建设成果，突出抓好生态廊道、森林公园体系、环城生态林建设、花卉苗木产业发展，着力打造美丽郑州。2015年完成林业生态廊道467公里，植树造林3.45千公顷，四榜植树685万株，中、幼林抚育2.84千公顷，义务植树361万人次，植树数量达1362万株，全年实现林业增加值3.4亿元，比上年增长2.6%。截止2015年底全市共有森林公园24个，其中国家级森林公园2个；森林覆盖率达到33.36%。

2015年水产品品种结构进一步优化，产品质量不断提升，全年水产养殖面积发展到9.8千公顷，水产品产量14.9万吨，位居全省第二位。完成渔业增加值9.4亿元，比上年增长6.9%。

二、农业现代化水平进一步提升

(一)农业机械化水平稳步提高

2015年，全市农业机械原值达到45.4亿元，比上年增长4.4%；农业机械总动力为582.05万千瓦，比上年增长1.0%，主要农作物耕种收综合机械化水平达到80.5%，比上年提高1.5个百分点。年末全市联合收获机拥有量达9700台，比上年增长11.8%。农用排灌动力机械达8.9万台，比上年减少3.6%；秸秆粉碎还田机0.9万台，比上年增长0.8%；温室面积达到6809.3万平方米，比上年增长4.7%；农产品初加工机械6.1万台，比上年略有减少；农用运输机械总量略有减少，保有量10.8万台；农产品加工、畜牧业、林业、渔业机械都得到了不同程度的发展。

（二）农业基础条件和设施不断完善

2015年，继续实施高标准农田建设和高产创建工程，全市新建高标准农田3.4万亩，高标准农田达到66.5万亩。投资3亿元，完成47个1000亩以上、总面积5.9万亩集“菜篮子”工程、休闲观光、生态可持续于一体都市生态农业示范园建设。综合治理水土流失面积270.2千公顷，比上年增长7.6%；新增有效灌溉面积10.9千公顷，比上年增长131.4%；新增节水灌溉面积8.7千公顷，比上年下降12.3%。农业基础条件的不断完善对粮食生产起到很大的保障作用。据测产，全市小麦万亩示范方平均单产在500公斤以上。

（三）农业产业化程度进一步提升

2015年全市重点培育全产业链农业产业化集群，以种养加工、农业流通、休闲农业、示范园区和涉农服务5个集群类型为主导，年底省市级农业产业化集群28个，其中省级集群11家、市级17家，全年集群销售收入超过两千亿元，在中部省会城市中位居前列。农业综合效益进一步提高。2015年新成立注册农业专业合作社742家，全市市级以上农业产业化重点龙头企业总数达到430家，其中国家级13家、省级61家。

三、城乡居民可支配收入较快增长

2015年，全市居民人均可支配收入实现较快增长，达到26501元，比上年名义增长9.2%，实际增长8.4%。增速分别高于全国、全省0.3和0.1个百分点。城乡居民收入差距进一步缩小。城镇居民人均可支配收入达到31099元，比上年名义增长8.7%，实际增长7.5%。农村居民人均可支配收入17125元，比上年名义增长8.9%，实际增长8.4%。农民收入增长高于城镇居民收入增长，城乡居民收入差距进一步缩小，城乡居民收入比为1.8:1，比上年缩小0.1个百分点。

（一）工资性收入增长趋缓

2015年，全市居民工资性收入增长趋缓，增速为近几年较低水平，但仍是可支配收入增长的首要拉动力。全市居民人均工资性收入为16683元，比上年增长9.4%，占可支配收入的比重为63.0%，拉动可支配收入增长5.9个百分点。其中，城镇居民人均工资性收入为20014

元，比上年增长7.8%，增幅回落0.4个百分点，拉动城镇居民人均可支配收入增长5.4个百分点；农村居民人均工资性收入为9889元，比上年增长10.6%，增幅回落0.2个百分点，拉动农村居民人均可支配收入增长6.0个百分点。

（二）经营净收入平稳增长

2015年，全市居民人均经营净收入为3552元，比上年增长6.7%。其中，城镇居民人均经营净收入为2715元，比上年增长8.9%；农村居民人均经营性净收入为5259元，比上年增长5.7%。

（三）财产净收入快速增长

2015年，全市居民财产净收入保持两位数增长。全市居民人均财产净收入为1233元，比上年增长11.7%。其中，城镇居民人均财产净收入为1202元，增长12.8%；农村居民人均财产净收入为1298元，增长16.2%。2015年房地产市场逐渐升温，房屋出租价格持续上涨，居民房屋出租收入增长明显。

（四）转移净收入较快增长

2015年，全市居民转移净收入保持较快增长，是拉动可支配收入持续增长的动力。居民人均转移净收入为5033元，比上年增长10.1%，拉动可支配收入增长1.9个百分点。其中，城镇居民人均转移净收入为7168元，增长8.9%，拉动可支配收入增长2.0个百分点；农村居民人均转移净收入为678元，增长8.7%，拉动可支配收入增长1.8个百分点。

四、农村消费持续活跃，农户投资减少

（一）农村消费品市场继续繁荣

2015年随着农民人均纯收入的不断增长，农民人均生活消费支出增长强劲，达到12080元，比上年增加955元，增长8.6%。全市实现乡村社会消费品零售额277亿元，增长14.6%，高于全社会3.1个百分点，占社会消费品零售总额的比重为8.8%。

（二）农村居民生活质量稳步提高

2015年，全市农村居民食品消费人均支出2881元，比上年增加227元，增长8.6%。营养丰富的享受性食物增加。2015年，肉、禽、蛋和奶类消费支出人均为607元，比上年增长14.7%，占食品消费的比重为21.1%，比上年提高了1.1个百分点。农村居民医疗保健人均支出882元，比上年增长14.7%。每百户农村家庭拥有汽车38辆、空调110台、计算机51台，分别比上年增长22.6%、6.8%、4.1%。

（三）农户固定资产投资下降

2015年郑州市农户固定资产投资总额83.7亿元，比上年减少12.5%。在构成上：投向建筑工程的资金44.7亿元，比上年减少27.0%，其中房屋投资44.0亿元，比上年减少14.6%。投向设备工器具购置的资金为20.8亿元，比上年减少23.5%。方向上，投向农林牧渔业的资金为4.9亿元，比上年增长16.7%。投向制造业的资金为3.8亿元，比上年减少25.5%。投向交通运输、仓储和邮政业的资金为15.8亿元，比上年减少17.7%。投向批发和零售业的资金为15.1亿元，比上年增长23.8%。投向房地产的资金为39.7亿元，比上年减少19.3%。

五、农业对经济社会发展贡献稳定

2015年，农林牧渔业对全市经济增长的贡献率为0.72%，比上年略有降低。

从产品贡献看，主要农产品供应充足，为社会稳定和推动各项改革事业的发展做出了积极的贡献。一方面，丰富了城市居民的“米袋子”和“菜篮子”；另一方面，农业的发展推动了相关产业特别是以农产品为原料的轻工业的发展，2015年全市规模以上食品工业完成工业增加值437.9亿元，增长4.7%，对全市工业增长的贡献率为4.6%，拉动全市工业增长0.5个百分点；实现主营业务收入976.7亿元，增长10.8%。

从市场贡献看，农村是工业品重要消费市场。农业生产资料需求的不断增长，带动了农用工业和食品工业的发展。全市农机化投入2.9亿元，农业机械原值达到50.2亿元，比上年增长4.1%，乡村社会消费品零售额为277亿元，比上年增长14.6%。

从要素贡献看，农村为工业化和新型城镇化提供了大量的劳动力。劳务经济的蓬勃发展带动大量农业劳动力向非农产业转移，近年在全市从业人员中，城镇从业人员在逐步增加，农业从业人员在不断减少。2015年全市农业从业人员为93.1万人，比上年下降1.6%，新增农村劳动力转移就业10万人。

新常态下，面对“三农”工作，国家明确提出“创新、协调、绿色、开放、共享”发展新理念，加快农业现代化、实现全面小康目标。相对于快速推进的城镇化，农业农村基础设施依然薄弱；农业供给侧改革与市民消费升级还不适应；农村水源、土壤面源污染亟待治理等。对此，应高度重视，切实增强责任感、使命感、紧迫感，稳住农业农村持续向好的发展态势。

农业产业化

近年来，郑州市以加快转变农业发展方式为主线，以促进农业增效、农民增收为目标，以扶优扶强农业产业化龙头企业为切入点，通过加强规划引导、强化政策支持、完善机制体系等举措，大力实施农业产业化集群培育工程，不断完善农业发展的产业链、利益链、组织链、服务链，农业产业化经营水平稳步提升，推动了农业产业结构调整优化和一二三产业融合发展。

一、农业产业化龙头企业队伍稳步壮大

全市市级以上农业产业化龙头企业总数达到430家，较上年增长1.65%，其中国家级龙头企业13家，省级龙头企业61家，上市企业4家，全国主食加工业示范企业6家。430家市级以上龙头企业按生产经营类型划分，加工型123家、种植型96家、养殖型98家、流通型53家、市场带动型8家、综合型47家、涉农服务型5家。各类龙头企业上联市场，下联农户，群龙共舞，充分发挥了“龙头”带动作用。全市农产品加工型龙头企业年销售收入突破600亿元。

二、农业产业化集群培育成效显著

大力培育种养加工、农业流通、休闲农业、示范园区和涉农服务5种类型农业产业化集群，推进订单生产、“农超对接”、“农企对接”、“基地直供”等新模式，形成利益联结机制，提升农业组织化水平。全市共培育农业产业化集群28个，较上年增加7.7%，其中省级集群11个（含省示范性集群4个），市级集群17个，三全、思念、好想你、雏鹰等4个集群被认定为河南省示范性集群。集群内关联企业近300家，合作社118家，配套研发机构47个，带动本地及外地百余万户农户增收，实现销售收入近1400亿元。

三、农民合作社服务效应明显

大力培育农民合作社，加快构建新型农业经营体系。全年共规范各类农民合作社458家，农民合作社总数达到3032家，其中市级示范社285家，省级示范社19家，国家级示范社23家。大力推进合作社联合社建设，全市发展合作社联合社达到24家，其中按地域分：跨省联合社1家，跨市联合社5家，跨县（市、区）联合社11家，本县（市、区）内7家；按行业分：同行业同类联合社15家，跨行业联营9家。

农业标准化

2015年，郑州市通过创建农业标准化示范县，建立农业标准化示范基地，制定特色农产品标准，建立农产品标准体系，培育优质农产品品牌，农产品质量安全水平持续提升。

一、因地制宜推进农业标准化示范项目建设

针对郑州区域农业特点，以农业标准化示范区培育为抓手，推进农业标准化建设。累计创建国家级农业标准化示范项目13个，省级农业标准化项目46个，河南省农业标准化示范县6个，农业标准化项目新增产值1.3亿元。

二、突出特色推进农业标准化体系建设

先后协调农业、水利、环保等有关部门建立完善特色农产品标准体系18个，农业地方标准、生产技术规程26个，为当地特色农业的发展奠定了坚实的技术基础。

三、培育品牌发展特色农产品

在国家、省级示范区中，选择规模大、效益好、质量稳定、商品率高、有市场前景、检测合格的农产品，开展河南省标准化农产品认定工作，目前已有6个产品获得河南省标准化农产品标志。

农产品质量安全管理

一、农产品市场准入

2013年11月1日，在市区实施原（杂）粮、干菜（果）、茶叶市场准入。2014年，延伸至各县(市、区)和上街区。至此，在市场销售的蔬菜、水产品、水果、原（杂）粮、干菜（果）和茶叶等大类食用农产品全部实行市场准入。2015年，将准入监管推进至早市、便利店、门店、流动摊贩、以及规模较小的农贸市场、社区、乡村市场、城乡结合部偏僻市场和小型超市，实现了准入监管全覆盖。市场准入的广度、深度居于全国前列。

二、农产品质量检测检验体系建设

以“互联网+农业”为抓手，全面启动了全市农产品质量安全追溯体系项目建设，市级追溯监控指挥中心和8个县（市、区）分中心已经建成，在全市127家农产品生产企业和255个蔬菜专业村建成追溯网点，形成覆盖流通环节和生产环节的农产品质量安全追溯体系，实现实时视频监控、即时数据采集、质量追溯等功能，有效提升了监管能力。郑州市农产品质量检测中心完成了农业部检测体系项目建设。农业部县级质检体系建设顺利推进。进一步完善乡镇监管体系，大部分乡镇监管站已正常开展工作。

三、农产品质量检测

在市内188家批发、农贸市场、大型超市修建了检测室，派驻了374名农产品检测人员，对销售的食用农产品进行质量检测。市区大中型超市、连锁店经营的农产品由市农产品质检中心执法人员直接抽检，并将每日抽检结果进行公示，让群众买菜明白、放心。全年共现场速测各大类农产品241万批次，合格率在99%以上，无害化处理不合格农产品16406公斤，确保了市民餐桌安全。在农业部对全国182个城市和计划单列市开展的例行监测中，郑州市的蔬菜、水果、食用菌、水产品质量安全合格率位居全国前列。

四、无公害农产品生产基地建设及绿色农产品认证与品牌培育

鼓励农产品生产企业开展无公害农产品生产基地建设，全年新增无公害农产品生产基地2.6万亩。大力开展“三品一标”认证登记工作，全年新认证无公害农产品46个、绿色食品25个、有机农产品15个，“三品一标”认证登记累计达到1049个，总数位居全省前列。

五、农业执法和农资打假

积极推进农业执法机构建设，初步形成了市、县二级执法体系网络。重拳整治农资市场，多种形式开展农资打假专项整治行动，查处各类农资违法案件379件，查获违法农资1300余吨，没有发生重大伤农坑农事件，荣获2015年度全国农业综合执法示范窗口单位。

农业农村市场体系建设

稳步推进农业农村市场体系建设，积极构建大市场大流通格局，促进了农产品流通，加快了农业发展，增加了农村经济发展活力。

一、加快大型农产品物流节点功能升级

推进集散地和产销地大型农产品批发市场、物流节点及加工配送中心的现代化、规模化基础设施建设，发挥大型批发市场在价格形成、商品集散及服务民生等方面的作用，提高信息发布、采销集疏、物流配送、分拣加工、质量检测及综合服务功能，逐步形成了“买全国、卖全国”的农产品市场流通体系。2015年，万邦物流交易农副产品1200多万吨，年交易额700多亿元，市场交易

价格已成为全国农产品价格风向标，现已发展成为中部地区农产品流通的主渠道，并成功申报全国农产品流通骨干网建设项目。信基调味品城年营销额55亿元，现已发展成为全国以调味品、水产品和冻鲜食品为主的农产品物流集散中心。中原四季水产物流港年交易额达400多亿元，截至2015年底，已入驻商户1500多家。陈砦花卉市场年交易额50多亿元，现入驻全国各地花卉生产企业及销售商3500多家，辐射全国20多个省市，作为"南花北调、东花西走"的枢纽，已成为我国中西部地区最大的花卉集散中心。

二、完善鲜活农产品零售终端网点布局

支持大型连锁超市、农产品流通企业在城市发展鲜活农产品连锁经营终端网点，积极开展集中直采、统一配送等业务，完善鲜活农产品流通体系。全年完成新建标准化菜市场2家，社区综合便利店42个，新增生鲜农产品经营面积7750平方米，直接带动就业800余人，带动企业投资约4400万元。

三、大力培育新型流通业态

大力发展电子商务，郑州市于2014年建成了郑州市农产品电子商务网络平台，截至2015年底，网上展示各类农产品品牌达2000多个，品种涉及粮油、畜产品、果蔬、深加工产品和种苗等。河南万庄化肥集团建立电子商务平台，联系国内大中型农资企业近100家，建立乡镇网商近3000家，年销售收入10多亿元。引导农业经营主体与电商企业对接，让农户分享"互联网+"的增值利润，逐步形成"以销定产"的发展格局。2015年9月，阿里巴巴农村淘宝登封市服务中心暨登封电商产业园正式运营。截至2015年底，共建成农村淘宝服务站32个，辐射周边10个乡镇，展示特色产品150余种。大力发展会展农业，组织农业企业参加了第十八届中国农产品加工业投资贸易洽谈会和第十三届中国国际农产品交易会，河阴石榴等10余种具有郑州的特色农产品参加了展示展销，蜜乐源等我市2项产品获得全国农洽会金奖，取得了良好效果。加快大型连锁超市建设产地集配中心、生鲜物流配送中心建设，继续开展"农批对接"、"农企对接"、"基地直供"等对接新模式，推广全程冷链物流，进一步优化了农产品供应链。

四、大力发展农产品期货

累计成交4.79亿手，累计成交金额

17.5万亿元。其中：优质强筋小麦期货成交45.7万手，成交金额252.9亿元；普通小麦期货成交1175手，成交金额1.46亿元；棉花期货成交2261.2万手，成交金额14349.44亿元；白糖期货成交18730万手，成交金额100611.77亿元。油菜籽期货成交4.4万手，成交金额16.72亿元；菜籽油期货成交777.5万手，成交金额4537.73亿元；菜粕期货成交26148.6万手，成交金额55808.38亿元；早籼稻期货成交3545手，成交金额1.75亿元；晚籼稻期货成交1059手，成交金额0.59亿元；粳稻期货合约共成交99手，成交金额0.06亿元。

农业科技

2015年，郑州市积极推进郑州国家农业科技园区建设规划和农业农村科技发展计划，争取国家农业科技成果转化计划项目1个，星火计划项目3个，省级重大科技专项1个，市级重大科技专项10个，工程技术中心15个，科技惠民计划项目4个，省级科技特派员（包括法人和团队）7项，全年完成各类各级科技计划项目80个，为全市现代农业发展提供有力的科技支撑。

一、培育农业科技创新载体

金水区速冻调理食品创新型农业产业化集群、航空港农牧创新型农业产业化集群2个产业化集群顺利通过专家组评审，并得到河南省科技厅认定。河南广安生物科技股份有限公司等20家企业被认定为2015年度郑州市现代农业科技创新型龙头企业，总数达到56家，其中中棉种业、豪威尔、河顺、红枫正式挂牌上市。积极培育工程技术研究中心，河南后羿生物工程有限公司等12家企业研发中心被认定为郑州市工程技术研究中心。

二、实施农业重大科技专项

研究设立小麦和玉米新品种选育、速冻调理食品加工控制关键技术研究及产业化示范、熟食红枣生产关键技术研究与示范、婴幼童营养强化面关键技术研发及产业化、新型微量元素营养剂的研究与开发、现代农产品物流电子商务系统研发与示范、新型兽用蛙皮素抗菌肽的研发及产业化等重大科技专项项目10项，为大中小企业的产品创新和产业升级提供技术服务和支撑。

三、开展科技富民强县专项行动

2015年，郑州市三个科技富民强县专项行动计划项目“登封特色优势农产品（杂粮及芥菜）产业化技术集成开发应用”、荥阳市“优质小麦生产与深加工产业化技术开发”、新密市“密二花产业化关键技术研究应用及示范基地建设”顺利通过专家验收，共引进新品种40个，推广新技术20项，新品种推广面积56万余亩。

四、组织实施农业科技创新项目

全年共实施农业科技创新体系建设项目6个、农业技术推广项目37个、农业科技成果转化项目3个，共引进、实验、示范、推广应用农业新品种416个，新技术15种、新装备5套、新材料1种。

五、加强基层农技推广体系改革与建设

已建成农技推广区域中心站32个。按照《河南省基层农技推广体系改革与建设实施方案》要求，全市建设了5个农业科技试验示范基地，外聘专家21名，遴选268名技术指导员，指导科技示范户2680个（2498个普通农户，182个新型经营主体），辐射带动农户43100户。

六、开展“万名科技人员包万村”科技行动

全年共组织703名来自农业技术推广部门和涉农科研单位的农业科技人员参与了“万名科技人员包万村”科技服务行动，覆盖全市1812个行政村，直接指导农户19万户，培训农民80万人次。

七、推进农业信息化建设

建成了郑州农业科技信息港。采用“电视机+机顶盒+宽带”的接入模式，实行“周策划”+“日更新”制度，定期向农村农民提供农业科技、价格行情、专家问答和文化娱乐等农业综合信息化服务，目前已完成对全国16个省级平台的共计59期图文与视频节目更新，成为一个既实用又接地气的农业科技传播平台。

八、认真开展新型职业农民培育

全年完成培育2314人，其中生产经营型培训1014人、专业技能型培训和社会服务型1300人。

农业机械化

2015年，郑州市农机装备整体水平不断优化，农机服务组织化程度和社会化服务能力大幅提高，农业机械化水平明显提升。农机经营总收入15.31亿元，利润总额4.68亿元。

一、农机购置补贴

全年落实各级财政农机购置补贴资金7548万元，补贴各类机具4600台（套），受益农机合作组织及农户3000户。

二、主要农作物耕种收综合机械化水平

小麦机收率、机播率稳定在97%以上，秸秆还田率、秸秆机械化综合处置率分别达到96.30%、97.50%。玉米机收率、秸秆还田率和机播率分别达到77.72%、90.92%和90.23%。全市主要农作物耕种收综合机械化水平达到80.50%。

三、农机总动力

2015年末，全市农机总动力达582.05万千瓦，其中柴油发动机动力414.02万千瓦，汽油发动机动力4.16万千瓦，电动机动力104.32万千瓦。

四、各类农机拥有量

拖拉机拥有量12.71万台180万千瓦，其中：大中型拖拉机拥有量14838台70.5万千瓦。联合收获机保有量达9700台。耕整机、播种机、排灌动力机械、机动喷雾（粉）机拥有量分别为2457台、28697台、93079台、11428台。农用飞机8驾。

五、设施农业设备

温室面积6809.26万平方米，同比增加308.03万平方米，增长4.73%。其中连栋温室16.88万平方米、日光温室1202.80万平方米、塑料大棚5544.36万平方米。

六、农机跨区作业

全年共完成农机跨区作业面积103.54万亩，其中跨区机耕面积10.20万亩，跨区机播面积3.18万亩，跨区机收面积85.65万亩。

七、农机专业合作社建设

全市注册农机专业合作社203家，入社社员3936人，资产总额79343万元，服务农户166320户，年度总收入32240万元，规模经营土地面积62.76万亩。农机作业领域从产中向产前、产后扩展，服务领域从种植业向畜牧业、果蔬业、农产品加工延伸。

八、机械化保护性耕作

全年新增保护性耕作机械487台，其中深松机158台，实施机械化保护性耕作面积103万亩。

九、农机安全监理

加大农机安全生产执法检查，确保农机安全生产形势稳定。2015年共受理农业机械登记许可1361个，其中：拖拉机613台、联合收割机748台。接受驾驶人考试申请595个，检验拖拉机13013台，收割机4012台。全市享受购机补贴的自走式动力机械上牌率达到98%。各类农机专业合作社、协会等合作组织拖拉机和联合收割机挂牌率、年检率和驾驶员持证率均达到了100%。

生态与环保

2015年，郑州市强力推进都市生态农业建设，积极推动农村环境综合整治和生态创建工作，加强农业面源污染和大气污染防治，农村生态和环保质量明显提升。

一、大力实施都市生态农业示范区建设

全年完成了10个3万亩以上示范区和119个千亩以上示范园建设。郑州市被列入全国水生态文明试点城市和全国首批生态文明先行示范区，成功创建成全国绿化模范城市和国家森林城市。

二、深入实施农村环境连片综合整治

争取中央专项资金6000万元，重点在南水北调郑州段一、二级保护区内开展农村环境综合整治，按照整县推进的原则，建设污水处理和垃圾转运系统，涉及新郑市和荥阳市10个乡镇169个村庄，覆盖人口31万人。

三、扎实推进生态创建工作

2015年4月，新密市创建省级生态县通过河南省环保厅组织的技术审查并命名，实现了生态县（市、区）创建工作“零”突破。生态创建细胞工程持续推进，有2个省级生态乡镇、7个省级生态村和12个市级生态村获得命名。

四、加强畜禽养殖污染防治

坚持走生态畜牧业发展路子，大力推广“养殖-沼气-种植”，“养殖-有机肥-种植”，“环保养殖-种植”等循环生态养殖模式，实现了畜禽养殖废弃物的资源化利用，有效解决了畜禽规模养殖带来的排污难题。加快病死畜禽无害化处理机制建设，建立病死畜禽无害化集中处理点，有效净化了养殖环境。

五、扎实开展秸秆禁烧及综合利用工作

积极做好宣传和督查工作，加大秸秆综合利用机械的补贴力度，大力发展秸秆饲料及开展秸秆肥料化利用，从源头上杜绝焚烧隐患。全年发放补贴1735.3万元，设立综合利用项目40个，新增综合利用机具995台，农作物秸秆机械化综合处置率达到94.3%。没有发生因秸秆焚烧造成的大气污染事件和恶性案件。

都市生态农业

2015年，郑州市以新型城镇化为依

托，大力发展都市生态农业，培育农业新业态，开发农业多功能，促进一二三产融合发展，加快农业转型升级步伐。“十二五”期间，农林牧渔业增加值由2010年的124.6亿元增加到153亿元，年均增速3.4%；农民人均纯收入由9225元增加到17125元，年均增速13.2%，连续5年超过城市居民收入增幅，农业农村经济保持了持续增长的良好态势。

一、强化生产功能，保障省会“米袋子”“菜篮子”供给

把保障省会城市农产品供给作为发展都市生态农业的首要任务，在稳定粮食生产的基础上，着力抓好“菜篮子”工程建设。一是建好菜园子。开发新菜田3万亩，启动4万亩可追溯标准化“菜篮子”生产基地建设，创建一批蔬菜、水果标准园和畜禽、水产标准化健康养殖场；大力扶持发展设施农业，面积达到18万亩，占全市常年菜田面积33万亩的54%，蔬菜播种面积达到122万亩；水产品产量14.5万吨，位居全省第二位；奶产量近50万吨，位居全省第一位。二是抓好市场流通。建设“买全国、卖全国”的万邦国际农产品物流中心，年交易量达到1250万吨；鼓励直供直销，建设社区便利店600多家，“平价蔬菜超市”112家，开通蔬菜直通车50辆；大力发展农超、农校、农企对接，通过减少流通环节，让市民买到“平价菜”。三是把好安全关。建立了覆盖流通环节和生产环节的农产品质量安全追溯体系，把蔬菜、猪肉、水产品、水果、原（杂）粮、干果（菜）等纳入检测范围，实现了主要农产品检测监管全覆盖、质量全程可追溯；在农业部例行监测中，我市蔬菜、水果、水产品合格率继续位居全国前列。

二、拉长产业链条，培育全产业链农业产业化集群

发挥省会城市科技、人才、资本等要素集聚优势，大力培育全产业链农业产业化集群，占领都市农业制高点。一是建设全国重要的农产品加工基地。出台《郑州市财政资金支持农业企业发展暂行办法》，设立1亿元专项资金，通过贴息、贴担保费等方式，扶持龙头企业做大做强。全市市级以上农业产业化重点龙头企业总数达到430家，其中国家级13家、省级61家；截至2015年底，全市共有农产品加工型企业467家，营业收入1805亿元，位居中部省会城市前列；三全、思念、兴泰、白象、云鹤5家企业被认定为全国主食加工业示范企业，其中，三全、思念等速冻食品产业集群在全国市场占有率达到50%以上。二是创新模式培育全产业链农业产业化集群。围绕农业产业链、价值链、供应链，创新发展种养加工、农业流通、休闲农业、示范园区和涉农服务等多种集群类型。截至2015年底，全市培育农业产业化集群28个，其中省级集群11个，市级集群17个，三全、思念、雏鹰、好想你4个集群被认定为省示范性集群。全年集群年销售收入超过两千亿元，在中部省会城市中位居前列，集群内关联企业近300家，合作社118家，配套研发机构47个，带动本地及外地百余万户农户增收。三是培育新型流通业态，服务现代农业发展。大力发展电子商务，引导农业经营主体与电商企业对接，促进物流配送、冷链设施设备等发展。河南万庄化肥集团建立电子商务平台，联系国内大中型农资企业近100家，建立乡镇网商近3000家，年销售收入10多亿元。

三、拓展休闲功能，实现一产向三产转变

围绕服务都市、服务市民，着力拓展休闲观光功能，实现一产向三产转变。把休闲农业纳入全市旅游规划布局，打造滨河风光揽胜游、果岭山水体验游、天地之中养生游、慢享生活休闲游、田园风情观光游等5条休闲农业精品线路，开展“走进乡村寻梦田园”活动月，举办郑州中牟 国家农业公园嘉年华，吸引市民走进农村、体验农业。开展休闲农业星级评定和创建工作，丰乐农庄、绿源山水、弘亿国际庄园被农业部评为休闲农业五星级示范企业，登封市继惠济区之后成为我市第二个全国休闲农业与乡村旅游示范县。开发农业全产业链体验游，初步形成三全、思念食品加工体验游，大枣、石榴风情游，黄河鲤鱼、雁鸣湖大闸蟹美食游，生态农业园区采摘休闲游，乡村民宿度假游等特色旅游项目。以易地扶贫搬迁为抓手，大力发展贫困山区区域特色经济和生态旅游扶贫，规划建设80个自然生态特色和历史风貌特色保留村。2015年安排2900万元专项资金，重点打造一批休闲农庄和农家乐集聚村。截至2015年底，全市三星级以上休闲农业示范园13家，休闲农业庄园186家，休闲农业特色村18个。2015年，全市乡村旅游接待游客达1800万人次，年综合收入突破20亿元。

四、注重生态再造，打造商都宜居生态环境

充分发挥都市生态农业在宜居城市和生态建设方面的重要基础性作用。一是大力发展生态景观林业。积极推进绿化造林、郊野森林公园、生态廊道、黄河绿带建设，沿南水北调中线发展花卉苗木林果产业，着力打造集生态、景观、经济效益于一体的环城苗木花卉林果产业带，全市年森林生态效益价值评估达438亿元。二是打造沿黄都市生态农业产业带。编制《郑州沿黄都市生态农业发展规划》，依托荥阳沿黄万亩渔业示范区、万亩河阴石榴示范区、惠济花卉产业集群和休闲观光示范区、中牟国家农业公园，规划建设生态景观农业公园、大河渔家生态休闲渔业公园、黄河湿地生态露营公园等多个生态农业主题公园，打造100公里长的沿黄生态农业景观带，构筑绿色生态屏障。三是积极发展生态循环农业。立足郑州自然资源和环境的可承载力，大力发展高效农业、节水农业、生态循环农业。目前，全市已在示范园区大面积推广应用滴灌、喷灌、水肥一体化等节水技术；启动建设农业投入品追溯系统和农田资源智能监测站，大面积推广测土配方施肥、精准施肥，减少农药、化肥施用量；加大畜禽养殖污染治理力度，建成环保猪舍20万平方米，农业面源污染治理取得初步成效。设立生态循环农业专项资金2000万元，支持农业废弃物循环利用大中型沼气工程项目、沼液沼渣生态循环农业推广项目、农业投入品废弃物回收示范项目、秸秆生物质燃料示范项目等建设。

农业与旅游

近年来，我市大力发展以乡村旅游为主体的休闲观光农业，着力提升市民休闲生活空间，全市休闲农业呈现良好发展势头，全市已登记在册的200亩以上休闲农业庄园239家，成功创建全国休闲农业与乡村旅游十大精品线路1条、十佳农庄1家，五星级企业1家、四星级企业6家、三星级企业3家，在全国处于领先地位。

一、提档升级，高标准建设现代农业庄园

各类休闲农庄是承载乡村旅游吃、喝、玩、游、购、娱的载体，也是发展乡村旅游的关键环节。在休闲农庄建设上，郑州市按照有效益、有特色、有文化品位的原则，引入旅游景区的建设理念，着力推动休闲农庄从简单的农家乐、种植园向休闲农业庄园和特色村转变，从自发无序向科学规划和合理布局转变，从个体为主向专业合作组织和社会资本参与转变，从功能单一雷同向多元差异化转变，逐步实现休闲农庄质量和效益的全面提升，全市休闲农业呈现出示范型、精品化、集群式的发展新格局。近年来，连续多次组织参加全国休闲农业星级示范企业创建活动，全市共评出三星级以上星级示范企业30家，其中全国星级示范企业14家。在2015年全国休闲农业星级示范企业创建活动中，郑州市休闲观光农业企业荣获五星级1家、四星级6家、三星级3家，其中郑州丰乐农庄获得全国十佳农庄。

二、连点成线，打造具有主题特色的精品旅游线路

依据郑州特有的自然资源、农业资源、历史人文等特点，发挥休闲农庄的区域集聚和协调效应，打造不同主题特色的农业精品线路。一是依托黄河自然景观，协同丰乐农庄、绿源山水、金地人家、黄河富景生态园、普兰斯薰衣草庄园、中牟国家农业公园、莱骏绿色农庄等几十个规模型、特色型休闲农业庄园，打造具有黄河特色的滨河风光揽胜游。二是依托邙岭体验农业示范区，挖掘河阴石榴的产业特色，协同优河湾、侃园、刘沟村、秦园丰农庄、恩城邙岭农庄、虎牢关生态园、树莓种植园等休闲农业庄园及特色村，打造具有田园特色的果岭山水体验游。三是依托嵩山和尖山等自然景观，协同御寨山庄、文惠山庄、凤凰岭生态园、恒泰山庄、雅新开心农场、瑞洋农庄等特色庄园，打造具有山地农业特色的天地之中养生游。四是依托郑州西南生态农业示范区，发挥紧邻郑州市区的区位优势，协同二七樱桃沟和新郑龙湖泰山村等特色明显的休闲农庄，打造具有都市慢享特色的慢享生活休闲游精品线路。五是依托东南现代农业示范区，挖掘中牟、新郑等特色农业优势，协同弘亿国际庄园、君源生态园、好想你红枣基地等特色农庄，打造具有都市生态农业特色的田园风情观光游。目前，全市五条精品线路基本成型，集聚协同效应不断加强，全市五条精品线路接待游客达1200余万人次，约占全市总接待人次的80%，实现营业收入15.6亿元，约占全市总营业收入的86%，其中滨河风光揽胜游线路荣获全国休闲农业与乡村旅游十大精品线路。

三、节会为媒，着力提升休闲农业发展的品位和档次

挖掘农业节会经济潜力，提升休闲农业品牌影响力。成立了郑州市休闲农业协会，每年以“走进乡村，寻梦田园”

为主题，组织开展了一系列别具特色的休闲农业节会活动，阳春踏青赏花游、樱桃文化节、河阴石榴节、枣乡风情游等季节性节会精彩纷呈，绿源山水风筝节、普兰斯薰衣草节、富景生态葡萄节等农业主题节会特色迥异，中牟大蒜节、新郑大枣节、新密杏花节等区域性农业节会交相呼应，一批休闲农业节会品牌影响力不断加大，有效的吸引了广大市民走进乡村，走向田野。中牟国家农业公园连续多次举办农业嘉年华活动，公园内农科快轨、欢乐农庄、番茄迷宫、鸟语花香、开心农场、乐活园艺和农品汇七大主题展馆各具特色，通过打造一个新鲜、有趣、能吃、能看、能玩的农业盛会，吸引大批市民游玩参观，切实提升郑州休闲农业发展档次和影响力。

四、拉长链条，发展农业全产业链旅游和农村全域旅游

把农业农村的各个环节、各个景点、各种资源当做一个整体统筹考虑，整合农业、旅游、文化等资源，将乡村旅游发展与农业产业和新农村建设相结合，把发展旅游理念融入到农产品加工、美丽乡村建设、扶贫开发等重点工作，围绕乡村旅游大主题，大力发展农业全产业链旅游和农村全域旅游。一是将旅游引入农业产业各个环节，开发农业全产业链体验游，初步形成三全、思念食品加工体验游，大枣、石榴风情游，黄河鲤鱼、雁鸣湖大闸蟹美食游，生态农业园区采摘休闲游，乡村民宿度假游等特色旅游项目。二是将乡村旅游与美丽乡村建设相结合，按照“统筹考虑，找准定位；加强融合，提升产业；突出文化，提高品味；建设生态，打造宜居；保留乡味，回归自然”创建思路，按规划分期分批有序推进，在保护村庄古建筑、原生态的基础上，着重突出中原文化优势，合理规划建设，打造一批“村美民富文化盛，宜业宜游梦中乡”的全国一流美丽乡村典范。三是着力推进乡村旅游扶贫工程。用旅游的理念来谋划和推进扶贫工作，紧紧围绕全域旅游发展主题，大力推进乡村旅游富民工程建设，结合各地区位条件、资源特色和市场需求，开发形式多样、特色鲜明的乡村旅游产品，在迁入地为搬迁群众创造新的宜居宜业宜游环境，在迁出地为旅游业整合新的发展空间，让优质旅游项目争相落地。

社会发展篇

SHEHUIFAZHANPIAN

社会发展

农民收入与生活消费

2015年是“十二五”的收官之年，郑州市继续加快农业现代化建设，着力转变农业发展方式，坚持以保障和改善民生为抓手，不断增进农村居民福祉，在经济增速放缓、结构调整转型的“新常态”下，全市农村居民收入保持稳步增长，生活水平得到进一步提高。

2015年郑州市农村居民人均可支配收入17125元，比上年增长8.9%，增幅与全国、全省持平，连续六年超过城镇居民收入增速，城乡居民收入比由2009年的2.11:1下降到1.82:1。从农村居民人均可支配收入的四项构成看，工资性收入稳步增长，且对收入增长贡献最多，2015年工资性收入为9889元，比上年增加948元，增长10.6%，拉动可支配收入增长6.0个百分点，对可支配收入增长的贡献率为67.7%。经营净收入平稳增长达到4976元，比上年增加284元，增长5.7%，拉动可支配收入增长1.8个百分点，对可支配收入贡献率为20.3%。财产净收入快速增长达到1117元，比上年增加181元，增长16.2%，拉动可支配收入增长1.2个百分点，对可支配收入贡献率为12.9%。转移净收入为624元，比上年增加54元，增长8.7%。

在收入稳步增长的基础上，农村居民生活水平整体提升，消费水平稳步提高。2015年，全市农村居民人均消费支出为12080元，比上年增加955元，增长8.6%。其中，食品消费支出2881元，比上年增长8.6%；衣着消费支出1069元，比上年增长9.8%；居住消费支出3216元，比上年增长6.0%；家庭设备及用品支出865元，比上年增长4.2%；交通通讯消费支出1819元，比上年增长8.2%；

文教娱乐用品及服务消费支出976元，增长15.6%；医疗保健消费支出882元，增长14.7%；其他商品和服务消费支出372元，增长9.4%。同时，农民生活消费结构也逐渐发生了变化，2015年，农村居民衣、食、住、行消费支出占生活消费支出的比重为74.3%，比上年下降0.6个百分点；家庭用品消费支出、文化教育娱乐支出和医疗保健支出占生活消费的比重为25.5%，比上年提高3.6个百分点。以上表明郑州市农民在衣、食、住、行得到改善后，越来越注重对家庭生活质量的提高。

农民职业技术教育

2015年，郑州市紧紧围绕创新农业经营体制，坚持立足产业、政府主导、多方参与、注重实效的原则，着力培育新型农业生产经营主体，转变农业发展方式，培养了一支有文化、懂技术、会经营的新型职业农民队伍，有效促进了都市生态农业发展。

第一，农民科技培训。坚持以提升农民科学文化素质和生产技能，提高农业科技对发展现代农业的支持能力为重点，持续开展万名科技人员包万村科技行动，充分发挥信息化网络平台优势，广泛深入开展农民科技培训，取得了显著成效，为促进农业增效、农民增收、农村繁荣提供人才支撑和智力支持。一是借助现代媒体抓培训。充分利用广播电台、电视台、郑州日报，商都农网、《郑州农业》、《郑州农业手机报》和农业广播电视学校等新闻媒体，广泛宣传农村劳动力科技培训的目的和意义，增强广大农民学用最新农业科技实用技术的积极性和传播科技的自觉性。全年共印发《郑州农业》9期1.8万余册，编制《农业农村信息》12期，编发《郑州农业手机报》150期，接收达40万人次。利用12316免费短信服务平台发布各类气象信息、种养技术、病虫防治、农业政策、市场信息等服务短信112万余条，接收人数达15万人。群发微信860余条，更新微网站1500条、微博信息2172条，微博粉丝达54637人。二是强化科技示范抓培训。依托农业科技创新体系建设，全年共建立农业科技示范基地38个，引进、实验、示范、推广应用农业新品种416个、新技术15种，建立培训机构12家，科技培训15万人次，重点讲授农民创业扶持政策和创业知识，农产品市场营销、农村政策法规和种养业关键技术、节本增效技术、防灾减灾知识、配方施肥技术、高效节水技术、农药安全使用和农产品质量安全、农产品加工及市场营销等内容的农业实用技术。持续开展万名科技人员包万村科技行动，直接指导农户19万户，培训农民80万人次。通过技术专家围绕设施农业的产前、产中、产后关键技术和要领培训，有效提高了参训人员的综合理论水平，充分发挥了以点带面、整体推动的辐射作用。三是依托精准扶贫抓培训。按照《郑州市扶贫攻坚三年行动计划（2015—2017年）》（郑政〔2015〕14号）要求，坚持以开发式扶贫为方针，以易地扶贫搬迁为抓手，以产业发展、转移就业为支撑，以提高贫困群众自我发展能力为核心，实施精准扶贫。不断加大对贫困村专业大户、家庭农场主、农民合作社骨干的培训，辐射带动贫困户积极参与培训。明确了帮扶单位和责任人，实现了对全市248个贫困村定点扶贫工作全覆盖和面上贫困人口的全覆盖。四是严格考核验收抓培训。积极开展新型职业农民认定，制定下发了《郑州市农业农村工作委员会办公室关于统筹开展新型职业农民和农村实用人才认定工作的通知》（郑农办〔2015〕50号），明确了认定标准、规范了认定程序。印发了《郑州市农业农村工作委员会办公室关于对2015年新型职业农民培育工作市直培训机构检查验收和项目县绩效考评的通知》（郑农办〔2016〕3号），通过检查培训档案、核实培训台帐、实地检查、电话访问培训学员等方式，对各培训班次进行逐班考核验收，考核结果满意度均在90%以上。

第二，农村劳动力转移就业及农村劳动力职业培训。2015年全市农村劳动力转移就业10.2万人，完成省下达任务8万人的126.9%；全市人力资源社会保障部门组织农村劳动力职业技能培训6.1万人，完成年度目标任务（5万人）的121%。一是政策引导，鼓励自主创业。认真落实税费减免、创业担保贷款、创业培训补贴、创业孵化等政策，充分发挥创业专项资金作用，支持农民工返乡创业，鼓励农村劳动力就近就地自主创业。全年全市共组织农村劳动者创业培训3713人，740余人成功创业，带动2200余人就业。截至2015年底，全市近万名农民工返乡创业，带动就业4.3万人；6.9万名农村劳动力自主创业，带动就业20余万人。二是就业援助，强化服务保障。充分发挥各级公共就业服务机构作用，适时开展“春风行动”等农民工就业援助活动及专项招聘会，主动与产业聚集区企业联系，免费向农村劳动者提供就业政策咨询、职业指导、职业介绍、职业供求信息和职业培训信息等就业服务。2015年共组织面向农村劳动者的免费专场招聘活动127次，提供免费服务11万多人次，3万余名进城务工农民与用人单位达成就业意向。三是创新方式，注重培训实效。把以往培训机构“开菜单”变为群众自己“点餐”，按照农民的就业需求定制培训方案，以定向、订单培训为主要途径，以促进转移就业为最终目的。针对农村留守人员妇女偏多、年龄偏大、文化程度偏低、家庭负担偏重的实际，开展送技能培训下乡，将培训点开设到村，开班时间定在农闲，极大地方便了农民培训，提升了农村劳动力的职业技能水平。

农民体育

2015年，郑州市继续深入贯彻落实《全民健身计划（2011-2015）》和《河南省体育发展条例》，紧紧围绕完善农村体育场地设施、建立健全农村体育组织、强化农村体育设施，争创“河南省全民健身示范城市”，大力开展农村体育活动，逐步构建农村体育服务体系，取得了显著成就。

第一，体育组织服务体系逐渐完善。组织体系建设进一步健全，成立了市、县（市、区）、乡镇（街道办事处）三级全民健身计划领导小组，实现了乡镇有体育组织，体育组织有专（兼）职工作人员。截止2015年底，全市建有健身站点的行政村达到1602个，覆盖率达85.03%，培训发展三级社会体育指导员2309名，其中服务于农村的社会指导员人数占一半以上，为农村体育活动的开展提供了有力支撑。

第二，全民健身体育设施日趋完善。2015年，依托“全民健身示范城市”创建和“四类示范社区”建设，持续加大体育基础设施资金投入，完成了130个农民体育健身工程、100条健身路径、10个多功能运动场（6个笼式篮球场，4个笼式足球场）、3个乡镇体育健身工程和首批河南省老年健身示范园暨示范市体育公园项目建设，为深入开展农村体育活动提供了良好的场地保障，进一步提升了农村体育设施建设水平。

第三，全民健身活动蓬勃开展。以全民健身日、全民健身月、节假日和农闲季节为节点，引导各县（市、区）遵循“因地制宜、业余自愿、小型多样、就近就便”的原则，举办形式多样的全民健身活动。相继开展了国民体质监测服务、河南省第七届万村千乡农民篮球赛（郑州赛区）、“促和谐、奔小康”全民健身系列活动、“送体育下乡”、闹元宵文体展示、迎新春登山等活动，行政村参与率达到100%。

农民文化生活

2015年，郑州市以巩固和深化国家公共文化服务体系示范区成果为抓手，继续加强农村文化事业建设，不断丰富和改善基层农民群众的文化生活，群众的文化权益得到进一步保障。

第一，农村公共文化服务体系建设持续深入推进。坚持以农村为重点，开展了全市首批“公共文化服务示范乡镇（街道）、村（社区）和示范项目”创建工作。通过创建，全市命名了10个示范乡镇（街道）、25个示范行政村（社区）及5个示范项目。

第二，县、乡、村三级公共文化服务设施网络实现全覆盖。11个县（市、区）的文化馆、图书馆全部达到国家三级馆以上标准。其中，新密市文化馆被文化部命名为国家一级馆，新郑市、中原区等5个县（市、区）的文化馆被命名为国家二级馆，荥阳市、金水区等5个县（市、区）的图书馆被命名为国家一级馆，中牟县、管城回族区等6个县（市、区）的图书馆被命名为国家二级馆。全市乡镇都设置有综合文化站，实现了农村文化大院和农家书屋全覆盖。

第三，农村农民文化活动精彩纷呈。一是免费开放公益性文化活动场所。市财政拨付专项资金1053.7万元，对全市乡镇文化站、公共电子阅览室、博物馆、美术馆、群众艺术馆等公益性文化活动场所免费向群众开放。二是不断增强全民非物质文化遗产保护意识。积极组织非物质文化遗产传承人走进公园、广场、校园、社区、村庄，进行苌家拳、太乙球、小相狮舞、舞龙、闹歌等展演活动，面对面向群众展示非物质文化遗产魅力。三是积极推进文化惠民工程。市财政拨付资金1795.5万元，用于“舞台艺术进乡村、进社区”和农村文化建设工作。全年全市农村放映公益电影23928场，受益观众达340多万人次。同时，充分挖掘特色文化资源，组织开展群众喜闻乐见的群体活动。如，新郑市“百千万”文化惠民工程，龙湖镇西泰山村孝道文化工程等，变“送文化下乡”为“种文化在乡”、变“台下看戏”为“台上参与”、变“典型培育”为“全面开花”，形成了重大活动异彩纷呈、小型活动丰富多样的局面。

农村基础设施

一、农村公路建设

2015年，农村公路建设被列入河南省十项重点民生工程。郑州市深入实施农村公路三年行动计划，加快推进农村公路“乡村通畅”工程建设，多措并举，新建改建农村公路270公里，圆满完成了年度农村公路建设任务。

第一，全力推进农村公路“三年行动计划”乡村通畅工程。制定出台了《郑州市人民政府关于实施农村公路三年行动计划乡村通畅工程加快农村公路发展的意见》（郑政〔2014〕43号），积极筹措建设资金、落实“七公开”制度，加强督促指导和项目验收，为全市“三年行动计划”乡村通畅目标的实现提供了有力保障。截止2015年底，全市新建改建农村公路总里程达到282.2公里，完成总投资3.08亿元，其中县乡道完成108.22公里，完成投资2.51亿元；村道完成173.98公里，完成投资0.57亿元。全市农村公路总里程达11411.96公里。其中：县道994.81公里，乡道3945.37公里，专用公路213.59公里，村道6258.2公里。全市农村公路路网密度达153.26公里/每百平方公里。

第二，积极开展文明示范路创建，打造精品路线，不断提升农村公路整体形象。以处理路面病害、路基横断面标准化和路肩培护、道路设施、扬尘治理、交通安全等工作为重点，打造精品路、争创示范区，联网成片、安全畅通。2015年，全市共创建农村公路省级“文明示范路”100.7公里，创建“安保工程”430公里，治理农村公路扬尘9437公里。

二、农村水利建设

2015年，郑州市坚持以水生态文明建设为统揽，积极推进水务改革，持续加大投入力度，大力发展民生水利，扎实推进防汛抗旱、农村安全饮水、农田水利现代化示范乡镇等重点项目建设，初步建成了防洪、排涝、灌溉、供水等功能为一体的水利综合保障体系。

第一，创新举措，探索防汛抗旱工作新模式。一是坚持防汛工作各级行政首长责任制，全面开展汛前隐患排查和隐患点除险加固，对排查出的77处问题进行了整改。二是协调郑州警备区、驻郑部队、军事院校组建了15支共4520

人的防汛抗洪抢险队伍，组织了军民防汛抢险演练，储备了1500万元的各类防汛物资。三是积极推进山洪灾害防治非工程措施建设，初步形成了“县、乡、村、组、户”为一体的群策群防体系。四是借助“互联网+”模式，进一步发挥和优化防汛信息平台作用，实行一步到位法，强化与16位市级分包领导、38个成员单位及各县（市、区）防指的联系互动和应急响应，实现实时会商决策，确保了汛期安全。五是坚持防汛抗旱两手抓，修订完善了《郑州市抗旱预案》，督促引水入密工程进度，解决新密市水资源短缺问题，指导登封市编制引水入登规划，加快推进列入省抗旱规划的水源工程等项目建设，并与平顶山市签定了全国首个跨流域水量交易协议，努力破解城市缺水瓶颈。

第二，扎实工作，圆满完成农村饮水安全村村通目标。2015年是农村饮水安全“十二五”规划的收官之年，全年计划解决16万农村人口饮水安全问题，实际解决16.14万人，总投资7954万元。截至“十二五”末，全市共解决346.21万农村人口饮水安全问题，农村自来水普及率达95%以上，在全省率先实现了农村饮水安全村村通自来水的目标。同时，完成中央预算内投资1110万元，同步建成8个区域水质检测中心，实现了全市农村饮水安全水质检测全覆盖。

第三，倒排工期，加快推进农田水利现代化示范乡镇建设。按照《郑州市农田水利现代化示范乡镇建设规划》，积极开展以节水灌溉为目标的农田水利现代化示范乡镇项目建设，着力打造“智能、节水、规模、增效”的现代化示范区。已启动的10个项目中，2013年度3个项目已完工并发挥效益，总投资2.27亿元，初步实现了工程标准化、灌溉高效化、测控自动化、农田园田化的建设效果；2014年度4个项目（新郑城关、荥阳广武、登封颍阳、中牟狼城岗）总投资2.94亿元，已完成投资18885万元；2015年度3个项目（新郑新村、荥阳王村、中牟黄店）前期工作基本完成，计划投资1.96亿元，实施方案已获市发展改革委批复。

三、农村电网改造

2015年，全市共完成农配网工程投资1.47亿元，完成规模10千伏新建（改造）线路300.9千米，新建（改造）台区422个，变电容量110.98兆伏安，新建（改造）400伏线路556.08千米，实现了全市行政村、自然村实现全部通电。

第一，加强管理和技术改造。完成全市县域公司低电压治理户数36143户，占年度计划的100%。其中，通过技术措施完成投资5519.39万元，新建（改造）10千伏线路22.5千米；新建变压器台区224个，改造（新建）0.4千伏线路197.1千米，治理低电压21153户；通过调整配变分接头、需求侧管理、调整三相负荷不平衡等管理措施，治理低电压14494户，安装三相负荷不平衡自动调节装置23台，更换D类电压监测点设备139台。

第二，完善网架结构。农网工程的建成投产，有效改善了县域中心负荷增长过快缺少电源支撑点的局面，使电网布局更加合理。2015年，郑州六县公司供电户数达152.01万户；购电量完成125.04亿千瓦时，同比减幅5.18%；售电量累计完成118.28亿千瓦时，同比减幅5.4%；综合线损率完成5.40%，同比降低0.47个百分点；农网综合电压合格率完成99.83%，同比提高0.57个百分点；农网供电可靠率RS-1完成99.96%，同比提高0.02个百分点；电费回收率100%。

四、农村沼气建设

2015年，郑州市设立生态循环农业专项资金2000万元，支持农业废弃物循环利用大中型沼气工程项目、沼液沼渣生态循环农业推广项目、农业投入品废弃物回收示范项目、秸秆生物质燃料示范项目等建设。全年共批复实施8个生态循环农业项目，其中大中型沼气工程项目4个、沼液沼渣生态循环农业推广项目4个。

通过大中型沼气集中供气工程建设项目的建设，优化了农村用能结构，促进了生态循环农业发展，改善了农村环境面貌，有效解决了畜禽养殖场的环境污染问题，实现了节能减排目标，带动了农民收入增加，经济、生态、社会效益十分显著。

五、农村信息化建设

2015年，郑州市农业信息化建设以体系建设、网络延伸、模式创新和队伍建设为着力点，不断创新农业信息服务理念、工作方式和服务手段，大力推进农业信息化建设，开展信息进村入户、发展农业电子商务和建设农业物联网示范基地，努力实现农业信息的标准应用与数据资源的共享最大化，为拓宽农民增收渠道发挥了积极的作用。

第一，网络基础设施建设水平不断提高。截至2015年底，全市95.8%的行政村可以实现宽带上网；农村有线电视入户率达到90.3%；农村电话入户率达到

93%。全市各级农业部门网站24个，90%的市级以上农业产业化龙头企业建有公司网站，45%的农民专业合作社可通过网络查询涉农信息。

第二，深入推进农业信息进村入户。2015年，为全面提升农业信息服务能力和工作水平，对《郑州农业》进行了改版，内容包括休闲农业、扶贫开发、阳台园艺、十二五回顾等专刊，共编印9期、印发1.8万余册。同时，创办了《郑州农业手机报》，建立了微信平台——郑州都市农业。全年共编发《郑州农业手机报》150期，接收达40万人次。群发微信860余条，更新微网站1500条、微博信息2172条，微博粉丝达54637人。

第三，“12316三农热线”成为农民致富线。“12316三农热线”实行每周7天，每天24小时不间断地为农民受理各种服务，2015年，共受理电话8200多个电话，发送“三夏”、“三秋”、技术、供求等方面短信112万余条，接收短信15万人次，录入农业科技服务团专家数据库数据1030条，定期组织“12316三农热线”蔬菜、花卉、小麦种植等方面农业专家进行实地指导，受到农民朋友的一致好评。

第四，精准农业物联网应用示范亮点纷呈。2015年继续推进中牟县、新郑市、荥阳市、惠济区农业物联网示范基地建设。已建成示范基地33个，精准农业物联网技术已应用于农业生产中，能实时检测、采集、分析作物生长的温度、湿度、光照度、土壤养分等参数，推动了标准农业向精准农业转变。

第五，农产品电子商务实现新突破。2015年，进一步完善优化了郑州市农产品电子商务平台。截止2015年底，网上展示农产品达到2000余种，品种涉及粮油、畜产品、果蔬、深加工产品和种苗等。持续推进农产品电子商务进农村工作，登封市与阿里巴巴集团签订了登封市农村淘宝电商产业园项目。登封市32个农村淘宝村点已正式开业，并成立了农村淘宝县级服务中心，为农民朋友提供网上代买代卖、快递收发等便民服务。

第六，搭建“互联网+休闲农业”服务体系。2015年，全市实施了郑州市休闲农业二维码系统项目建设，通过利用二维码进行全面的信息发布，全方位推介休闲农庄（园区）、美丽乡村、农家乐等，实现了休闲农业智能定位、导游和活动信息推送等功能，进一步提升了休闲农业管理服务水平。

农村社会事业

一、农村教育

2015年，郑州市教育工作立足“为了每一个学生终身发展”的核心理念，加强规划引领，注重项目跟进，硬件建设、资金投入等不断向农村学校倾斜，农村教育快速发展。全市共有农村义务教育学共981所，在校生72万人，其中小学758所，在校生51.2万人，初中223所，在校生20.8万人。全市小学学龄人口入学率100%，毛入学率102.5%，小学五年级巩固率101.4%；初中学龄人口入学率100%，毛入学率111.6%，初中三年级巩固率104.2%。

第一，农村义务教育经费落实到位。一是公用经费拨付管理到位。2015年市财政下达农村义务教育公用经费补助资金3.59亿元（郑财预〔2015〕508号），用于农村义务教育阶段学校普通学生、寄宿制学校寄宿生、特殊教育学校残疾学生年生均公用经费保障。二是免费教科书配置到位。继续为所有农村义务教育阶段小学一年级新生免费提供正版学生字典。各县（市）区按照学生人数足额配备教科书和学生字典。三是寄宿生生活费补助落实到位。各县（市）区严格按照寄宿生生活费基本补助标准和寄宿生贫困面，足额落实应承担的资金和做好生活费补助资金发放工作，确保家庭经济困难寄宿生及时获得补助，保证了国家资助政策落实到位。四是校舍维修改造资金落实到位。2015年郑州市农村中小学校舍维修改造项目总资金9953万元，其中，中央补助资金6538万元、省级补助资金3415万元，审核实施项目78个，维修加固计划面积9.3万平方米。

第二，农村教育信息化建设成效显著。一是宽带网络校校通。全市所有农村公办中小学、职业学校全部建成功能齐全的校园网，所有公办学校22419个班级实现了网络进教室和实时共享全市优质教育资源。二是优质资源班班通。农村公办成建制中小学“校校通”、“班班通”实现了100%全覆盖。三是网络学习空间人人通。实现了城区与农村教师、学生、家长、专家的多边无界沟通和交流。郑州教育博客农村教师注册数已达4.6万人，博客日均点击量达50万余次，日最高发帖量达1000余篇，区域内教师注册率、原创博文量、日点击量、发帖量等各项数据在全国同类教育博客中均处于领先地位。

二、农村医疗卫生

2015年，郑州市紧紧围绕“为民、效能、公平、和谐”卫生计生总目标，视点聚焦民生健康，统筹推进各项工作，提高人民健康水平，取得了显著成就。

第一，完善补偿机制，提高筹资水平。2015年全市共有374.63万人参加新农合，参合率99.47%。全市累计筹资总额为21.5亿元，当年基金总支付率（含结余）81.25%，人均筹资水平比2014年增加118元，达到人均498元以上。全市总受益农民1133.82万人次，全市住院率为14.24%，增长2.12个百分点，次均住院费用6170元，增幅为3.23%。县外转诊率为19.82%，增长0.19个百分点。

第二，注重设施配备，增强保障能力。一是卫生院基础建设进一步加强。2015年利用中央预算内投资770万元（其中中央投资476万元，地方配套294万元）分别对登封市君召乡中心卫生院、大金店镇中心卫生院、东华镇卫生院、白坪乡卫生院、中牟县姚家镇卫生院等5家卫生院进行门诊医技楼、病房楼改（扩）建，总建设面积7500平方米。二是基层片医卫生服务日趋完善。全面开展乡村医生签约服务，完善地图定位责任服务管理，切实做好公共卫生服务。全市乡村医生签约服务签约率达80.1%，农村居民电子健康档案建档率达99.1%，一类疫苗预防接种率达98.3%，建立农村片医小组1920个，片医人数4429人，实现了农村片医服务全覆盖。三是满意乡镇卫生院创建活动成效显著。登封市唐庄乡、新密市大隗镇、新郑市和庄镇、荥阳市高村乡、中牟县官渡镇、中原区须水镇6家卫生院荣获全国“群众满意的乡镇卫生院”荣誉称号。四是乡村医生执业注册换证圆满完成。全市乡村医生再注册已审批通过5028人，发放《乡村医生执业证书》7520本，圆满完成乡村医生再注册换发新证工作。

第三，完善支付方式，开展大病保险。一是引导建立定点医疗机构“多控费，多收益；多花费，少收益”的利益导向机制，在全市所有市、县、乡级医疗机构实行以总额预付为主的支付方式。2015年比2014年费用支出下降1134.8万元，下降10.77%，初步呈现出“要医疗机构控制费用”向“医疗机构要控制费用”转变的局面。二是农村居民大病保险稳步开展。制定出台了《郑州市人民政府办公厅关于调整郑州市农村居民大病保险政策的通知》（郑政办〔2015〕34号），农村居民大病保险筹资标准已由人均15元提高至30元，起付线调整至1.5万元，自付合规住院费用超过1.5万元的部分，按费用高低实行分段补偿，年封顶线为30万元。2015年度累计支付20458人次，金额7426.6万元。

三、农村生活保障

2015年，郑州市持续推进农村低保和农村特困人员供养工作，不断创新工作方法，加大政策宣传力度，强化动态管理，基本实现了“求助有门、受助及时，动态管理、应保尽保，公平公正、阳光救助”的工作目标。

第一，稳步推进农村低保工作。一是全力保障困难群众基本生活。2015年，全市共有农村低保对象63700户、91389人，全年按时发放农村低保金2.05亿元。二是适时提高农村低保标准。市民政局联合市财政局印发《关于提高城乡低保标准的通知》（郑民文〔2015〕73号），从2015年7月1日起，全市农村低保标准从每人每月260元调整为每人每月290元。三是积极开展农村低保工作专项治理。坚决把群众问题作为头等大事来抓，针对群众反映强烈的“人情保”、“错保”等问题，市政府先后2次开展专项治理工作，积极推行“阳光低保”。

第二，全力推动农村特困人员供养规范化、制度化。2015年，全市农村五保对象9949户10162人，发放五保供养资金5298.8万元。一是适时提高供养标准。自2015年7月1日起，市区农村五保集中供养每人每年不低于8736元，分散供养每人每年不低于5242元，与2014年比分别提高了840元、504元。县（市）农村五保集中供养每人每年不低于6960元、分散供养每人每年不低于4176元，分别提高了720元、432元。二是规范农村特困人员供养服务机构管理。制定出台了《郑州市农村特困人员供养服务机构管理暂行办法》（郑政办〔2015〕112号），对农村特困人员供养服务机构的规划建设、服务对象、内部管理、生产经营、工作人员、法律责任等进行了规范，进一步提高了全市农村特困人员供养服务机构的管理水平。三是全力推进农村特困人员供养服务机构事业单位法人登记和设立许可工作。截止2015年底，全市77所农村特困人员供养服务机构，已有31家完成了设立许可和事业单位法人登记，登记许可率达到了40.3%。四是加强农村特困人员供养服务机构的消防安全检查。对全市77家农村特困人员供养服务机构的各类规章制度是否健全、责任落实是否到位、消防安全隐患是否排除等方面进行一次详细排查，排查出的问题逐一建立台账，限时整改，每家农村特困人员供养服务机构都与管理单位签订了安全生产责任书，确保了集中供养人员的安全。

农村改革

2015年，郑州市紧紧围绕都市生态农业发展，以新型城镇化为引领，加快构建都市生态农业产业体系，坚持深化农村综合改革，增强农业农村发展活力，取得了初步成效。

第一，积极推进农村产权交易制度改革。挂牌成立农村产权交易中心，建立市、县、乡三级农村产权流转交易体系，2015年先期进行权属没有争议的家庭承包耕地经营权和农村集体经济组织“四荒地”经营权的流转交易。

第二，加快农村集体经济股份合作制改革。下发了《关于开展农村集体经济股份合作制改革和村委会改居委会工作的指导意见》，加快推进农村“双改”工作。截至2015年底，农村集体经济股份制改革已有256个村组完成了股改工作，完成产权制度改革的村（组）资产总额为70.4亿元，改制后多数成立了股份经济合作社。

第三，积极推进农村投融资机制改革。出台《郑州市财政资金支持农业企业发展暂行办法》，设立1亿元专项资金，通过贴息、贴担保费等方式，扶持龙头企业做大做强。筹资3万元组建郑州都市农业担保公司，通过放大财政资金作用，引导和撬动信贷资金和社会资金投入现代农业发展，吸引更多的资本投向“三农”。

第四，深入推进集体林权制度改革。印发《郑州市林业局关于印发2015年度集体林权制度改革工作要点的通知》，完善集体林权确权发证工作，集体林地承包经营合同签订率达95%以上；把林下经济发展扶持资金列入全市林业产业发展引导资金，大幅度提高林下经济扶持力度，全市林下经济产值达到6.07亿元。持续加强林业合作组织和林权管理服务机构建设，建成规范化合作社15家，新建林业专业合作社24家，培训林地纠纷仲裁员、调解员50人次以上。探索完善了林权流转和抵押贷款的相关制度规范和抵押贷款的流程，大力推广省厅统一制定的林权流转规范合同文本，将林农自发的林权流转和抵押贷款行为逐步进行规范。

第五，扎实推进供销合作社综合改革。顺应郑州都市区建设的新要求，积极推进新网工程建设，充分发挥供销社农资流通主渠道作用，实现对连锁超市的“统一配送、统一管理”。按照坚持标准、提升层次的要求，2015年在抓好线上业务的同时，大力抓好线下实体店建设，全系统规范发展连锁门店已达74个。

新型城镇化

2015年，全市紧紧围绕“三大一中”战略定位，以新型城镇化为引领，以人的城镇化为核心，实现了全域拆迁面积、畅通郑州工程建设、城乡基础设施建设三个突破性进展，全市新型城镇化建设步入提速增效的新阶段。

一、主要做法及典型经验

（一）树立“一个理念”

贯彻省委、省政府“一个载体四个体系六大基础”战略部署，坚持走以产业集聚区和新型社区为载体的“三化协调、四化同步、集约集聚内涵式”发展路子。围绕“人们在哪里居住、居住什么样的环境，产业在哪里发展、发展什么样的产业”，牢固树立“一个主体两个载体”三位一体的城乡统筹发展理念。“一个主体”：即中心城市，把郑州中心城区和各县城组团城区作为主体，加快推进现代化，充分发挥其在统筹城乡、以城带乡中的辐射带动作用。“两个载体”：其一，依托县城和镇区，依托原有产业布局和产业基础，规划建设产业集聚区、专业园区和服务业“两区”，将其打造成为农民就近就业和自主创业的载体、沿海发达地区和城市产业转移的载体、城市生产要素向农村流动的载体；其二，把各类新型社区打造成为实现城乡公共服务均等化的载体。三位一体，就是将中心城区、产业集聚区、新型社区统筹规划、统筹布局、统筹建设，按照“一基本两牵动四保障”的原则，统筹解决好进城务工人员有序市民化转移和农民就近城镇化转换两大核心问题。

（二）突出“四个重点”

一是坚持以交通道路为先导，大力推进全域交通一体化，在空间上将中心城区、县城组团、产业集聚区和镇区、新型社区连为一体。二是大力推进中心城市现代化。坚持新区开发和旧城改造并举，围绕“六旧九新”15个片区改造，实施以畅通郑州工程为带动的基础设施提升工程、蓝天工程、生态绿化工程、“水清河美”工程、大棚户区改造工程和便民服务工程等“六大工程”。三是坚持“产业为基、就业为本”，大力推进产业集聚区、专业园区、服务业“两区”建设。四是坚持以人的城镇化为核心，按照“一基本两牵动四保障”原则，落实“一个主体四个权益”，以新型社区为基点，构筑城乡公共服务均等化的载体。

（三）实现“四个合理”

通过以上“四个重点”工作的持续推进，最终要实现“四个合理”任务：一是合理的城镇体系，即形成中心城区、县城组团和产业集聚区、镇区（新型社区）的合理城镇体系；二是合理的产业布局，就是依托城镇体系布局产业，形成中心城区发展高端制造业和高端服务业、开发区和县城组团发展先进制造业、县城以下发展劳动密集型产业和资源型产业的梯次产业布局；三是合理的人口分布，就是在合理的城镇体系和产业布局引导下，形成70%—80%的人口居住在县城和中心城区，20%—30%的人口居住在镇区和新型社区；四是合理的就业结构，就是80%以上的农村劳动力转移从事二三产业，即便是从事农业的也是农业产业工人，最终实现全市人民的居住环境城市化、公共服务城市化、就业结构城市化和消费方式城市化。

二、主要工作成效

（一）畅通郑州工程实现跨越发展

“米”字形高铁网取得重大进展，郑徐客专基本建成，郑万、郑合开工建设，郑焦城际铁路通车运营，郑机城铁进入联调联试阶段，机场二期建成投用，地铁2号线一期、1号线二期、5号线、南四环至机场城郊铁路工程顺利推进。“井字+环线”快速路网先后建成陇海快速路、京广快速路二期、金水路准快速等一大批重大工程，10条市域快速通道全部建成，12个环城高速出入口投入使用，经三路—城东路和未来路下穿金水路隧道等工程通车，农业快速路、国道107辅道快速化等工程加快推进，中心城区“大井字+环线”快速路网基本成型。完成支线路网138条，市区新增公共停车泊位8.3万个。城市公交出行分担率达到38%，成功入选全国首批“公交都市”示范工程创建城市和全国“绿色交通”试点城市。

（二）棚户区改造和新型农村社区建设取得突出成效

棚户区改造是国家重点推进的工作之一，是新型城镇化的重要抓手。2015年，全市继续紧抓国家支持棚户区改造的政策机遇，全面推进城市规划区及周边3公里内城中村改造、棚户区改造和撤村并城。全年累计启动村庄拆迁改造359个，开工建设安置房4414万平方米，回迁群众42.63万人，基本实现围合区域内及县城、产业集聚区、组团新区规划区范围内村庄拆迁改造大头落地；市场外迁58个，三年177个市场外迁的目标基本完成；启动建设新型农村社区156个，建设安置房1177万平方米，回迁群众19.91万人；上街区率先实现全域城镇化，郑东新区、高新区基本实现全域城镇化。

（三）城乡基础设施建设得到重大提升

南水北调中线工程全线通水，丹江水已成为我市的主要饮用水；刘湾、罗垌、航空港区净水厂建成运行，新增供水能力76万立方米/日；完成南郊热源厂改扩建工程及新密裕中、国电荥阳引热入郑工程，集中供热能力2300万平方米，普及率达到68.7%；马头岗污水二期、南三环、马寨等污水处理厂相继建成投运，新增污水处理能力70万吨，城市污水处理率提高到95%以上；新建八岗污泥处理厂二期工程、新力电力中水管线工程等污水污泥处理设施，新增污泥处置能力500吨/日；新增再生水利用生产能力25万吨/日，再生水利用率由15%左右提高到20%以上，垃圾资源化利用达到95%，城乡基础设施更加完善。

（四）城乡生态环境获得持续改善

一是大力实施蓝天工程。拆改市区燃煤锅炉110蒸吨，市区燃煤锅炉拆改任务基本完成；淘汰黄标车和老旧车辆9.7万辆；中心城区机械化清扫率达到80%，建筑工地扬尘治理基本达到“六个100%”整治标准。二是大力实施生态绿化工程。突出抓好两环三十一放射生态廊道建设、区级综合性公园、南水北调生态文化公园、铁路沿线绿化、第十一届中国（郑州）国际园林博览会筹建等重点工程项目，全年新增绿地1201万平方米，新建公园游园28个，建成区绿地率达到35.3%；建成森林公园9个、林业生态廊道467公里，植树造林7.49万亩，森林覆盖率达到33.4%。三是大力实施碧水工程。环城生态水系循环工程、石佛沉砂池向西区供水工程顺利开工，贾鲁河生态水系综合整治工程有序推进。四是扎实推进农村人居环境综合整治和美丽乡村建设。新增省级人居环境整治达标村（社区）100个、省级示范村（社区）50个、国家级生态乡镇3个。

（五）城市精细化管理水平不断提升

2015年，全市围绕打造“一刻钟便民服务圈”，加快构建以“三级三类”便民服务中心为依托的公共服务体系，大力开展城市精细化管理，城市管理水平明显提升。所谓“三级”就是构建市级、区级和社区级三个层次的服务中心；“三类服务”就是政府的政务服务、社会公共服务和市场化社会化生活配套服务。区级服务中心主要围绕公园和地铁枢纽站来建设，发挥多重功效；社区市民服务中心以群众步行15分钟为半径规划布局，并与学校、医院等设施建设统筹规划，形成一个系统的服务体系。各开发区、各城区对各自辖区内市民服务中心的选址、规划设计、划边定界、制定拆迁补偿方案等已经做了卓有成效的工作，制定《郑州市“三级三类”市民服务中心规划建设指导意见》对区属范围内市民服务中心整体规划作进一步修改完善。目前，这项工作正在稳步推进。

政策评价篇

ZHENGCEPINGJIAPIAN

政 策 评 价

综合评价

2015年是全面完成“十二五”规划的收官之年，也是全面深化改革的推进之年，中共中央、国务院印发的《关于加大改革创新力度加快农业现代化建设的若干意见》（中发〔2015〕1号）提出“2015年，农业农村工作要全面贯彻落实党的十八大和十八届三中、四中全会精神，以邓小平理论、‘三个代表’重要思想、科学发展观为指导，深入贯彻习近平总书记系列重要讲话精神，主动适应经济发展新常态，按照稳粮增收、提质增效、创新驱动的总要求，继续全面深化农村改革，全面推进农村法治建设，推动新型工业化、信息化、城镇化和农业现代化同步发展，努力在提高粮食生产能力上挖掘新潜力，在优化农业结构上开辟新途径，在转变农业发展方式上寻求新突破，在促进农民增收上获得新成效，在建设新农村上迈出新步伐，为经济社会持续健康发展提供有力支撑。”

郑州市认真贯彻落实2015年中央一号文件和省委农村工作会议精神，着力发展都市生态农业，全面推进农村改革，继续实施支农强农惠农政策，全市农民人均可支配收入达到17125元，比上年增加1655元，增长8.9%，连续六年超过城镇居民收入增速。

2015年，河南省政府确定8个省辖市和10个省管县为农村土地承包经营权确权登记颁证工作整体推进地区。郑州市在上年基础上扩大确权范围，为整体推进打基础，确定荥阳市高山镇和王村镇、新密市超化镇和来集镇、登封市送表矿区和宣化镇、新郑市观音寺镇和新村镇、中牟县万滩镇和黄店镇等10个乡

（镇）为试点乡（镇），全面开展确权登记颁证工作。10个乡（镇）共涉及190个行政村，9.2万个农户，承包耕地34万亩。

2015年，郑州市共有48个行政村、198个村民组完成了股份合作制改革工作。有25个村、79个组正在组织实施股改工作。全市量化集体资产总额50.3亿元。成立了郑州市农村产权交易监督管理委员会，制定了产权交易管理办法和土地经营权流转交易规则，市财政投入资金50万元用于搭建农村产权交易平台，有望在下一年实现全市农村产权交易网上办公。

2015年，全市农民合作社数量达到3032家，合作社联合社达到24家，经认定的市级示范社累计达到285家，省级示范社19家，国家级示范社23家。

全市社会粮食收购量209万吨，其中夏粮收购小麦88.6万吨，平均收购价格为1.22元/斤。完成国家农业综合开发高标准农田建设项目3.4万亩，总投资4512.83万元。财政扶持农业产业化经营补助项目4个，其中种植基地项目2个、养殖基地项目2个，总投资1184万元。全市下拨农业支持保护补贴资金共35887.6万元。全年共投入搬迁财政扶贫资金4.82亿元，完成易地扶贫搬迁1.3万户5.02万人。

全市继续加大农林牧各业执法力度，共出动农资执法人员830人次，出动执法车280车次，查处制售假劣农资黑窝点84个，登记保存涉嫌假劣农资2400余件；严厉打击各类涉林违法犯罪活动，共查处林业行政案件140起，破刑事案件103起；重点开展生鲜乳违禁物质、兽用抗菌药经营使用、饲料原料、“瘦肉精”、生猪屠宰、畜牧业生产资料等六项专项整治。

2015年，郑州市农民负担监督管理工作情况良好，全市没有发生涉及农民负担的恶性案（事）件和严重群体性事件，各项强农惠农政策落实到位，确保农民群众得到实惠，促进了全市农村经济发展和社会稳定。

农村土地承包

一、政策背景及主要内容

2015年中央一号文件提出坚持和完善农村基本经营制度，坚持农民家庭经营主体地位，引导土地经营权规范有序流转，创新土地流转和规模经营方式，积极发展多种形式适度规模经营，提高农民组织化程度。对土地等资源性资产，重点是抓紧抓实土地承包经营权确权登记颁证工作，扩大整省推进试点范围，总体上要确地到户，从严掌握确权确股不确地的范围。

按照中央一号文件要求，2015年1月27日农业部、中央农村工作领导小组办公室、财政部、国土资源部、国务院法制办、国家档案局下发了《关于认真做好农村土地承包经营权确权登记颁证工作的意见》（农经发〔2015〕2号）。提出各地要按照中央要求，在稳步扩大试点的基础上，用5年左右时间基本完成土地承包经营权确权登记颁证工作。2015年继续扩大试点范围，在2014年进行3个整省和27个整县试点的基础上，再选择江苏、江西、湖北、湖南、甘肃、宁夏、吉林、贵州、河南等9个省（区）开展整省试点。其他省（区、市）根据本地情况，扩大开展以县为单位的整体试点。

农经发〔2015〕2号文件还进一步明确了把握政策的六项原则：一是坚持稳定土地承包关系；二是坚持以确权确地为主；三是坚持依法依规有序操作；四是坚持以农民群众为主体；五是坚持进度服从质量；六是坚持实行地方分级负责。同时，明确了开展农村土地承包经营权确权登记颁证工作的七大重点任务：一是开展土地承包档案资料清查；二是开展土地承包经营权调查；三是完善土地承包合同；四是建立健全登记簿；五是颁发土地承包经营权证书；六是推进信息应用平台建设；七是建立健全档案管理制度。

2015年2月农业部办公厅下发了《关于印发＜农村土地承包经营权确权登记颁证成果检查验收办法（试行）＞的通知》（农办经〔2015〕5号）。检查验收办法的基本内容包括总则、检查验收的组织实施、承包地块测绘成果监督检查、检查验收的内容与方法、检查验收的程序、检查验收的结果评定等六部分。

2015年4月农业部、中央农村工作领导小组办公室、国土资源部、国家工商行政管理总局联合下发了《关于加强对工商资本租赁农地监管和风险防范的意见》（农经发〔2015〕3号）。主要内容包括充分认识加强工商资本租赁农地监管和风险防范的重要性、引导工商资本到农村发展适合企业化经营的现代种养业、加强工商资本租赁农地规范管理、健全工商资本租赁农地风险防范机制、强化工商资本租赁农地事中事后监管、切实加强组织领导等。

2015年6月农业部办公厅下发了《关于印发农村土地（耕地）承包合同示范文本的通知》（农办经〔2015〕18号）。《通知》要求各地在开展农村土地承包经营权确权登记颁证过程中，依相关政策需重新签订、补签或完善承包合同时使用。

2015年3月河南省人民政府办公厅下发了《关于开展农村土地承包经营权确权登记颁证工作的实施意见》（豫政办〔2015〕39号）。文件对全省的确权颁证工作进行了统一安排和部署。主要包括重要意义、总体要求、工作原则、工作重点、工作程序、保障措施等内容。

2015年9月河南省农村土地承包经营权确权登记颁证工作领导小组办公室下发了《关于印发＜河南省农村土地承包经营权确权登记颁证成果检查验收实施细则（试行）＞的通知》（豫农确权办〔2015〕9号）。实施细则对检查验收组织及检查的内容、程序、抽验样本范围、数量、检查方法和评分标准等进行了具体规定。

二、政策执行情况及效果评价

（一）积极开展土地承包经营权确权登记颁证工作

2015年，省政府确定8个省辖市和10个省管县为确权工作整体推进地区，郑州市不在其列。考虑到河南省2016年底前基本完成确权工作，郑州市要提前运作，搞好试点，为整体推进打基础。郑州市主要抓了三个方面的工作:

一是抓试点。确定2015年在荥阳市高山镇和王村镇、新密市超化镇和来集镇、登封市送表矿区和宣化镇、新郑市观音寺镇和新村镇、中牟县万滩镇和黄店镇等10个乡（镇），全面开展农村土地承包经营权确权登记颁证工作。10个乡（镇）共涉及190个行政村，9.2万个农户，承包耕地34万亩。

二是抓培训。2015年6月，郑州市举办了一期农村土地承包经营权确权登记颁证试点工作人员培训班，进一步提高了县、乡、村确权工作人员政策水平，确保全市10个农村土地承包经营权确权登记颁证试点乡（镇）工作顺利完成。

三是抓调研。为进一步促进全市农村土地承包经营权确权登记颁证工作的开展。8月份，郑州市农委组织四个县（市）农委分管领导和农经站长，到开封市、信阳市等地考察学习农村土地承包经营权确权登记颁证工作好的做法和经验，弄清了测绘公司招投标、责任分工以及监督检查与指导等相关工作方法。

（二）引导土地规范有序流转，加强土地流转服务体系建设

一是研究起草了贯彻落实中央两办〔2014〕61号文件的实施意见；二是对全市土地流转面积在1000亩以上的100名新型农业经营主体管理人员进行培训，重点学习中央两办〔2014〕61号文件精神和相关政策；三是监督检查县乡土地流转服务中心（站）建设情况，统一制作了示范中心（站）牌子。四是与大专院校合作，开展工商资本租赁农地市场准入监管和风险防范课题研究；五是在各县（市、区）自查基础上对各地贯彻落实中央文件情况进行督导检查；六是开展土地流转风险防范工作进行调研。

（三）研究起草土地流转风险防范相关意见和办法

为了贯彻落实好农业部、中央农办、国土资源部、国家工商总局《关于加强对工商资本租赁农地监管和风险防范的意见》（农经发〔2015〕3号）精神，在借鉴外地做法基础上，结合实际，郑州市农委研究起草了《关于加强工商自办租赁农地监管和风险防范的实施细则》和《郑州市农村土地流转风险保障金管理办法》。

（四）进一步规范土地流转行为

为适应新的形势发展要求，在全省统一文本基础上，结合实际，经过修改和完善，郑州市下发文件在全市使用新的统一的《郑州市农村土地经营权转包（出租）示范合同》和《郑州市农户承包地经营权入股示范合同》。

（五）开展农村土地承包经营纠纷调解仲裁工作

2015年全年受理土地纠纷信访案件15起，其中市政府复查复核委员会交给的复查复核案件8起，目前已经结案14起。郑州市农村土地纠纷调解仲裁委员会接受中原区两起土地纠纷案件，经过案情初步分析和了解，两起案件均不符合市仲裁庭受理范围。郑州市在全省农业信访工作会议上做了典型发言。

农民补贴政策

一、政策背景及主要内容

2015年中央一号文件明确提出，要提高农业补贴政策效能。增加农民收入，必须健全国家对农业的支持保护体系。保持农业补贴政策连续性和稳定性，逐步扩大"绿箱"支持政策实施规模和范围，调整改进"黄箱"支持政策，充分发挥政策惠农增收效应。继续实施种粮农民直接补贴、良种补贴、农机具购置补贴、农资综合补贴等政策。选择部分地方开展改革试点，提高补贴的导向性和效能。

财政部、农业部针对农业补贴政策实施过程中出现的突出问题，深入开展调查研究，在充分征求和广泛听取各方面意见的基础上，提出了调整完善农业补贴政策的建议，经国务院同意，决定从2015年调整完善农作物良种补贴、种粮农民直接补贴和农资综合补贴等三项补贴政策（以下简称农业“三项补贴”），并于2015年5月，联合下发了《关于调整完善农业三项补贴政策的指导意见》（财农〔2015〕31号）。主要内容是：在全国范围内调整20%的农资综合补贴资金用于支持粮食适度规模经营；2015年，财政部、农业部选择安徽、山东、湖南、四川和浙江等5个省，由省里选择一部分县市开展农业“三项补贴”改革试点。即将农业“三项补贴”合并为“农业支持保护补贴”，政策目标调整为支持耕地地力保护和粮食适度规模经营。一是将80%的农资综合补贴存量资金，加上种粮农民直接补贴和农作物良种补贴资金，用于耕地地力保护。二是20%的农资综合补贴存量资金，加上种粮大户补贴试点资金和农业“三项补贴”增量资金，集中支持粮食适度规模经营。

二、政策执行情况及效果评价

(一)农业支持保护补贴

按照《河南省财政厅 河南省农业厅关于印发<河南省调整完善2015年农业三项补贴政策实施方案>的通知》（豫财农〔2015〕129号）和《河南省财政厅 河南省农业厅关于预拨2015年农业支持保护补贴资金的通知》要求，2015年河南省财政直接下拨到郑州市中牟县和郑州市财政直接拨付的农业支持保护补贴资金共35887.6万元，用于耕地地力保护补贴，补贴面积310.89余万亩，通过“一卡通”全部及时足额将补贴资金兑付至农户手中。

(二)农机购置补贴

2015年，郑州市共投入财政资金7737万元用于农机购置补贴，其中，中央资金5544万元，省级资金193万元，市本级资金2000万元。累计补贴各类农机具5377台（套），其中大中型拖拉机1074台，小麦联合收割机760台，玉米收割机423台。受益合作社89个，受益农户3540户。充分发挥了惠农补贴政策的引导效应，有力地促进了全市农机装备整体水平的提升和优化。

（三）农村义务教育经费保障

2015年，郑州市共拨付农村义务教育保障机制经费54217.6万元，比上年多4904.1万元，增加了10.9%。其中：公用经费补助资金35961万元；免费教科书资金下达5091万元；下达“一补”资金3212.6万元，下达校舍维修改造长效机制资金9953万元，确保了农村义务教育学校正常运转。

（四）渔业补贴

2015年，中央财政继续安排石油价格改革财政补贴，对机动捕捞渔船和机动养殖渔船实行渔用柴油财政补贴政策，郑州市共补贴渔船57艘，补助功率达到886千瓦。通过发放渔船燃油补贴，解决了渔民的生产生活困难，促进了渔区社会和谐，强化了渔船管理工作，减少了渔船安全隐患。

减轻农民负担

一、政策背景及主要内容

2015年3月，为贯彻落实好2015年中央一号文件和《农业部关于扎实做好2015年农业农村经济工作的意见》（农发〔2015〕1号）精神，农业部提出各地农监部门要依法加强农民负担监督管理。重点抓好的几个方面工作是切实加强村级组织负担监管、深入开展农民负担重点治理、规范实施一事一议筹资筹劳、强化涉及农民负担事项监督检查等。

2015年5月，为切实做好当前农民负担监管工作，维护好农民合法权益，农业部、财政部、发展改革委、国务院法制办、教育部、新闻出版广电总局印发的《关于做好2015年减轻农民负担工作的意见》（农经发〔2015〕8号），要求各地要按照今年中央一号文件“依法加强农民负担监督管理”的要求和中央教育实践活动办公室关于进一步整治违规收费和乱摊派问题的安排，继续做好减轻农民负担工作不放松，坚持源头严防、问题严查、违规严惩，深入治理涉农乱收费乱摊派问题，坚决防止农民负担反弹。主要内容包括切实加强村级组织负担监管、严格管理涉农收费和价格、规范实施一事一议筹资筹劳、加强新领域农民负担的监管、强化涉及农民负担事项监督检查、健全减轻农民负担工作机制。

2015年6月，河南省农民负担监督管理委员会办公室转发了《农业部关于开展涉农乱收费乱摊派清理整治活动的通知》（豫农监〔2015〕2号）。文件除了部署安排河南省认真落实农业部提出的涉农乱收费乱摊派清理整顿活动重点外，结合河南实际，将侵害农民土地权益突出问题一并纳入整治范围，重点整治在征收农民土地工作中不按规定程序进行，不张贴公告、不召开村民大会或者村民代表大会，不与土地所有权人或者使用人签订征地协议等；在征地补偿款兑付、分配中，不能严格落实中央和省规定的征地区片地价标准和补偿方式，甚至违规采取以租代征的方式向农户支付租金等。

二、政策执行情况及效果评价

2015年，郑州市减轻农民负担监督管理工作总体情况良好，全市没有发生涉及农民负担的恶性案（事）件和严重群体性事件，各项强农惠农政策落实到位，确保群众得到了实惠，促进了全市农村经济发展和社会稳定。

（一）全面落实各项强农惠农政策，加强资金使用的监督检查

郑州市认真贯彻落实中央、省有关文件精神，把贯彻落实各项惠农政策放在全市工作的重要位置，认真抓好种粮直补、农资综合补贴、良种补贴、农机具购置补贴、退耕还林补贴等政策落实情况的监督检查，确保补贴资金及时足额发放到农户，坚决纠正和查处截留、挪用、套取及滞发、抵扣、贪污等行为；认真抓好村级补助资金落实情况的监督检查，确保村干部报酬、办公经费和五保户供养经费及时足额到位；维护农民土地承包经营权益，抓好征占地补偿资金落实情况的监督检查，确保补偿资金按照规定及时落实到户。

（二）惩防并举，加大案件查办力度

进一步完善了农民负担信访接待和案件查处定期报告制度。认真接待群众来信来电来访，切实解决群众反映的实际问题，做到了及时调查，依法妥善处理，并给当事人反馈。2015年郑州市农监办共调查处理涉及登封市、荥阳市、中牟县、惠济区、上街区、郑东新区等11个乡镇、街道办的12个省转案件，其中占地补偿款发放不到位6件，电力乱收费2件，教育乱收费1件，宅基地乱收费1件，计生乱收费1件，农资综合补贴发放问题1件。现已全部处理完毕，结案率100%，退还农民不合理负担21070元（电力12100元、教育2250元、宅基地3000元、计生3720元）。做好群众来电来访工作，2015年市农监办共接待来

电来访105人次，向县（市、区）下发督办函两件，补发拖欠农民占地补偿款1174322.28元，切实维护了农民的合法权益。

（三）部门联动，充分发挥成员单位作用

在落实责任上抓突破，在部门联动上下功夫，建立健全工作机制，确保减轻农民负担工作取得实效，2015年9月15日至22日，郑州市农监办联合市发展改革委、财政局、教育局组成四个检查组，开展了郑州市2015年农民负担中期检查。通过检查，增强了各涉农部门对减轻农民负担工作的重视程度，促进了工作的进一步开展。通过部门联动，明确了责任分工，强化了责任落实，形成各负其责、齐抓共管的工作合力。

（四）加强监督检查，严格日常管理

一是组织做好监督检查工作。郑州市严格按照省农监办要求，坚持每年不少于两次的农民负担监督检查工作，始终保持减轻农民负担工作的高压态势，促进各项减负惠农政策的落实。二是坚持经常性明察暗访。市、县两级农监部门坚持将明察暗访作为农民负担监督管理的常规手段落到实处，在关键时段对关键领域适时组织开展明察暗访，全面了解当地减轻农民负担工作的实际情况，及时发现带有普遍性的涉农收费问题。全年共组织明查暗访5次，涉及7个乡镇、18个行政村，走访农户90多户。三是继续实行专项审计制度。2015年9月中旬，郑州市农监办联合市发展改革委、财政局、教育局组成四个检查组，共抽查了15个县（市、区）的28个乡（镇）街道办、53个行政村、51所农村中小学校的减轻农民负担工作落实情况，取得了良好的社会效果。

农村集体财务与资产管理

一、政策背景及主要内容

2015年，中共中央、国务院印发的《关于加大改革创新力度加快农业现代化建设的若干意见》（中发〔2015〕1号），对农村财务管理工作提出新的要求，明确指出要进一步推进农村集体产权制度改革，探索农村集体所有制有效实现形式，创新农村集体经济运行机制。对经营性资产，重点是明晰产权归属，将资产折股量化到本集体经济组织成员，发展多种形式的股份合作。开展赋予农民对集体资产股份权能改革试点，试点过程中要防止侵蚀农民利益，试点各项工作应严格限制在本集体经济组织内部。健全农村集体“三资”管理监督和收益分配制度。完善有利于推进农村集体产权制度改革的税费政策。

2015年3月农业部办公厅下发的《关于印发2015年农村经营管理工作要点的通知》（农办经〔2015〕2号）对稳步推进农村集体产权制度改革提出了五项要求：一是组织开展赋予集体资产股份权能改革试点；二是积极推进农村集体产权制度改革；三是强化农村集体资产管理；四是推动农村集体产权流转交易市场建设；五是切实规范农村财务管理。

2015年11月中共河南省委办公厅 河南省人民政府办公厅印发了《关于农村产权制度改革试点工作的指导意见》（豫办〔2015〕49号）。主要内容包括总体要求、试点任务和组织实施三部分。其中试点任务有五项：一是加快推进农村土地确权登记颁证；二是积极推进农村集体经济组织股份合作制改革；三是建设农村产权流转交易市场；四是完善农村产权交易机制和金融服务；五是创新农村资产资源资本化实现形式。

2015年12月河南省农业厅、中共河南省委农村工作办公室下发了《关于开展农村集体经济组织股份合作制改革试点工作的指导意见》（豫农经管〔2015〕24号）。开展试点的范围是：各地要从实际出发，综合考虑村集体经济发展水平、现有集体资产存量、农村劳动力转移情况以及干部群众意愿要求等因素，认真选择具备条件的村(组)，积极开展集体经济组织股份合作制改革试点。按照“代表性强、工作基础好、具有可复制性”的原则，从2016年开始，每个县（市、区）重点选择1—3个“城中村”、“城郊村"或农业村（组）进行试点，边实践、边总结，边解决问题、边完善制度，以点带面、逐步推进。力争用3年左右时间完成试点工作目标，为推进农村集体经济组织股份合作制改革创造经验、探索路子、作出示范。试点内容主要包括两个方面：一是在村集体经济发达的城中村、城郊村，重点开展农村集体经济组织股份合作制改革试点；二是在村集体经济不发达的传统农区农业村，重点开展农村土地股份合作社试点。

二、政策执行情况及效果评价

郑州市认真贯彻中央、省有关农村财务管理和农村集体产权改革文件精神，积极推进农村股改工作。郑州市下发了《郑州市农村集体产权股份合作制改革工作推进落实方案》（郑农小组办

〔2015〕3号），对农村股改工作进行了部署安排。要求各县（市、区）成立以党委、政府主要领导为组长的农村股改工作领导小组，结合当地农村实际，出台指导性意见和工作方案，稳步推进股改工作。各区要全面开展股改工作，各县（市）根据本地实际选取两个条件成熟、群众股改意愿高的试点村（社区）开展股改工作。

2015年12月，为贯彻落实省委两办下发的豫办〔2015〕49号和豫农经管〔2015〕24号文件精神，郑州市确定新密市作为全省农村产权制度改革的试点县。新密市制定了详细的切实可行的试点工作方案，并以市委农业农村工作领导小组文件正式上报省委农办。

2015年，郑州市多数县（市、区）开展了农村集体产权股份合作制改革工作。其中金水区、惠济区、管城回族区、二七区、上街区、经开区、高新区、中牟县等成立了股改工作领导小组，下发了股改工作指导性意见。截至2015年底，全市共有48个村、198个组完成了股改工作；有25个村、79个组正在组织实施股改工作，量化资产总额50.3亿元，共有股东总数148168个，累计股金分红总额56537万元。

郑州市开展农村集体产权股份合作制改革工作的具体做法是：一是强化领导，明确分工；二是大力宣传，营造氛围；三是加强指导，规范程序；四是细化措施，把握关键；五是一村一策，稳步推进。通过开展农村股改工作，建立了农村集体资产管理新机制；规范了农村集体经济收益分配形式；促进了农村和谐稳定，推动了新型城镇化建设。这对于提高集体经济组织运营管理水平，确保集体资产保值增值，保障城镇化进程中集体组织成员利益不受损害，促进社会和谐稳定都具有十分重要的意义。

小城镇建设

一、政策背景及主要内容

2015年8月，为贯彻落实《河南省全面建成小康社会加快现代化建设战略纲要》，推动《河南省新型城镇化规划(2014—2020年)》和《河南省科学推进新型城镇化三年行动计划》实施，河南省人民政府办公厅印发了《2015年河南省推进新型城镇化工作重点》。2015年新型城镇化工作重点围绕解决“三个一批人”(一批已进城就业定居的农民工落户，一批城中村居民转户，一批农村富余劳动力有序转移)问题，实施农业转移人口市民化、中原城市群竞争新优势培育、新兴中小城市培育、新型城市建设“四大工程”，有序开展新型城镇化试点，推动新型城镇化取得新突破，力争2015年年底全省城镇化率达到47%左右。

二、政策执行情况及效果评价

2015年，郑州市各级党委、政府继续贯彻落实国家、省有关小城镇建设精神，把小城镇建设作为推进城乡建设加快城镇化进程和全面建设小康社会的大事来抓，强化管理和监督，措施有力，管理队伍增强，年底全市村镇建设管理人员达到340人，并落实有专门工作经费用于保障小城镇建设。2015年，郑州市重点镇共有27个，其中全国重点镇10个，省级重点示范镇5个，被评为全国特色景观旅游名镇1个。全市27个重点镇共上报基础设施建设项目131项，总投资预算18亿元。全市小城镇建设主要做了以下几个方面工作。

（一）继续实施基础设施建设项目财政奖补政策

2015年，根据重点镇基础设施项目建设督察小组对27个重点镇的督察结果，依照郑州市的财政资金奖补办法，对两种类型的重点镇进行了财政奖补：一类镇11个，分别是荥阳市高山、贾峪镇，新郑市梨河、辛店镇，登封市大冶、告成镇，新密市大隗、超化、来集镇，中牟县雁鸣湖、黄店镇，以上各镇奖补人民币50万元。二类镇16个，分别是荥阳市广武、崔庙、王村、汜水镇，新郑市观音寺、郭店、薛店镇，登封市宣化、大金店、颍阳、徐庄镇，新密市刘寨、牛店、白寨镇，中牟县姚家、万滩镇，以上各镇奖补人民币25万元。全市共下拨奖补资金950万元。为充分调动各县市住建局推动小城镇建设的积极性，评选新密市住建局为优秀住建局并奖励10万元。

（二）继续做好日常性的监督和管理

郑州市在对全市67个乡镇进行经常性检查的同时，对重点镇实行季度检查与工作进度季报制度，要求各重点乡镇每季度必须将项目完成情况以书面形式上报郑州市建委。各重点乡镇党委、政府高度重视，主要领导亲自挂帅，定期召开分析会议，解决项目在具体实施过程中出现的问题。许多重点镇还采取请进来，走出去的办法，把发达小城镇的一些先进管理经验引入到实际工作中去，用于指导本乡镇的建设。郑州市还多次召开由村镇科长和重点镇镇长参加的针对一个或几个镇的某一项具体工作现场会，现场会大力表彰先进，严肃批评落后，各地对照差距、寻找不足、研究对策、争先恐后，这些对各重点镇完成基础设施项目起到了积极的促进作用，收到良好的效果。

（三）继续完善基础设施项目督察制度

2015年，郑州市制定并出台了《2015年度重点（乡）镇基础设施项目督察实施方案》，按照方案要求，成立了由以市城建委、新城办、财政局和市内五区住建局参加的三个督察小组，并明确了严格的督察纪律，在保证公开、公平、公正、透明的前提下，对27个重点乡镇的建设项目完成情况进行了全面认真的督察，以确保及时、准确的将市财政奖补资金拨付到位。通过实施严格的动态管理，使全市小城镇建设步入良性的制度化轨道。

农民专业合作社

一、政策背景及主要内容

2015年3月，农业部办公厅下发的《关于印发2015年农村经营管理工作要点的通知》（农办经〔2015〕2号），提出在引导和促进农民合作社规范发展方面，主要做好继续深入推进示范社创建、稳妥开展农民合作社内部信用合作试点、引导合作社拓宽服务领域、落实完善扶持政策、加快农民专业合作社法修改进程等工作。

2015年4月，为贯彻落实2015年中央一号文件关于“深入推进示范社创建行动”的要求，农业部下发了《关于开展农民专业合作社示范社监测工作的通知》（农经发〔2015〕5号）。监测对象主要指2011年底由农业部、发展改革委、财政部、水利部、税务总局、银监会等12个部门和单位联合评定的6663家农民专业合作社示范社。文件还对示范社监测标准、监测工作程序、监测工作时间和材料进行了明确规定。

二、政策执行情况及效果评价

2015年，郑州市扶持发展农民合作社方面以规范、提升为重点，采取多种有效措施，成效显著。全市农民合作社数量达到3032家。合作社联合社达到24家，其中按地域分：跨省联合社1家，跨市联合社5家，跨县（市、区）联合社11家，本县（市、区）内7家；按行业分：同行业同类联合社15家，跨行业联营9家。截止2015年底，经认定的市级示范社累计达到285家，省级示范社19家，国家级示范社23家。

（一）开展新型农业经营主体调研，为制定政策提供依据

2015年，深入对全市农民合作社和家庭农场以及部分种养大户进行调研，了解新型农业经营主体发展中存在的存在困难和问题，撰写了郑州市农民合作社调研报告。结合实际，郑州市政府将印发《郑州市加快培育新型农业经营主体的实施意见》，着重支持合作社及联合社、家庭农场等做大做强。

（二）建立议事协调机构，服务农民合作社发展

2015年，严格执行郑州市农民合作社发展联席会议制度，全年召开发改、财政、税务、工商等10部门参加的联席会，就农民合作社发展中遇到的困难和问题进行沟通交流，协商解决。

（三）组织全市新型农业经营主体培训，互帮互学成效显著

2015年，继续举办全市新型农业经营主体管理人员培训班，部分合作社理事长、家庭农场主参加培训，通过专家授课和实地观摩，为合作社和家庭农场搭建平台，互帮互学，互联互助，对提升全市农民合作社发展水平起到了积极促进作用。

（四）深入开展示范社创建，合作社规范化程度不断提升

一是组织农民合作社市级示范社评选，按照宁缺毋滥的原则，对照评选标准，严格把关评选2015年市级示范社；二是由各（县、区）审核推荐，广泛征求发改、财政、工商、国税等10部门意见后，择优上报多家符合条件的合作社申报国家级示范社。同时，对省级以上示范社实行动态监测；三是组织开展农民合作社风险排查工作，坚决杜绝合作社开展非法集资等事情发生。

粮食购销

一、政策背景及主要内容

2015年，党中央、国务院高度重视粮食安全和收储保供。习近平总书记多次强调“解决好吃饭问题始终是治国理政的头等大事”。《中共中央关于制定国民经济和社会发展第十三个五年规划的建议》提出：“确保谷物基本自给、口粮绝对安全”；“加强粮食等大宗农产品主产区建设，探索建立粮食生产功能区和重要农产品生产保护区”；“改革农产品价格形成机制，完善粮食等重要农产品收储制度。加强农产品流通设施和市场建设”。2015年7月，河南省人民政府《关于全面落实粮食安全省长责任制的实施意见》正式公布。

2015年，全国粮食总产量达到1.24万亿斤，比2014年增长2.4%，粮食综合生产能力稳定在较高水平。为保护农民种粮积极性，增加农民收入，促进粮食生产发展，国家继续在粮食主产区实行最低收购价政策。从2006年国家实行最低收购价政策以来，年年提高小麦最低收购价，第一次没有提高最低收购价的小麦价格。

2015年，全国各类粮食企业收购总量再创新高，达8484亿斤，五年累计托市收购粮食8460亿斤、油菜籽1573万吨，通过价格托底、优质优价、整晒提等、产后减损等措施，带动农民增收2510亿元，有效保护了种粮农民利益，调动了地方政府抓粮积极性。

全国各级粮食部门认真组织政策性收购，引导多元主体入市，督促企业严格执行国家粮食收购政策和“五要五不准”收购守则，确保农民种粮卖得出，得实惠，既增产又增收。在主产区粮食收储压力大的情况下，产销区团结协作，积极采取促销减库、建仓扩容、跨省移库、产销衔接等多项措施，有效实施粮食宏观调控，缓解粮食收储矛盾，避免发生农民“卖粮难”，保障了市场有效供给，维护了粮价基本稳定，为国家控制物价涨幅、稳定通胀预期发挥了重要作用。

二、政策执行情况及效果评价

郑州市自2015年6月1日开始夏粮收购，继续执行国家小麦最低收购价政策，为增加农民收入，保证农民利益，充实全市粮食库存，敞开收购农民余粮，郑州市组织和指导全市粮食企业通过各种渠道，积极收购，确保农民交售的粮食应收尽收。

2015年，郑州市全社会粮食收购量209万吨，其中夏粮收购小麦88.6万吨，平均收购价格为1.22元/斤，在秋粮收购过程中，继续转变过去“重夏轻秋”的思想，敞开收购农民手中余粮，防止出现农民“卖粮难”的情况，2015年共收购秋粮1.7万吨，平均价格0.88元/斤。有效保护了种粮农民的利益，提高了企业的经济效益。采取的主要措施是:

(一)做好准备工作

一是培训人员。督促有关企业对职工进行小麦容量、水分、杂质、验级论价等方面的业务培训，确保夏粮收购顺利进行。

二是腾仓并库。对全市空仓进行摸底排查，做好夏粮收购前的准备，并通过腾并挤、外租、准备简易仓等方式准备仓容，满足收购需求；加大仓库维修改造力度，提高仓房利用率，保证储粮性能。

三是配齐物资。各种物资器材准备到位，如输粮机、检测仪器、清理筛、通风机、容重器、探样器、塑料布、油毡、麻袋、篷布等购置齐全，并认真做好各种仪器设备的检修校正工作，为粮食收购做好物质准备。

四是设定网点。协调郑州市各类粮食经营企业积极入市收购，积极协调指导全市粮食收储、加工企业增设收购网点，满足农民就近售粮需求，方便农户售粮，并督促各收购企业加大资金筹措力度，确保收购资金及时供应，农户售粮款发放顺畅。全市确定执行最低收购价的收储库点28家。

五是筹措资金。通过积极协调收购贷款，与农发行沟通协调轮换贷款，企业积极自筹资金等方式积极筹措资金，保障资金充足，确保夏收现收现结，不打白条。

六是加强宣传。大力开展收购政策的宣传工作，以《粮食流通管理条例》的颁布实施十一周年宣传活动为契机，通过标语、板报宣传、政策公告、发放材料等形式，向农民宣传国家收购政策，让售粮农户卖明白粮、放心粮。

(二)规范粮食收购

一是严格要求。所有收购库点按规定挂牌收购，公布收购品种、价格、质量标准、水杂增扣量方式、结算等政策信息，让农民交“放心粮”。

二是严肃纪律。必须按国标做好收购入库，不得压级压价，不得抬级抬价，不得拒收符合标准的粮食；及时结算，不得打白条，不得代扣其他款项，让农民高兴而来，满意而归，交“开心粮”。

三是优质服务。要求各收储库点强化服务意识，结合自身情况设立交粮农民休息室，提供茶水、食物、引导等；为经纪人提供相应的住宿与就餐方便。让农民交“舒心粮”。

四是加强督导。成立粮食收购督导小组，收购期间定期不定期的到收购现场了解情况，掌握信息，指导收购工作，协调解决各种问题，帮助售粮企业解决困难。

五是延伸收购。为保证市县两级地方储备及时轮换，充实地方国有粮食企业库存，组织、支持、鼓励局属企业和地方粮食企业到主产区设延伸点收购，以掌控粮源，保证粮食的合理库存量。

（三）加大监管力度

一是做好原粮质量评估。明确原粮质量安全重点，强化监管基础，积极做好粮食质量安全检验监测能力建设规划实施情况的中期评估工作，认真梳理总结实施情况和建设成效，查找存在问题，提出解决办法及建议，更好地服务粮食收购和质量监管。

二是进行粮食收购专项检查。夏、秋两季粮食收购期间，全市开展专项检查，重点对全市涉粮企业的持证经营、执行国家收购政策、有无压级压价行为，并对代存的粮食和储粮安全等方面进行检查，发现问题及时纠正处理，并对不符合规定的给予相应的行政处理。

三是规范行政审批行为。严格程序办理《粮食收购许可证》，遵循公开、公正、公平、便民和效能的原则，简化办理程序，提高办事效率，推进服务质量不断提升。对粮食收购资格申报者严格审核、严格把关。2015年以来郑州市本级受理粮食收购资格许可11家，其中到期换证2家，变更企业法人2家，变更地址1家，变更企业名称1家，新办证5家。

四是认真做好防汛工作。粮食收购期间实行24小时值班制度，由领导带班，发现问题，及时处置；设置举报电话和邮箱，保证随时有人接听；对防汛工作常抓不懈，建立抗洪抢险预备队4个，做好防汛应急预案，严格责任追究，确保储粮安全。

烟叶产销

一、政策背景及主要内容

2015年1月，全国烟草工作会议在北京召开。会议确定的2015年重点工作任务是，抓好“三大要点”，做到“六个坚韧不拔”。抓好“三大要点”：一是牵住卷烟营销这个牛鼻子，在拓展中端、培育高端、保障低端上下功夫；二是破解计划增量这个两难命题，在合作生产、运行调控、压缩库存上下功夫；三是紧扣税利总额这个核心指标，在优化结构、降低成本、提高效率上下功夫。做到“六个坚韧不拔”：一是坚韧不拔加大深化改革的力度，提高资源配置效率和水平；二是坚韧不拔加大全面建设法治烟草的力度，提高行业法治化水平；三是坚韧不拔加大科技创新的力度，实现创新驱动发展；四是坚韧不拔加大烟叶生产提质增效的力度，夯实卷烟品牌原料保障和烟农增收致富基础；

五是坚韧不拔加大推进“三个雄心壮志”的力度，不断提高中国烟草国际竞争力；六是坚韧不拔加大落实从严治党要求的力度，为全面推进行业改革发展提供坚强有力的组织保障。

2015年国家烤烟收购价格总水平保持基本稳定，普通品种烤烟二价区准级（X2F）收购价格为1050元，比2014年下降30元，降幅2.8%。2015年烤烟调拨价格在各等级调拨基准价格基础上，上下浮动幅度不超过15%的范围内，制订本地调拨价格，B3F级以下各等级调拨价格一律不得上浮，可以下浮。以普通品种烤烟二价区X2F为例，烤烟调拨基准价格2014年为2040元，2015年为2085元，涨幅2.2%。

二、政策执行情况及效果评价

2015年，郑州市种植烟叶0.7万亩，约定收购量2万担，签订种烟农户233户。共落实200亩以上连片方15个，面积4988亩，与河南农业大学烟草学院协作，建立了2000亩的浓香型烟叶开发核心示范园区；全年收购烟叶1.43万担，收购合格率达到82%以上，工商交接合格率65%以上。全年建设烟水配套工程21项，采购农机162台。

（一）加强计划管理，严格坚守红线

2015年，河南省烟叶生产计划下达后，郑州市专门召开会议，严明纪律，强化责任，安排部署，狠抓环节管理，从面积落实、合同签订、种子发放、烟叶育苗、大田移栽等环节抓起，严格落实稳控措施，烟叶移栽结束后，郑州市组织人员对烟叶移栽面积和合同进行全面检查验收，确保合同真实准确。

（二）加强基础设施建设，提升保障能力

持续推进烟叶生产基础设施建设步伐，改善了烟区生产条件，提高了烟叶以及大农业的综合生产能力和抗御自然灾害能力。基础设施建设计划批复后，重点抓了项目招投标、规划设计、工程质量监督等项工作。2015年底前完成了年度烟水、农机等项目建设、审计、决算工作。

（三）依托科研单位，狠抓技术落实

按照“品种决定特色，生态彰显特色，技术保障特色”的思路，郑州市与河南农大合作，全力实施河南“浓香型”优质烟叶基地单元建设计划。一是大力宣传推广豫烟系列新品种，作为浓香型烟叶开发的突破口。二是依托河南农大的科研力量，分环节对烟叶从业人员和全体烟农培训，提高科技水平。三

是强力推进关键技术落实。四是加强过程监管及考核。

（四）严格收购流程，规范烟叶收购

认真贯彻落实“烟叶质量信誉深化年”活动要求，严把收购关。一是耐心做好政策宣传和解释工作，确保收购态势有序、平稳；二是严格按照省烟叶收购监察组提出的“四个一”要求，围绕落实“四个第一”（管住各级各种第一责任人，把好预验第一关，审批开好第一磅，严肃查办第一案）做好今年的烟叶收购工作；三是严格执行等级标准，提高等级纯度。重点严把仓库验收关，对等级合格率低、包装质量差的坚决退货，实现责任追究制。

农业综合开发

一、政策背景及主要内容

2015年2月，国家农业综合开发办公室下发了《关于申报2015年农业综合开发产业化贷款贴息项目的通知》（国农办〔2015〕17号），提出贯彻落实中央农村工作会议和中央1号文件精神，应以市场需求为导向，围绕打造区域优势特色产业带和融合一二三产业，改革农业综合开发产业化经营扶持方式，将“后选项后结算”的贷款贴息方式调整为“先选项后结算”，逐步加大贷款贴息扶持力度，充分发挥财政资金引导和杠杆作用，撬动更多银行贷款支持现代农业建设，推进农业现代化发展。文件对贷款贴息的范围、贷款贴息的资金安排和贴息率、贷款贴息项目的选定、贷款贴息项目的审核及备案以及其他事宜进行了明确规定。

2015年6月，财政部印发的《农业综合开发推进农业适度规模经营的指导意见》（财发〔2015〕12号），提出以建设高标准农田为载体推进适度规模经营、以农业产业化经营为抓手推进适度规模经营、以完善农业社会化服务为支撑推进适度规模经营。其中以建设高标准农田为载体推进适度规模经营主要包括集中连片规模推进高标准农田建设、加大对新型农业经营主体建设高标准农田的支持力度、建立财政补助形成资产交由新型农业经营主体持有管护新机制、吸引金融资本投入高标准农田建设、发挥部门项目行业优势和示范作用。

二、政策执行情况及效果评价

2015年，河南省批复郑州市国家农业综合开发高标准农田建设项目3.4万亩，其中：新密市1.6万亩、登封市

0.8万亩、荥阳市1万亩。项目总投资4512.83万元，其中：中央财政3181.2万元，省财政1049.6万元，市财政投资178.2万元，自筹资金103.83万元。主要建设内容：新打机电井102眼，修复配套机电井3眼，架设输变电线路52.492公里，开挖疏浚渠道15.72公里，埋设管道179.82公里，新建渠系建筑物30座，新建小型蓄排水工程7座。新修道路19.943公里，植树造林0.06万亩。建设任务均已全面完成。

2015年，郑州市农业综合开发产业化经营财政补助项目4个，其中种植基地项目2个、养殖基地项目2个。项目计划总投资1184万元，其中中央财政490万元、省财政168.5万元、市财政投资27.5万元、企业自筹资金498万元。项目建设情况为完成3个、终止1个（终止原因为土地被政府征用，已报省农开办备案），完成总投资1016万元，其中中央财政投资410万元、省级141万元、市级23万元、企业自筹442万元。

为确保高标准、高质量圆满完成2015年度农业综合开发工作任务，结合全市开发的形势和特点，郑州市确定了“加强领导、加大投入，狠抓管理、建设精品，调整结构、提高效益”的农业综合开发总体工作思路，重点抓了以下几方面的工作。

（一）领导重视，加大投入

一是各级领导重视农业综合开发工作。郑州市委、市政府组织召开全市农业综合开发工作会议，对农业综合开发工作进行总结、表彰和部署。市委、市政府督查室经常进行督导，县（市、区）领导经常深入项目区指导工作，及时协调解决开发工作中出现的问题。县（市、区）和项目乡（镇）把农业综合开作为一项重要工作，主要领导亲自抓，分管领导具体抓，一级抓一级落实到责任人。二是不断加大对农业综合开发的投入。郑州市农业综合开发配套资金每年都纳入预算管理，并及时落实到位，提前拨付到项目区。三是加强部门协作，齐心协力搞开发。农业综合开发领导小组各成员单位通力合作，形成合力，在全市形成了以农业综合开发办为主，财政、审计、科技、农业、林业、水利等有关部门积极参与、配合，为搞好农业综合开发工作营造了良好的氛围。

（二）统筹安排，科学规划

首先是坚持集中连片，规模开发。在项目选择上按照连片开发和各年度相对集中的原则，统筹安排，确保了近几年农业综合开发项目区相对集中连片，实现了农业综合开发的集约化、规模化。其次是合理安排，优化布局。在中低产田改造项目安排上，结合全市农业产业规划布局，优先在各县（市、区）的优势农产品生产基地内实施，不断壮大优势农产品生产基地规模，提升科技含量；在产业化经营项目安排上，优先选择能够促进全市农业产业布局优化的企业进行扶持。第三是科学论证，严格审查。项目确定后，有关县（市、区）农开办组织有关方面的专家或专业技术人员进行实地考察，认真论证，就项目初步计划向项目区群众广泛征求意见，做出详细的项目计划上报市农开办。农开办审查后，组织相关专业的专家进行评审，进行再次修改和完善后上报，从而从源头上保证了项目建设的科学性、规范性。

(三)把好关口，严管资金

一是从项目立项这个源头抓起，坚持以效益定项目，以项目定投资，聘请专家学者，对拟安排的项目实地考察并进行可行性论证，建立健全开发项目库，并实行动态管理。二是严把资金预算审核关。在编制年度计划时，由财政部门和农口相关专家严格对工程概预算进行审核，确保项目计划的合理性；在计划审批时，对具体项目工程定点、定位、定投资，确保每笔项目资金都对应具体的项目任务。三是严把资金拨付关。根据资金跟着项目走的原则，严格实行县级报账制，做到了“六统一”，即实行统一管理、统一流程、统一核算、统一帐册，统一监督。四是严把资金验收关。项目工程完成后，结算时请财政、审计等部门，对开发资金进行专项检查审计。严格执行资金和项目管理办法、县级报帐制的规定，对各工程项目资金使用情况进行逐一检查，确保开发资金计划、支出、报帐等工作规范到位。

(四)落实制度，规范开发

一是抓好项目公示制。通过公示栏、公示牌、公示墙等多种形式在项目区范围内进行公示。立项前、施工中、竣工后分别向社会公示项目相关情况，提高农业综合开发透明度，把农业综合开发项目打造成“阳光工程”。二是抓好招投标制。对单项工程10万元以上的工程建设和物资采购实行公开招标，严格操作程序，规范合同管理。三是抓好工程建设监理制。由于招投标制、监理制的实施，项目工程建设进度明显加快，项目工程质量进一步提高，优质工程达到90%以上，项目合格率达到100%。四是抓好竣工验收制度。项目完成后，在县级自验合格的基础上，市农开办组织农开、财政、水利、农业、林业等方面的专家对所有工程进行全面复验，把验收结果与下年度项目任务密切挂钩，实行奖优罚劣。

（五）创新机制，建管并重

一是健全制度，建立组织。开发中，要求各项目区工程建设与管护制度的建立同步进行，工程竣工后，及时进行工程移交，同时实现管护制度、管护经费、管护人员“三到位”。二是广辟渠道，积极筹措管护资金。从1996年至今起，郑州市各县（市）财政每年多拿出5万元资金，乡、村再相应匹配一部分资金作为项目区项目工程的管护资金，保障工程管护有资金。三是积极探索多种行之有效的管护模式按照“不打无主井，不植无主树，不配无主设备”的目标。各地根据自身情况，分别采取拍卖、承包、集中管理、用水协会等形式，明晰产权、明确责权利，实现所有项目工程均有人管、有资金维护。

扶贫开发

一、政策背景及主要内容

2015年中央一号文件提出要大力推进农村扶贫开发。增加农民收入，必须加快农村贫困人口脱贫致富步伐。以集中连片特困地区为重点，加大投入和工作力度，加快片区规划实施，打好扶贫开发攻坚战。推进精准扶贫，制定并落实建档立卡的贫困村和贫困户帮扶措施。加强集中连片特困地区基础设施建设、生态保护和基本公共服务，加大用地政策支持力度，实施整村推进、移民搬迁、乡村旅游扶贫等工程。扶贫项目审批权原则上要下放到县，省市切实履行监管责任。建立公告公示制度，全面公开扶贫对象、资金安排、项目建设等情况。健全社会扶贫组织动员机制，搭建社会参与扶贫开发平台。完善干部驻村帮扶制度。加强贫困监测，建立健全贫困县考核、约束、退出等机制。经济发达地区要不断提高扶贫开发水平。

2015年11月，中共中央国务院印发的《关于打赢脱贫攻坚战的决定》，对“十三五”期间脱贫工作作出了重要部署，明确到2020年农村贫困人口实现脱贫，是全面建成小康社会最艰巨的任务。主要内容包括增强打赢脱贫攻坚战的使命感紧迫感、打赢脱贫攻坚战的总体要求、实施精准扶贫方略，加快贫困人口精准脱贫；强化政策保障，健全脱贫攻坚支撑体系；广泛动员全社会力量，合力推进脱贫攻坚；大力营造良好氛围，为脱贫攻坚提供强大精神动力；切实加强党的领导，为脱贫攻坚提供坚强政治保障等8项内容33个方面的要求。

中央扶贫开发工作会议于2015年11月27日至28日在北京召开。中共中央总书记、国家主席、中央军委主席习近平出席会议并发表重要讲话。他强调，消除贫困、改善民生、逐步实现共同富裕，是社会主义的本质要求，是我们党的重要使命。全面建成小康社会，是我们对全国人民的庄严承诺。脱贫攻坚战的冲锋号已经吹响。我们要立下愚公移山志，咬定目标、苦干实干，坚决打赢脱贫攻坚战，确保到2020年所有贫困地区和贫困人口一道迈入全面小康社会。

2015年12月24日至25日，全国扶贫开发工作会议在京召开。会议主要任务是，贯彻落实党的十八届五中全会和中央扶贫开发工作会议精神，按照中央经济工作会议、中央农村工作会议和国务院扶贫开发领导小组第八次全体会议要求，总结2015年扶贫开发工作，分析脱贫攻坚面临的形势和任务，研究部署“十三五”特别是2016年脱贫攻坚工作。

2015年12月28日至29日，河南省委扶贫开发工作会议在郑州召开。会议认真贯彻落实党的十八届五中全会和中央扶贫开发工作会议精神，贯彻落实省委九届十一次全会精神，强调统一思想认识、把握目标任务、明确思路举措，动员全省各方面力量，齐心协力打赢脱贫攻坚战。

二、政策执行情况评价

2015年，郑州市进一步加大扶贫开发工作力度，以确保全市扶贫对象到2017年基本实现脱贫，到2018年率先在全省基本实现全面小康。郑州市委、市政府出台了《关于印发郑州市扶贫开发攻坚行动计划（2015—2017年）的通知》（郑政〔2015〕14号），主要内容是：2015年至2017年，要完成贫困地区易地扶贫搬迁36915户143658人、60个贫困村的整村推进和3万人的贫困劳动力技能培训任务，实施贫困山区区域特色经济项目15至30个、科技和产业化扶贫项目165个，实现15.32万扶贫对象脱贫。市本级财政将投入近20亿元支持扶贫开发，各县(市、区)的投入增速不能低于全市增速，绝对额不能低于市本级在该地的投入额。

2015年，中共郑州市委办公厅下发了《关于调整群众工作队和定点扶贫工作队的通知》（郑办〔2015〕16号），将群众工作队与定点扶贫工作队两队合一，实现了对全市248个贫困村定点扶贫工作全覆盖和面上贫困人口的全覆盖。同时对248个贫困村派驻了第一书记，加强了扶贫力量。2015年郑州市扶贫工作采取的主要措施是:

(一)聚焦重点，强力推进易地扶贫搬迁

郑州市坚持把易地扶贫搬迁作为加快郑州都市区建设、新型城镇化建设的载体和切入点来抓，帮助贫困群众挪穷窝、拔穷根。积极探索具有地方特色的易地扶贫搬迁模式，创造出了如企业介入、市场运作，社区安置模式；政府平台、土地收储，社区安置模式；政府先搬迁、企业后介入开发，社区安置模式；政府主导、非整村搬迁，社区安置模式；原址拆建、节约土地，社区安置模式；政府奖补、统规自建，社区安置模式等多种易地扶贫搬迁模式。2015年，积极开展易地扶贫搬迁工作调查研究，确定了易地扶贫搬迁三年攻坚任务，制定了2015年易地扶贫搬迁项目投资指南，选定了易地扶贫搬迁社区，下达了易地扶贫搬迁资金，2015年易地扶贫搬迁工程圆满完成。同时，持续开展好整村推进扶贫，全年实施30个村，比目标任务多出10个村。

(二)突出发展产业和促进就业，不断提高贫困群众收入水平和自我发展能力

一是大力发展贫困山区区域特色经济。坚持以旅游为引领，结合易地扶贫搬迁、特色产业发展和生态环境保护，大力实施乡村旅游扶贫，把贫困山区打造成为郑州市民休闲、度假、观光、生态、养老、旅游的好去处，打造成郑州后花园、森林公园，服务市民、富裕农民、优化生态、促进就业、加快脱贫。

二是大力实施科技和产业化扶贫。2015年投入科技产业化扶贫资金1320万元，其中省级财政扶贫资金120万元，市财政扶贫资金800万元，县级配套资金400万元。

三是积极开展易地扶贫搬迁后续产业发展扶持工作。按照《郑州市易地扶贫搬迁产业发展扶持资金使用管理办法（试行）》规定，2014—2015年各县

（市、区）共上报易地扶贫搬迁产业发展扶持项目19个，市财政下拨扶持资金5280.1万元。

（三）扎实开展精准扶贫，提高扶贫工作的科学化水平

郑州市按照精照扶贫工作要求，精确识别，精确帮扶，精准管理，努力做到扶持对象精准、项目安排精准、资金使用精准、措施到户精准、因村派人（第一书记）精准、脱贫成效精准。确保扶贫开发扶到点上、扶到根上。

一是不断修订完善扶贫信息。完成了2013年数据迁移、2014年数据修订、15年帮扶信息采集以及脱贫返贫标识等工作，为做好精准扶贫工作奠定了基础。

二是精确帮扶贫困村、贫困户。探索建立了定点扶贫与群众路线结合长效机制，提出了2015年群众工作队和扶贫工作队调整方案，明确了帮扶单位和责任人，实现了“两个倾斜”、“两队合一”。参与定点扶贫工作的有59个市属单位和189个县（市、区）属单位，实现了对全市248个贫困村定点扶贫工作全覆盖和面上贫困人口的全覆盖。加强对定点扶贫工作队的管理，由市委组织部、市扶贫办发起，建立了定点扶贫联席会议制度和沟通联络机制。加强对定点扶贫工作的业务指导，编撰《业务指导手册》，使工作队有目标、有思路、有干劲。

三是努力构建政府、市场、社会协同推进的大扶贫格局。2015年郑州市出台了《郑州市人民政府关于形成合力推动社会扶贫工作进行社会扶贫项目发布的意见》，并于2015年2月首次举行了社会扶贫项目推介暨签约仪式，活动共发布项目167个，成功签约项目12个，签约金额35.2亿元。

2015年，郑州市扶贫工作成效显著，全年共投入搬迁财政扶贫资金4.82亿元，完成易地扶贫搬迁1.3万户5.02万人，完成整村推进30个村，实施区域特色经济项目5个，完成雨露计划培训6740人，完成省级科技产业化扶贫项目4个，市级科技产业化扶贫项目50个，全年实现脱贫5.47万人。

农村产权交易

一、政策背景及主要内容

2015年11月，河南省委、省政府为了贯彻落实国院务办公厅下发的《关于引导农村产权流转交易市场健康发展的意见》（国办发〔2014〕71号）精神，省委两办印发了《关于农村产权制度改革试点工作的指导意见》（豫办〔2015〕49号）。提出要在全省范围内建设农村产权流转交易市场。整合现有的农村土地承包经营权流转服务中心、林权管理中心和林业产权交易所等各类农村产权流转交易机构的职能，市县统一建立农村产权交易中心。农村产权交易中心提供发布交易信息、受理交易咨询和申请、协助产权查询、组织交易、出具产权流转交易鉴证书，协助办理产权变更登记和资金结算手续等基本服务。农村产权交易中心为事业法人，由当地政府审批，农村工作综合部门是主管部门。农村产权交易中心可以单独建设，也可以建在行政审批中心，实现综合办公。乡（镇）、村级建立服务平台，为群众提供各项服务。

豫办〔2015〕49号文件还对了产权流转交易市场的交易主体等提出了明确要求。凡是法律、法规和政策没有限制的法人和自然人均可以进入市场参与流转交易，具体准入条件按照相关法律、法规和政策执行。一定标的额以上的农村集体资产购置或处置，以及大宗的农村承包土地经营权、林权的流转交易必须通过交易中心公开交易，防止暗算操作。各地结合实际制定标的额和大宗产权交易的限额标准。

二、政策执行情况及效果评价

2015年，郑州市在建设农村产权流转交易市场方面主要做了以下几个方面的工作:

一是成立监督管理委员会。2015年2月，郑州市成立了以副市长杨福平为主任、市政府副秘书长冯卫平和市农委主任周亚民为副主任的郑州市农村产权交易监督管理委员会。市发展改革委、财政局、农委、国土资源局、政府法制办等14个局委为管委会成员单位。监督管理委员会办公室设在市农委。办公室是本市农村产权交易市场的监管机构，负责对农村产权交易行为实施监督管理和指导。监督管理管委会下设郑州市农村产权交易中心，主要负责培育建设、监督指导全市农村产权交易市场，指导各县（市、区）开展产权交易工作，开展农村各类产权交易、信息发布、权能确认、交易鉴证、对外公示等工作。

二是安排部署工作。2015年5月，郑州市召开了全市农村改革工作会议，会上郑州市农业农村工作领导小组办公室下发了《关于印发郑州市县乡三级农村产权交易项目建设实施方案的通知》

（郑农小组办〔2015〕4号），明确2015年在五个县（市）全面开展农村产权交易工作，各县（市）政府成立本级的农村产权交易监督管理委员会，依托当地农经部门成立县、乡两级农村产权交易机构。同时，对全市县、乡两级农村产权交易机构的名称进行了统一规范。

三是出台交易管理办法和交易规则。2015年5月，郑州市农村产权交易监督管理委员会印发了《郑州市农村产权交易管理办法》和《郑州市农村土地经营权流转交易规则》。对产权交易的机构、交易方式和程序、交易行为规范、监管和争议处理等进行了明确规定。

四是搭建农村产权交易平台。市财政投入资金50万元，用于市级产权交易中心办公设备和产权交易平台建设。2015年底郑州市农村产权交易平台搭建工作完成80%，有望在下一年实现全市农村产权交易网上办公。新密市在全市率先成立了市级的农村产权交易监督管理委员会和产权交易服务中心。

2015年，郑州市农村产权交易中心产权交易的品种主要是农户承包土地经营权和农村集体所有的“四荒”地使用权。已有2家土地流转面积超过1000亩的农业企业在市级农村产权交易中心通过了申请办理流转交易鉴证书前的资料审核。

农业立法与行政执法

一、政策背景及主要内容

2015年3月，农业部下发了《关于贯彻党的十八届四中全会精神深入推进农业法治建设的意见》（农政发〔2015〕1号），进一步明确了当前和今后一段时期农业部门推进农业法制建设的主要工作任务，主要是深刻认识加强农业法治建设的重要性紧迫性、明确农业法治建设的指导思想和目标、积极推进农业立法、着力强化农业执法、深入开展农业法治宣传教育、依法化解农业领域矛盾纠纷、切实提高农业部门依法行政能力。

2015年4月，农业部在武汉召开了全国农业政策法规工作会议。会议主要任务是深入贯彻落实中央“三农”决策部署，分析当前形势，总结交流工作，研究部署任务。会议除了安排部署加快构建农业政策新框架和积极推进农村改革工作外，还对2015年深入推进农业法治建设工作提出了明确要求：一要加强和改进农业立法工作。一方面，要继续查漏补缺，填补立法空白；另一方面，要与时俱进，抓紧修订不适应形势发展的法律法规，充分发挥立法的引领、规范和保障作用。二要坚定不移推进农业综合执法。按照四中全会决定的要求，重点在食品药品安全、农林水利等领域推行综合执法。并明确重点做好四项工作：加快推进机构的合规化；聚焦执法办案“主业”；加强能力建设；坚持严格规范公正文明执法。三要加强农业普法工作。四要提高依法行政能力和水平。重点是健全农业法治建设工作机制、完善依法科学民主决策机制、深化行政审批制度改革、全面推进政务公开、做好行政复议和行政应诉工作。

二、政策执行情况及效果评价

2015年，郑州市按照《农业部关于贯彻党的十八届四中全会精神深入推进农业法治建设的意见》要求，围绕农业法治建设的主要领域和关键环节，深入推进农业法治建设。在推进农业立法、强化农业执法、开展农业法治宣传教育、提高农业部门依法行政能力等方面取得显著成就，农业法律法规不断完善，农业依法行政深入推进，干部群众依法办事意识明显增强。

(一)农业立法

废止《郑州市农药管理条例》，理顺农药执法体系，调整完善农药执法依据是2015年农业立法的重点工作。年初郑州市组织了专家论证并开展调研，郑州市政府于10月份提请市第十四届人大常委会第十二次会议研究通过，11月26日，河南省十二届人大常委会第十七次会议，批准了《郑州市人大常委会关于废止部分地方性法规的决定》，《郑州市农药管理条例》从2016年1月1日起予以废止。自此郑州市各级农业主管部门依照《中华人民共和国农药管理条例》，按照坚持属地管理原则，全面开展农药监管工作。

(二)农业普法

2015年，全年共组织全市农业系统干部职工18人，参加了国家、省、市举办的各类专题法制讲座和普法教育培训，提高了工作人员法律知识水平和依法行政能力。同时加强对一线执法人员的业务培训力度，8月份对全体执法人员进行年度轮训并组织执法资格考试，参加人员250余人。10月份，在郑州市嵩山饭店组织举办2015年度农业行政执法工作培训班，邀请郑州市法制办领导及河南警察学院教授对当前农业执法的要求及技巧进行详细讲解，参加培训执法人员260余人次。11月27日，在黄河饭店组织举办2015年全市农业行政综合执法工作经验交流专题培训会，邀请全国权威专家李新颖律师授课，参训执法人员160余人次。通过培训提高了农业行政执法人员的执法水平和整体素能，为农业行政执法工作奠定了良好的基础。同时，为增强农民维护自身权益意识，开展了2015年放心农资下乡活动，充分利用农村的集市日和物资交流会，以宣传车、宣传牌、标语、资料等形式进行农资知识宣传，积极发挥群众的监督和举报作用，共接受农民群众咨询450余人次，发放宣传材料12800余份，增强了群众抵制假冒伪劣农资的自觉性和主动性，为农资市场整治工作奠定了群众基础。

（三）农业执法

2015年，郑州市农业行政执法工作勇于探索、大胆创新，按照属地管理的原则，以郑州市农产品质量安全和农业综合执法指挥部为统领，以市农业执法大队为主干，以强化基层农业执法为重点，打破县（市、区）之间的界线，随时抽调有关执法人员和装备，实行集中联合执法，建立起职能集中、装备集中，人力集中，管理规范、层级协调、上下一致、运行有效的农业综合执法体系。全年紧紧围绕重点产品、重点区域、重点市场、重点单位，开展春、夏、秋、冬四季农资打假专项整治行动，抽调县（市、区）执法骨干80余人次，共出动执法人员830人次，出动执法车280车次，巡查农资企业（商户）405次，走访农资生产企业165家(次)，检查专业农资市场45次，发放宣传资料3800份；查处制售假劣农资黑窝点84个，登记保存涉嫌假劣农资2400余件，涉案金额1000万元；抽检农药样品66个，农药标签624个，有效的规范全市农资市场秩序。其中对京水农资大世界集中整治行动中，共清理涉嫌直接参与违法生产农药商户78家，销毁生产设备7套，执法人员登记保存农药1145箱。并与农资市场管理方、农资生产（经营户）签定《农资经营承诺书》、《告农资经营者的一封信》、《规范化管理责任书》共计98份。

（四）林业普法

2015年，继续深化林业“法律六进”活动，深入基层站所、林场开展法律、法规、知识咨询，提高广大干部群众的法制意识，在全社会营造良好的林业发展法制氛围；在日常工作中，通过解疑、评卷等方式对本级或下级有关行政执法人员进行指导，使全市林业系统工作人员法律素质和依法行政、规范办事能力有了新的提高。同时，加强林业法制信息宣传工作，通过手机、互联网等现代化通讯渠道广泛宣传与群众生活相关的法律、法规、惠农惠民政策，使广大人民群众对林业法律法规有了进一步的了解，增强了群众的法制意识，对全面推进依法治林，进一步弘扬社会主义法治精神，有着重大意义。

2015年8月，举办了全体林业行政执法人员为期四天的法律法规培训，聘请了高等院校教授、省市法制方面的专家，学习了森林资源管理、野生动植物保护管理、林业行政案例分析、服务型行政执法及行政执法责任制等内容，在“依法行政培训月”活动中，郑州市组织全体执法人员进行了综合法律和专业性法律考试。

(五)林业执法

2015年，全市严厉打击各类涉林违法犯罪活动，组织开展了“春季严打”、“雷霆行动”等严打整治行动，共查处行政案件140起，破刑事案件103起，郑州市森林公安局被省森林公安局记集体三等功两次。认真落实森林防火责任制，全市没有发生一起森林火灾。加强木材运输检查，维护了木材运输正常流通秩序。加强黄河湿地巡查保护，严肃查处非法占用湿地案件。

(六)畜牧普法

2015年，郑州市组织开展了3次大的宣传教育活动，共印制下发饲料、兽药方面的法律法规及案件宣传手册7600本，向饲料、兽药经营企业发放告知书、签订承诺书4800余份，企业刷制畜产品质量安全方面的标语近1000条，接受群众咨询80多人次，张贴标语10条，制作宣传版面3张，极大地增强了群众参与畜产品质量安全监管工作的积极性，群众报案率与往年相比提高了近30个百分点。

(七)畜牧执法

2015年，郑州市重点开展了六个方面的专项执法整治。一是生鲜乳违禁物质专项整治。先后于3月、7月组织了两次大的检查，共检查生鲜乳收购站57个，奶畜养殖场饲料、饲料添加剂和兽药等投入品都能够严格把关，入库、出库记录齐全，不存在使用禁用药、人用药、原料药、假劣兽药等问题。二是兽用抗菌药经营使用专项整治。分别于7月、9月组织了两次专项行动，共查获不合格兽药100余公斤，对1家违规经营疫苗门店进行立案查处，对2起养殖环节发现的兽药案件线索进行调查溯源，对9家存在问题的兽药企业下达了责令整改通知书。三是饲料原料专项整治。全市采取普遍检查与抽检相结合的方式进行了一次集中整治，范围覆盖8个县（市、区），共检查企业50余家，检测样品19份，共查出4大类21个问题。四是“瘦肉精”专项整治。全年检查生产经营企业1116家，出动执法人员2258人次，下发责令整改通知书21份。五是生猪屠宰专项整治。先后对日常检查、品质检验、无害化处理等7项制度进行了统一；全年查处私屠滥宰案件13起。六是畜牧业生产资料打假专项治理。全年共检查生产经营企业1739家次，出动执法人员1141人次，查出问题36起，涉及金额6.6万元，责令整改企业36家，取缔无证照企业13家。

县（市、区）篇

XIAN(SHI、QU)PIAN

县域经济综述

2015年，面对复杂严峻的经济形势，全市各县（市）认真落实市委、市政府决策部署，紧紧围绕“三大一中”战略定位，坚持稳中求进总基调，以提高经济发展质量和效益为中心，以“抓改革创新、强投资开放、促结构转型、求民生改善”为总要求，抢抓机遇，主动适应经济发展新常态，经济发展稳中向好，经济结构不断优化，协调性进一步增强。

一、经济运行总体平稳，稳中有进，稳中有升

2015年，初步核实，六县(市)生产总值实现3231.2亿元，比上年增加156.8亿元，同比增长9.0%，低于全市平均增速1.2个百分点。县域经济总量占全市的44.2%，比上年降低1.3个百分点。县域经济对郑州市经济增长的贡献率为42.8%。县域经济中，第一产业增加值120.6亿元，同比增长4.9%；第二产业增加值1833.7亿元，同比增长7.7%；第三产业增加值1276.8亿元，同比增长12.5%。新密市、巩义市、新郑市、荥阳市GDP达到580亿元，列全省前4位，遥遥领先其他县市。

农业生产稳定发展。全年粮食种植面积为445.1万亩，粮食总产量为139.1万吨，比上年增长5.7%。其中，夏粮总产量为70.4万吨，比上年增长7.8%；秋粮总产量为68.6万吨，比上年增长3.7%。全年猪牛羊禽肉总产量21.8万吨，比上年下降1.9%；禽蛋产量20.8万吨，比上年增长2.7%；牛奶产量31.2万吨，比上年下降2.6%。

工业生产增势趋稳。2015年，六县市工业增加值完成1707.7亿元，同比增长7.7%，增速较上一年下滑1.6个百分点。规模以上工业37个行业大类中，27个行业实现不同程度增长，其中18个行业增速在平均水平之上。初步核算显示，各季度间工业增加值增速上下波动在一个百分点。

市场销售平稳较快。2015年，全市县域社会消费品零售总额完成1199.3亿

元，增长15.3%。增速高于全市平均3.8个百分点。分行业看，批发零售业销售额988.2亿元，增长19.1%，住宿餐饮业销售额211.1亿元，增长10.5%。乡村零售额296.4亿元，增长14.6%。

重点项目建设加快推进。2015年，一批优势特色产业、服务业、民生等项目加快建设。全市县域固定资产投资（不含农户）完成2618.1亿元，同比增长19.0%。增速比全市平均水平低0.6个百分点，比全国高9个百分点，比全省高2.5个百分点。新密康宁特二期、工信华鑫、中澳物流、香港迅捷等重点项目顺利推进。登封嵩山爱诺丁风洞项目开业运营。荥阳特色商业区正上新世界商业综合体主体封顶，海龙商业街获评省级示范，市二中迁建项目主体完工，改造提升农村义务教育薄弱学校39所。中牟海宁皮革城、杉杉奥特莱斯项目主体完工，方特梦幻王国建成运营。中牟刁家乡万邦万亩都市生态农业示范园开工建设。新郑中德医疗产业园、润弘制药、遂成药业等项目进展顺利，好想你红枣城、雪花啤酒、光明乳业等企业建成投产。

县域财政收入增势良好。2015年，县域地方公共财政预算收入为219.0亿元，同比增长11.6%，占县域GDP比重为6.8%，比上年提高0.4个百分点。中牟等六县（市）地方公共财政预算收入都超过了26亿元，均居全省各县市前列。其中：新郑市突破了60亿元，遥遥领先其他县市。各项税收收入占二、三产业增加值的比重为7.2%，同比提高0.4个百分点。

二、产业结构调整优化，动力转换质量提升

近年来，全市不断加大经济结构调整力度，坚持转型发展，在结构调整和转型升级过程中积蓄新能量、创造新突破，经济发展和结构调整取得了长足进展，县域经济保持了持续稳定快速增长，经济结构不断优化，质量效益不断提高，新的增长动力不断培育，经济结构转型升级成效显著。

发展动力加快转换。2015年，县域经济三次产业结构持续调整优化，服务业加快发展，促进了产业层次提升。三次产业结构由2014年的3.6:61.0:35.4调整为3.7:56.8:39.5，2015年的第一产业提升0.1个百分点，第二产业降低4.2个百分点，第三产业提高4.1个百分点。工业对经济增长的贡献率降低了11.0个百分点，服务业对经济增长的贡献率提高了11.2个百分点。经济增长动力已从主要由二产拉动向二三产业共同拉动的格局转变，服务业已成为支撑经济增长的重要力量。

工业结构转型升级。从增速看，全年县域七大主导产业增加值比上年增长12.5%，高出全部规模以上工业1.9个百分点；高技术产业增加值增长12.9%，高出规上工业2.3个百分点；六大高耗能行业同比增长9%,低于规上工业1.6个百分点。从所占比重看：七大主导产业占规上工业的比重为62.8%，比上年提高2个百分点；高技术产业占规上工业的比重提高0.5个百分点；六大高耗能行业占比58.9%，下降1个百分点。低附加值、高耗能产品，水泥、发电量、铁合金等产量比上年分别下降7.7%、9.9%和56.3%。从数据的增减变化来看，新兴行业成长促进现代产业体系逐步构建，高附加值低能耗产业发展促能源消耗下降，产业结构优化促进工业发展质量提升。

科技创新步伐加快。2015年，县域规模以上工业企业有科技活动单位281家，增加40家；R&D项目865项比上年减少37项；投入R&D经费31.2亿元，同比增长13.3%；获得新产品销售收入198.5亿元，同比增长9.4%；年末拥有有效发明专利数748项，比上年末增加130项，增长21.0%。总体来看，县域工业企业R&D经费保持平稳较快增长，科技产出成果丰硕，但也存在企业科技创新意识不够，自主创新成果转化收益不足等问题。

城乡结构调整加快推进。2015年，各县加快推进以人为核心的城镇化，积极推进市县“多规合一”，有序推进农业转移人口市民化和城乡一体化发展。推进城市基础设施改造提升，优化城市形态布局，稳步推进新型社区建设，加速构建城乡路网，同步建设生态廊道，积极推进城市组团建设，城镇综合承载能力大幅提升。全市县域常住人口城镇化率进一步提高达到51.54%，高出全省平均水平4.69个百分点。

节能降耗成效显著。随着绿色发展理念深入推进，县域节能降耗取得显著成效。2015年，县域规模以上工业能源消费量1529.38万吨标准煤，下降7.44%，万元工业增加值能耗下降15.19%。37个行业大类中有29个行业单位增加值能耗同比下降，下降面达到78.4%。

三、需求结构逐步升级，生活水平不断改善

投资需求不断优化。2015年，全市县域全社会固定资产投资完成2692.4亿元，同比增长18.1%。其中，农户投资74.3亿元，同比下降6.7%。固定资产投资中，第一产业完成投资82.1亿元，同比增长21.8%；第二产业投资1068.1亿元，同比增长0.1个百分点，其中工业投资出现负增长；第三产业投资1467.9亿元，同比增长37.8%，占全部固定资产投资的比重达到56.1%，首次超过二产投资。扣除房地产投资，其他服务业投资也达到1201.4亿元，比工业投资多135.9亿。服务业投资中租赁和商务服务业、交通运输、仓储和邮政业的比重比上年提高了4.5和2.8个百分点。

消费需求不断升级。2015年，全市县域社会消费品零售总额完成1199.3亿元，增长15.3%，比全市平均水平高3.8个百分点。大众消费正加快从注重量的满足向追求质的提升、从传统消费向新兴消费转变、从注重商品消费向更多服务消费过渡。2015年限额以上书报杂志类零售额增长29.1%，文化办公用品类增长52.3%，体育、娱乐用品类增长28.1%。城镇居民和农民人均教育文化娱乐服务消费支出比上年分别增加303元和302元，占消费支出的比重均提高了1.9个百分点。限额以上住宿餐饮业营业额45.7亿元，同比增长12.1%，其中餐饮收入同比增长13.1%，高于全市6.5%的平均增长水平。

人民生活条件持续改善。2015年全市县域城镇居民人均可支配收入平均为25942元，比上年增加2134元，同比增长8.9%；县域农民人均可支配收入16248元，比上年增加1341元，同比增长9.0%；县域住户存款达到1372.3亿元，同比增长15.6%。县域城镇居民人均住房面积达到47.7平方米/人，比上年增加2平方米/人；每百户城镇居民家庭年末拥有家用汽车43辆，彩色电视机135台，分别比上年增加1辆和2台。

民生保障支出持续加大，社会事业继续进步。继续加强农业农村基础设施建设，继续兴建小型水源工程，有效促进农业增产、农民增收。2015年郑州市小型水源工程完成市级财政补助800万元，涉及新密市、登封市、新郑市等县（市）。项目实施后蓄水总量达25万方，发展节水灌溉面积10000亩，农作物增产86.8万公斤，年增收153.84万元。全市已投入财政扶贫资金6.47亿元，安排搬迁1.3万户5.15万人，超目标任务2716户11427人。已建成搬迁住宅10551

套，占目标任务的100.24%；整村推进30个村，超目标任务10个村；已完成50个科技产业化扶贫项目的县级审批和市级备案。2015年全市县域科教文卫、社会保障与就业、农林水支出达到173.6亿元，占财政支出的比重为56.1%，同比增长19.6%。其中：医疗卫生支出同比增长11.1%，社会保障与就业支出同比增长21.2%，农林水支出同比增长30.7%。文化教育支出达到50.2亿元，同比增长14.8%。县域万人拥有医疗卫生技术人员52.2人，比上年增加3.3人，每万人拥有的医院、卫生院床位48个，比上年增加3.5个。医疗保障服务水平进一步提高。

登封市

2015年，登封市紧紧围绕世界历史文化旅游名城建设和“全域旅游”发展战略，以新型城镇化为引领，以项目建设为抓手，抓改革、强投资、调结构、求提升，着力提高现代农业发展水平，农业农村工作全面加快、持续向好。先后获得“全国供销系统电子商务示范县”、“全省首批粮食服务型行政执法建设示范点”、郑州市“三农”工作先进县市等荣誉称号。

2015年全市地区生产总值522亿元，增长10%；第一产业增加值完成16.3亿元，增长4.8%；第二产业增加值完成312.9亿元，增长8.9%；第三产业增加值193亿元，增长13.3%；公共财政预算收入26.3亿元，增长0.83%；规模以上工业增加值318.7亿元，增长9.5%；固定资产投资404.7亿元，增长18.5%；社会消费品零售总额191.7亿元，增长18.9%；城镇居民可支配收入达到25689元，增长9.1%；农民人均可支配收入达到14683元，增长8.7%。经济社会实现了平稳发展。

一、农业和农村经济平稳运行

2015年，全市实现农林牧渔业增加值16.3亿元，同比增长4.8%；粮食生产获得大丰收，总产量20.1万吨，接近历史最高水平。农业产业化水平进一步提升。积极培育、催生壮大新型农业经营主体，新增郑州市级龙头企业4家，总数达35家（其中省级3家）；新发展农民专业合作社28家，总数达280家；新发展家庭农场15家，总数达24家。规模以上涉农企业总数达92家，年销售收入突破16.5亿元，农产品流通市场交易额达6.5亿元，加工型龙头企业年销售收入达4.3亿元。休闲观光农业发展迅猛。以成功创成全国休闲农业与乡村旅游示范县为契机，推出休闲观光精品旅游线路4条，举办休闲农业节会活动5起。实施休闲农业重点项目19个，争取上级扶持资金6900余万元。康家现代、中宇华强等5个现代都市生态农业示范园顺利建成并初显示范带动功能。休闲农业与乡村旅游业实现产值近7.5亿元，从业人数达3.8万余人，从业农民年增收6200元以上，休闲农业已成为我市山区农民增收致富的一条重要渠道，成为我市农村经济发展新的增长点。林业生态建设稳步推进。营造生态林14617.2亩，森林抚育和低质低效林改造完成15000亩；完成林权证发放面积9107.85亩；积极探索林权抵押贷款业务，以林权作抵押从农商银行成功贷款2000万元；依法规范林地流转，流转面积2177.9亩；新增核桃种植面积3000亩，总面积达到14.27万亩；宣化卧牛山、唐庄马头崖两个森林公园完成立项并进入招投标程序。全市森林覆盖率达到35.1%。畜牧业稳定增长。2015年肉类总产量26770吨，实现畜牧业产值9.8亿元。猪年末存栏21万头，牛年末存栏3.4万头，羊年末存栏4.1万只，家禽年末存栏396万只。“全国养羊生产与学术研讨会”在我市成功召开。农村经济管理工作扎实开展。强化农民负担监督管理，印发农民负担监督卡15万份；开展农民负担专项审计检查2次；畅通渠道接受投诉，共计接办群众电话政策咨询90余起，复查案件2起并处理到位。全年发放农业支持保护补贴资金4904万元，补贴面积41万亩，涉及农户131138户。农村土地确权颁证工作顺利启动。成立农村土地承包经营权确权登记颁证工作领导小组，在2014年送表矿区马窑村试点的基础上，启动宣化镇、送表矿区2个乡级试点工作，整体推进良好有序。农业标准化程度不断提高。新认证“三品一标”基地8个，绿色、无公害农产品20个，创成国家级标准养殖场3个、省级5个。将原（杂）粮、干菜（果）、茶叶纳入检测范围，农畜产品质量安全监管水平进一步提高。

二、新型工业化有序推进

2015年，主导新兴产业累计完成产值260亿元，增长16%，占工业比重21%。翱翔科技、中岳非晶、河顺股份在“新三板”成功挂牌上市。“两千五百”工程稳步推进，其中千亿级家居产业基地的TATA木门一期等项目竣工投产；LED千亿级产业基地的驰达钨钼材料、郑州联冠SMD一期等项目竣工投产；5个百亿级科技创新企业的中岳非晶被纳入中原千亿级非晶产业集群。创新创业综合体完成投资4.4亿元，建成面积16万平方米，入驻研发机构和人才团队10家、企业5家。通用机场经过三年努力，终获总参、空军司令部、民航中南局审批，成为国家通用机场新政策颁布后，全国首批、全省第一个获批的通用机场。煤炭、电力、铝及铝加工产业转型升级持续推进，全市49家煤矿复工复产23家，10家水泥、4家碳素、11家耐材等企业完成技术和环保改造，实现了清洁生产。

三、农业基础设施持续完善

投资3146万元，解决安全饮水问题5.87万人；投资814.4万元，实施小型水源、节水灌溉及民办公助工程；投资2511万元，完成逛河陈爻水库—庞爻水库段治理工程，治理长度8公里。加快农业机械化装备水平，全市农业机械总动力达到69.3万千瓦，农机化耕种收综合水平达到80%。拓宽利用渠道，提高秸秆综合利用率，投入综合利用机械100余台，全市农作物秸秆综合利用面积达到100%。“登封市国家气象观测站建设项目”进展顺利，争取中央投资1396万元。完成烟叶生产基础设施项目183个，投入补贴资金327.5万元，全年实现烟叶销售收入6亿元。大力实施精准扶贫，建立完善“三级分包”工作机制，实施贫困户互助金贷款项目，完成整村推进项目8个、特色经济项目2个、易地搬迁3849户1.6万人，煤炭塌陷区搬迁2934户1.1万人，实现1.2万人稳定脱贫。

四、科教兴农战略有力实施

一是以实施基层农技推广服务体系建设项目为载体，选聘60名农业科技指导员，对口指导600户农业科技示范户，示范推广农业新技术；二是我市农村劳动力转移就业工作机制运转良好。全年实现农村劳动力转移就业19616人，农村劳动力职业技能培训10148人。完成新型职业农民培育100人。三是以全市303名村级农民技术员为依托，进一步健全农技推广服务网络；四是以电视、广播、报纸、集会等形式宣传普及农业实用技术，全年累计发布技术指导意见12篇，《病虫情报》12期，电视宣传报道13次，印发小麦、玉米栽培技术要点等技术明白纸15万余份。

五、农民收入消费双增长

农民收入平稳增长。2015年全年农村居民人均可支配收入14683元，同比增长8.7%。其中：工资性收入依然是农民增收的主渠道，达到8977元，占总收入的比重为61.1%；家庭经营性收入是农民收入的重要来源，达到4727元，占总收入比重为32.2%。随着产业结构的不断调整，家庭经营收入占总收入的比重呈上升趋势；财产性和转移性收入持续增长，占农民收入比重的6.7%。近年来，政策性收入的不断增加成为农民转移性收入增加的一个重要因素，合作医疗报销比例增大，农村农民综合补贴项目增多，各项惠农政策的落实到位，使农民政策性收入增加。

农民生活支出加大。2015年农村居民人均消费支出13590元，同比增长25.6%。其中：用于居住的支出最多，人均支出5162元，同比增长5.2%；食品烟酒支出2818元，同比增长76.7%；衣着支出1526元，同比增长113.7%；交通通信支出1306元，同比下降0.4%；生活用品及服务人均支出1073元，同比增长23.6%；文教文化娱乐人均支出629元，同比增长13.3%；医疗保健人均支出598元，同比增长10.0%；其他支出475元，同比增长45.3%。

六、新型城镇化成效明显，城乡一体化进程加快

2015年，我市以大棚户区改造和安置房建设为重点，统筹抓好各项工作。一是规划编制情况。严格落实《世界历史文化旅游名城概念规划》，编制完成《登封市中心城区规划建设管理导则》和《登封市新农村建设规划》等专项规划。二是交通路网进一步完善。全年修建道路77条159.7公里，累计完成投资16.6亿元。郑登快速全线通车，S323升级改造基本完成，汝登高速、商登高速等道路进展顺利。三是生态廊道情况。全年建设生态廊道133.2公里，累计完成投资5.87亿元，新增绿化面积1464万平方米。四是大棚户区和安置房情况。投资81.2亿元，完成大棚户区改造、干线公路两侧拆迁210万平方米，新建安置房226万平方米，建设配套设施103个，回迁群众5890户2.4万人。五是中心城区功能提升情况。颍河路过境货运车辆顺利南迁，国际商贸城开业运营，嵩阳南路跨少洛高速大桥建设进展顺利，城市南延框架进一步拉大。中天广场丹尼斯百货、尚城国际二期等项目建成招商，片区改造成效显著。新铺设供气管网11公里、供热管网17.4公里，新增供热面积13.4万平方米。六是产业集聚区情况。累计完成固定资产投资67.7亿元，基础设施投资19.3亿元，入驻企业总数达84家，其中“三上”企业58家。浪潮集团云计算中心、豫云科技数据中心等项目正在办理前期手续。

七、农村社会各项事业全面发展

优先发展教育事业。一是修订了《中小学校领导干部选拔任用考核交流办法》，逐步完善教师考核激励机制。二是积极实施国培省培计划，开展各类师资培训2.1万人次。三是新建乡镇幼儿园8所，改扩建农村学校23所。四是安排进城务工随迁子女入学3577人。五是义务教育阶段继续实施“两免一补”政策，共资助学生36501人次，资助金额3109.3万元。医疗卫生事业蓬勃发展。公立医院改革不断深化，鼓励和引导社会资本设立民营医院、门诊部和个体诊所。“五险合一”全面实施，累计发放社保卡33.6万张。逐步建立基层首诊、分级诊疗、双向转诊就医模式。中医院门诊综合楼主体完工，利用国债资金590万元对东华、大金店、白坪、君召四个乡镇卫生院改扩建完成，显著改善了乡镇卫生院的就医条件。郑州市十六医院投入1亿元，为全市65岁以上老人免费体检。文化事业蒸蒸日上。投资120万元建成面积12000平方米君召文化游园并投入使用，成为当地老百姓休闲健身娱乐最佳场所。为12个乡镇文化站下拨免费开放补助经费60万元，方便群众进行文化活动。争取上级资金303万元，用于行政村文化设施维护和开展文化体育活动等支出。农村公路事业取得新进步。截止2015年底，全市共有农村公路810条1772.7公里，路网密度145.3公里/百平方公里。农业科研成果丰硕。争取财政资金50万元，用于河顺自动化惠民计划项目建设；河南三木绿源畜牧养殖有限公司被授予郑州市现代农业科技创新型龙头企业；全市涉农科研成果2项、授权专利9项。社会保障体系逐步完善。截至2015年底，全市城乡居民社会养老保险参保36.8万人，参保率达97%以上。新增城镇就业8966人，转移农村劳动力1.9万人，发放小额贷款7229万元。严厉打击恶意欠薪等违法行为，共接受案件251起，为4163名农民工追回工资3665万元，维护了农民工的合法权益。除此之外，计划生育、安全生产、信访稳定、综合治理等事业都得到了新的发展。

新郑市

2015年，面对复杂严峻的经济形势，新郑市牢牢把握“抓改革创新、强投资开放、促结构转型、求民生改善”总要求，深入实施融入大郑州、融入航空港经济综合实验区，承接沿海地区产业转移、承接郑州产业辐射的“双融入、双承接”发展战略，强力推进新型城镇化引领、现代产业体系构建、依靠群众推进工作落实长效机制建设的“三大主体”工作，务实重干、奋力拼搏，经济社会保持持续健康快速发展良好态势。

一、县域经济发展状况

综合实力持续增长。全年完成地区生产总值615.6亿元，增长10.4%。地方公共财政预算收入60亿元，增长28.4%，其中，税收41.5亿元，增长16.9%。固定资产投资473.2亿元，增长20.6%。社会消费品零售总额199.2亿元，增长19.2%。农村和城镇居民人均可支配收入分别达17054元和26655元，均增长8.9%。金融机构存贷款余额达493亿元、346.9亿元，分别增长27.8%、47.4%。县域经济发展质量总体评价连续三年位居全省首位，全国中小城市综合实力百强县（市）和县域经济基本竞争力百强县（市）排名分别升至第45位和57位。

农业效益稳步提升。全年拨付“三农”资金6.3亿元，增长37%。全年粮食播种面积79.70万亩，总产27.94万吨；其中，夏粮播种面积40.06万亩，总产14.41万吨；秋粮播种面积39.63万亩，总产13.53万吨。蔬菜产量25.52万吨，油料产量2.88万吨，肉类产量5.30万吨，禽蛋产量4.65万吨，奶类产量5.40万吨，水果产量8.68万吨，水产品产量430吨；被国家确定为生猪调出大县。

工业经济提质增效。新型工业化步伐加快，全市规模以上工业企业达291家，年销售收入超10亿元企业达24家、超5亿元企业达69家，完成主要工业增加值284.7亿元，增长9.8%。项目建设成效突出，新开工项目68个、竣工123个，中德医疗产业园、瑞孚医疗产业园、润弘制药、遂成药业等一批重点项目进展顺利，好想你红枣城、雪花啤酒、光明乳业等一批企业建成投产。食品加工和生物医药产业完成增加值118.5亿元，增长14%，占全市主要工业增加值41.6%。

第三产业快速发展。商贸物流业规模壮大，华南城入驻商户1.2万多家、营业面积突破100万平方米，华商汇建成面积36万平方米、签约商户4500多家，圣戈班绿色建材园、不锈钢物流园、卓商农机交易中心等项目稳步推进。文化旅游业持续升温，成功举办乙未年黄帝故里拜祖大典和第九届黄帝文化国际论坛，郑韩故城国家遗址公园一期完工，全年接待游客443万人次，实现旅游总收入11.9亿元。房地产业运行平稳，全年竣工商品房201.3万平方米，交易额187.6亿元，增长20.4%。第三产业完成增加值242亿元，增长13.7%。

开放创新卓有成效。新申请专利720件，转化科技成果12项，高新技术产业实现增加值58亿元，增长22.6%。灵活采取公司债、基金等方式，完成融资90亿元；成立4亿元企业发展基金，有效解决企业融资困难；全年争取上级资金12.5亿元。积极开展选商引资，新签约台湾高效农业示范园、郑州星灏电子产业园等项目35个，签约金额753亿元，到位资金146亿元，增长17.7%；外贸出口6500万美元。

二、现代农业发展状况

现代农业示范区建设如火如荼。抢抓获批国家现代农业示范区机遇，坚持以工业理念发展现代农业，把加快推进南部高标准粮田优种示范区和北部都市型现代农业示范区、红枣综合产业园区建设作为打造全市农业品牌的关键，全年完成投资9.6亿元，流转土地2.6万亩，新建机耕道路62公里、水泥路面5万平方米，平整土地6000亩，入驻企业建成各类温室63栋270亩及水果、蔬菜、花卉苗木等各类特色园区9600亩，建成万开拉维斯庄园、帕菲葡萄庄园、好想你木本良红枣博览园等25个特色农业园区和登峰蔬菜园、翠绿供港蔬菜等16个精品果蔬园。积极探索“互联网+农业”发展模式，建立农业物联网基地11家。

新型农业经营体系日臻完善。全年新发展注册农民专业合作社37家，新增社员610户；全市农民专业合作社总数达到435家，社员总数达4.2万户。新发展家庭农场35家，培育郑州市级示范农场3家；发展农家乐接待点10个。新增农业产业化龙头企业4家，全市各级农业产业化龙头企业总数达到52家，其中，国家级3家、省级9家、市级40家；新发展出口创汇农业企业2家，完成出口额2.86亿元。持续壮大新型农民协会，总会员从178个增至3116个，农民会员占到90%以上；新成立镇级分会13个、村级协会25个、专业服务队9个、行业分会5个。农村土地承包经营权确权登记颁证工作深入开展，加快构建农村产权交易市场体系，成立了新郑农村产权交易监督管理委员会和农村产权交易服务中心；全市土地流转总面积达16.2万亩，土地流转率达32.6%。

农业信息化水平持续提升。和庄镇、薛店镇和郭店镇农技推广区域中心站竣工验收，辛店镇和梨河镇中心站建成投用；选派48名农技人员充实中心站。深入开展“万名科技人员包万村”科技服务活动，遴选480户科技示范户和1个示范基地，组织130名农技人员在关键环节、关键农时，深入田间地头开展专业技术指导与服务。全年推广测土配方施肥技术90万亩，施配方肥面积37万亩。截止2015年底，全市主要农业机械保有量：大中型拖拉机2477台，小型拖拉机10483台，各种配套农机具22738台，谷物联合收割机1120台，玉米联合收割机563台，花生收获机415台，排灌机械13206台，机动喷雾机7147台。全市小麦机收率、机播率稳定在97%以上，农作物秸秆机械化综合处置率达94.8%，主要农作物耕种收综合水平达80.6%。

农业发展基础更加夯实。新打配机井841眼，新增改善灌溉面积3.5万亩，顺利夺得省“红旗渠精神杯”和郑州市“中州杯”。新认证无公害农产品基地2300亩、绿色有机食品35个；新建高标准农田2万亩；建成高产创建万亩示范方2个，蔬菜标准园5个。扶贫开发成效明显，6800名贫困人口稳定脱贫，具茨山柿树行行政村、大槐树行政村整村扶贫搬迁；大力实施“雨露计划”，完成6个贫困村1530余人的培训任务。农村人居环境更加美观，高标准推进辛店镇人和寨、观音寺镇水寨美丽乡村项目建设，建成省级农村人居环境达标村11个。

强农惠农富农政策全面落实。贯彻落实减轻农民负担政策，农户负担卡入户率达到98%以上。按照121.55元/亩的标准，对全市47.7万亩耕地落实农业支持保护补贴资金5798.9万元。全年落实农机购置补贴资金2170.99万元（含2015年以前结余资金），补贴各类农机具936台套，受益农户599户，受益合作社19

家。

三、新型城镇化建设状况

城市功能不断增强。新区建设蒸蒸日上，学院西路、万福路等6条道路及中兴路黄水河桥建成通车，“六纵六横”路网更加完善；轩辕湖公园、泥河公园、黄水河公园一期向市民开放；新尚商业综合体、港中旅商业综合体开工建设，华夏国际商务中心、商会大厦、建行总部大楼基本完工。中心城区功能持续完善，打通繁荣街东延等4条断头路，人民路西延竣工通车，3个城区公共停车场投入使用，裴大户寨安置社区启动建设，改造背街小巷30条，成功创建全国无障碍环境达标县（市）。龙湖新城建设提档加速，高规格举办中国镇级市发展模式研讨高峰论坛，郑州轨道交通二号线南延、龙湖湿地公园、双湖大道人防及休闲广场等工程快速推进。

城乡融合全面提速。坚持五规合一，科学修编乡镇总体规划、园区发展规划，城乡规划体系更加健全。以新型城镇化为引领，围绕“六个切入点”，大力推进新型社区、基础设施等工程建设，全年新开建孟庄镇城后马、观音寺镇石固堆等社区6个，续建社区56个，建成安置房9110套120万平方米，回迁群众3240户1.1万多人；新建改造城乡电网225公里、城乡道路25条159公里，中华路北延至新老G107连接线、郑韩路改造、华南城二路建成通车；新港产业集聚区、城关乡污水处理厂正式启动，第二垃圾无害化处理场快速推进，第二水厂及辛店镇、薛店镇、华南城污水处理厂投入运营。全市新型城镇化率达62%。

生态环境日益改善。全民参与城乡环境卫生综合整治，顺利通过国家卫生城市复审验收。深入开展生态城市创建，新增造林1.9万亩、城市绿地45万平方米，绿化覆盖率达42.8%；新建提升郑尧高速、S323等4条道路及南水北调干渠生态廊道65公里676万平方米。强力推进工地扬尘治理和黄标车淘汰，全市219个建筑工地全部达标施工，淘汰黄标车6077辆。大力实施“蓝天碧水”工程，清理双洎河、黄水河等河道5.7公里，拆除改造燃煤锅炉159台，空气质量达到或优于国家二级标准天数达212天。

四、社会事业发展状况

民生投入进一步加大。2015年，全年投入民生资金49.4亿元，增长22.2%，向全市人民承诺的十件实事基本完成。积极帮扶群众就业创业，新增城镇就业再就业7180人，转移农村劳动力17702

人，发放小额担保贷款7015万元。

保障体系日益健全。2015年，建成29个村级幸福站、社区托老站，城乡居民、企业离退休职工养老金标准稳步提高，大病救助最高补贴标准提高至30万元，城乡居民最低生活保障标准分别提高至520元、290元，全年发放低保金3449万元。关爱特殊人群生活，发放80岁以上老人高龄补贴853万元、普通高中一线教师就餐补贴115万元、环卫工人早餐补贴89万元。

大力推进安居工程。配备居民小区充电棚534座，新开建保障性住房7111套、基本建成3438套，为298户住房困难家庭发放住房补贴86万元。强化教育投入，新修、改扩建中小学、幼儿园12所，启动二中迁建，高考成绩连续24年位居郑州县（市）首位。

医疗服务能力提升。省级慢性病综合防控示范区创建全面启动，市级公立综合医院快速推进，人民医院新院区投入使用，向全市居民免费发放健康卡16.7万张。

大力发展广电事业。数字广播电视发射塔建成投用，免收4.9万户居民家庭视听维护费。深入开展文化惠民工程，新组建文艺队伍100余支，举办各类文艺演出506场。

新密市

2015年，新密市认真贯彻落实党的十八大和十八届三中、四中、五中全会精神，按照郑州市委市政府决策部署，不断加大强农惠农富农政策支持力度，大力发展都市生态农业，健全完善现代产业体系，全市粮食生产保持稳定，农业产业结构不断优化，农民收入持续增长，农村面貌进一步改善，以新型城镇化带动“四化”协调同步发展，实现了全市经济平稳较快发展和社会大局和谐稳定。

一、县域经济稳步发展

主要经济指标平稳增长。2015年，全市生产总值完成651.7亿元，增长10.1%，在五县市中总量第1增速第2。一般公共预算收入30.3亿元，增长1%；固定资产投资453.7亿元，增长18.2%；社会消费品零售总额242.9亿元，增长19%，城镇居民人均可支配收入26633元，增长9.0%；农民人均可支配收入16242元，增长8.6%。经济运行总体平稳、稳中有进。

产业结构持续优化。以产业集聚为载体，产业结构加快调整，三次产业比重优化为3.1:56.2:40.7。现代工业化进程不断提速。千亿级的新型耐材、品牌服装集群和百亿级的节能环保、绿色造纸集群发展态势良好，规模工业增加值实现350.8亿元，增长9.7%。全市产业集聚区（专业园区）完成固定资产投资249.3亿元，营业收入857.2亿元，对经济增长贡献率达41.6%。现代服务业规模不断扩大。服务业增加值完成265.3亿元，增长12.5%，占生产总值比重比上年提高9.5个百分点。旅游项目建设投资及收入持续增长，完成旅游基础设施投资2.6亿元，接待游客逾140万人次、综合收入3亿多元。现代农业建设不断提升。创建万亩方3个、千亩方6个，建设高标准农田1.6万亩、现代都市生态农业示范园区10个1.05万亩，粮食总产量22万吨，“三品一标”认证产品8个，新发展家庭农场6家，全市耕种收综合机械化水平突破80%。

发展后劲不断增强。以创新驱动和招商引项为引擎，努力增强经济发展后劲。加强创新驱动。培育省高新技术企业2家、郑州市电子商务重点示范后备企业6家，全市规模企业信息化应用率达到45%。成立上海股权托管交易中心新密企业挂牌孵化基地，11家企业挂牌上市。招商引资取得突破。全年新开工招商项目33个，引进郑州市外境内资金153.4亿元、增长3.8%，实际利用外资1.99亿美元，进出口总额0.83亿美元、增长19.6%。项目建设持续推进。全市187个重点建设项目完成投资280亿元，占年计划投资的106%。其中47个省、郑州市重点项目，完成投资143.9亿元，占年计划投资的120%。

二、得力措施促进“四化”协调发展

着力提升企业科技创新能力。积极组织实施郑州市级以上科技计划项目，培育省级工程技术研究中心1家、省高新技术企业1家；培育郑州市科技型企业85家、郑州市知识产权优势（培育）企业1家；新组建1家河南省工程技术研究中心（河南力浮科技）；新建郑州市企业技术中心2家，完成重大科技成果转化1项，荣获郑州市专利二等奖1项。

全面推动信息化与“三化”融合发展。一是积极推进电子政务、两化融合、农业农村信息化和网络与信息安全等各项工作，升级改版“中国 新密”门户网站，建成网站集群，拥有72个子网站，基本形成中国新密“一站式”服务的部体框架。二是加快“宽带中国”战略的实施，协调电信部门做好信息基础设施建设工作，推进信息产业发展，培育郑州市电子商务重点示范后备企业6家、郑州市两化融合示范企业4家。全市通过各种平台入驻企业达200余家。2015年，全市规模企业信息化应用率达到45%。三是加强农业和农村信息化应用，农业现代化取得实效。深入推进农业农村信息化，全面建设乡级信息服务站和村级信息服务网点，扩大全市农业信息覆盖面。2015年底，全市95%以上行政村实现了“光纤入村、宽带入户”建设目标；全市303个行政村全部建成涉农信息服务站（点）；60%以上行政村农村综合信息服务站符合“五个一”要求。实施农村地面数字电视广播工程，大规模发展农村数字电视，2015年，全市发展农村有线电视6000多户，免费送戏下乡243场。在全市303个行政村每村每月放映一场电影，共放映电影3636场。13个乡镇文化站免费开放，每个文化站争取5万元开放资金。全市303个行政村文化大院、农家书屋、资源共享工程服务网点，每个村每年争取上级文化补助资金1万元，每个农家书屋奖补2000元增补图书。2015年先后完成20个文化大院的健身器材配送安装，为300个文化大院配备打印机或数码相机。

强化农业科技项目及载体建设。2015年，全市新增农业法人科技特派员一个，承担郑州市重大科技专项一项。新密共有郑州市级农业类工程技术研究中心3家；郑州市科技创新农业龙头企业2家；拥有农业类科技型企业5家、拥有科普书屋23家，郑州市科技示范村（镇）6个，郑州市农民培训基地7家、郑州市（新型社区）科技体验中心1家。

项目建设成效显著。2015年实施重点工业项目（投资千万元以上）118个，总投资491.5亿元，年度计划投资193.2亿元，完成投资138.6亿元。其中新建项目74个，总投资223.7亿元，年度计划投资103.7亿元，实际完成投资52.2亿元；续建项目44个，总投资267.8亿元，年度计划投资89.5亿元，实际完成投资86.4亿元。

积极推进现代都市生态农业发展进程。按照“项目集中布局，产业集群发展，资源集约利用，功能集合构建”的要求，切实抓好现代农业示范区建设。2015年，建设都市生态农业示范园区10个，积极实施“136”工程，大力发展休闲观光农业。扩展农业的休闲观光功能，充分利用旅游资源和文化资源，打造以观光体验、农家乐餐饮等为主的高山生态游，以养生度假、创意农业为主的岐黄养生游，以花果采摘、休闲垂钓为主的慢享生活游，为郑州都市区居民提供假日休闲观光的好去处。

三、现代农业发展水平快速提升

农业发展势头良好。2015年，全市农业增加值20.6亿元，同比增长5.0%。全年粮食总产量21.9万吨，增产10.9%。其中，夏粮产量11.7万吨，增产14.1%；秋粮产量10.2万吨，增产7.4%。畜牧业生产保持稳定。肉类总产量2.2万吨，下降3.5%；禽蛋产量2.9万吨，增长1.5%；奶类产量3.2万吨，下降7.6%。农产品质量安全水平进一步提高，建设农产品质量追溯网点30个，完成农产品质量安全追溯监控指挥分中心建设，积极开展“三品一标”认证工作，绿色食品生产基地环评通过1300亩，“三品一标”认证产品8个，完成蔬菜抽样检测6万个批次、豆芽16200个批次、水产品720个批次，合格率达99.99%。新型农业经营主体蓬勃发展，新发展新密市级农业产业化龙头企业3家，培育郑州市级农业产业化集群1个，加工型龙头企业销售收入达到2.1亿元，涉农企业总数达到55家；新发展家庭农场2家、农民专业合作社12家，培育省级示范合作社1家，在工商部门注册成立合作社总数达到262家；培育提升休闲农庄园12个，完善提升农家乐15户，形成休闲观光农业聚集村1个（沙古堆村）；农业机械化水平进一步提高，全市耕种收综合机械化率达到80.5%；农业综合服务体系进一步健全，完成平陌、来集、大隗、超化4个区域中心站建设任务，新建4套六要素区域自动站，更换了13套新型乡镇自动雨量站，在全省率先建成气象综合业务平台。

农业基础设施得到夯实。2015年，依托小型水源工程，发展集雨节灌面积4600亩；建成超化镇2万立方米塘坝；推进农田水利现代化示范乡镇建设，新增灌溉面积1.88万亩。治理河道14公里，新建供水工程59处，解决农村饮水不安全人口7.3万人，新增水土保持综合治理面积5.57平方公里。完成营造林建设30120亩，绿化廊道11条126.7公里。投入财政扶贫资金12821万元，建设住宅楼2963套，搬迁贫困户2963户11668人，实施整村推进项目6个，实施郑州市级基础设施项目14个，实施科技产业化项目7个，实施易地扶贫搬迁后续产业扶持项目1个，实施山区区域特色经济项目1个，实施雨露计划培训项目1个，培训贫困群众770人，完成农村贫困人口脱贫11300人。

农业产业发展成效显著。一是农业产业化水平不断提高。新密市级农业产业化龙头企业达到33家，其中郑州市级龙头企业20家、省级龙头企业3家，农业产业化龙头企业年销售额达到4.5亿元。涉农企业达到50多家，年销售额达12亿元。二是新型农业经营主体得到有效培育。全市土地流转总面积达到14.4万亩，占全市总耕地面积的28%，发展农民专业合作社262家，其中示范合作社30家，入社社员5200个，涉及17个乡镇的86个行政村，辐射带动农户32600人，成员户均增收2000元，带动农户户均增收1500元。三是“菜篮子”供给能力不断增强。全市设施蔬菜面积发展到5487亩，常年菜田面积达到2.5万亩，建蔬菜标准园3个、集约化育苗示范点3个，蔬菜年均产量达到21万吨，自给率提高到

40%。水产养殖面积达9200亩，水产品年产量达850吨。四是休闲观光农业得到快速发展。充分利用新密市山地丘陵自然生态和羲黄文化等资源优势，大力发展以休闲观光旅游为主导的观光农业。全市共建设休闲农业庄园25个，培育农家乐特色村2个，打造休闲农业精品线路3条，培育农家乐200多户。五是农业综合生产能力稳步增长。持续实施高标准农田建设和高产创建工程，创建粮食高产万亩示范方9个、千亩方15个、百亩方20个。年均推广测土配方施肥技术65万亩、施用配方肥面积25万亩。年均实施综合防治技术推广30万亩次，防治病虫草害65万亩次。积极实施旱作农业项目，认真开展“万名科技人员包万村科技行动”，年均推广新品种10余个、新技术3项，粮食产量稳定在20万吨左右。六是农民创业园得到快速发展。在新型农村社区周边建设农民创业园，本着“适宜什么、发展什么”的原则，通过加快土地流转，集中投入资金，促进农民创业园有序发展。2015年，建设农民创业园27个（新建4个、续建23个），累计完成投资2.5亿元，流转土地4894亩，发展（整修）蔬菜大棚223座278亩，发展蔬菜、花卉、苗圃、林果等经济作物13939亩。就近安排劳动力就业3601人，户均增收1万元以上。

惠农政策落实到位。2015年，落实农业三项补贴资金5300万元，惠及农户15万户；落实小麦“一喷三防”技术补助资金183万元，补贴面积41.7万亩；认真实施基层农技推广体系改革与建设补助项目，免费为570户科技示范户和农业科技示范基地发放化肥90吨，小麦种子10200斤；争取新型职业农民培育培训资金78万元，免费培训农民550人；审核发放畜牧业项目补助资金共计205万元;病死猪无害化处理补助资金8.2万元；落实农机补贴资金1707万元，补贴机具1173台，受益农户964户，受益合作社14个。

科教兴农支撑体系逐步健全。一是基层农技推广服务体系逐步建立。完成6个区域中心站综合服务区和试验示范区建设任务。组建市农业专家小组，建立农业科技试验示范基地，遴选一批农业技术人员分包乡村科技示范户，形成专家包乡、技术员包村、科技示范户包田的全覆盖、高效率基层农技推广服务网络。二是建成农产品质量安全监管体系，“双认证”工作正在有序推进。全市17个乡镇、办事处全部建立乡级农产品质量安全监测站，仪器设备已配备到位。新建新密市农产品质量安全追溯监控指挥分中心1个、农产品质量安全追溯网点30个，实现农产品生产、流通全过程监管和质量可追溯。

四、农民收入消费的现状与特点

农民收入稳步增长。2015年新密市农村居民人均可支配收入16242元，比上年增加1289元，增长8.6%；农村居民人均工资性收入10877元，比上年增长10.5%，占可支配收入的67.0%；农村居民人均经营净收入4331元，比上年增长11.3%，占可支配收入的26.7%；农村居民人均财产性净收入533元，比上年增长192.8%，占可支配收入的3.3%，其中股息和红利、转让承包土地经营权收入增幅较大；农村居民人均转移净收入500元，比上年略有增长，占可支配收入的3.1%。

农民消费逐步升级稳定。2015年，新密市农村居民人均总支出17067元，比上年增长10.8%，其中人均生活消费支出10744元，比上年增长3.9%，占总支出的62.9%。衣食住行仍然是农村居民的消费热点，与以往不同的是，食品结构日渐优化，注重营养、追求便捷成为食品消费新需求、新趋势；衣着上也越来越追求款式、质地和档次；宽敞舒适的住房成为农村居民现代生活追求的目标；家用汽车受到农村居民的青睐，越来越多的农户购买了生活用车。在满足了基本生活物质需求后，农村居民对提高自身教育和健康水平及充实精神文化生活的愿望也越来越高，追求亮丽、时尚、舒适的生活将直接推动消费结构向更高层次提升。

五、新型城镇化和新型社区发展步伐加快

2015年，全市新建和在建安置房建设项目43个，完成投资15.2亿元，完成拆迁96.3万平方米，建成安置房4086套52.5万平方米。回迁入住群众1.9万人。新型社区建设建成住宅9675户126万平方米，新入住农户6151户24605人；绿化廊道11条126.7公里1410万平方米；建成和在建道路37条276公里；建成和在建中心城区功能提升项目28个。

交通道路建设“七纵六横、内捷外畅”骨干路网体系逐步形成。2015年，突出“融入郑州、对接空港”的战略定位，实施道路建设项目37个276公里。其中，大学路南延、G343、S321、S316、G234、X038等项目已完工；商登高速、密州大道工程、X023改建工程等项目进展顺利；S317线、S541线、S233

线、G310等项目正在开展前期工作；社区（乡、村）道路已完工项目15个32公里，在建项目4个8公里。“七纵六横、内捷外畅”骨干路网体系逐步形成。

生态廊道实现全覆盖，生态文明建设全面提升。2015年底，全市共完成绿化廊道11条126.7公里，投资5.4亿元，绿化面积1410.4万平方米，培土226万立方米，微地形塑造89万平方米；指导全市参加全民义务植树34万人次，植树136万株，督促、指导市直单位、市属企业、驻密单位完成青屏山公益植树任务，共计栽植侧柏1.5万余株；2015年，新建林业专业合作社7家，培养建设规范化合作社3个；受理林权流转业务5宗，面积3800亩；新增油用牡丹种植面积1200亩、育苗60亩；发展林粮、林菜、林下中药等林下种植7000亩，林下经济年产值达1.14亿元。完成花卉苗木产业基地建设4167亩；2015年全市林业产值实际完成50657万元。

中心城区功能不断完善，“井”字+环线路网格局基本形成。按照规模膨胀、布局优化、内涵丰富、业态提升、环境宜居的原则，以基础设施和棚户区改造为抓手，规划建设了“溱水路与密州大道”和“东西大街与长乐路”为轴线的双十字景观大道及中央商务区。2015年，共实施溱水路西延、长乐路南延、振兴路等市政基础设施和公共服务设施建设项目19个。促进矿区、老城、城北组团等与中心城区联动发展，带动片区改造和整街坊开发，不断提升中心城区承载力、带动力。2015年，随着S321东线行道树栽植工程、大学路南延廊道绿化工程的完工，以及风尚街西延、兴业路的紧张施工，新密新区空间发展不断拓展，辐射带动作用进一步增强。

大棚户区建设宜居宜业发展态势明显。围绕美丽乡村让城市更向往，以中心城区、产业集聚区、新市镇和煤矿沉陷区、扶贫移民搬迁、干线公路两侧“四个优先”社区化建设为切入，因地制宜、统筹推进“项目带动+新型社区”、“生态旅游+扶贫搬迁”、“合村并点+农民创业园+扶贫搬迁”、“新型社区+乡镇创业园”等六类社区建设模式，按照“五通七有两集中”和“1+25”标准完善基础设施等配套，促进空间布局优化、公共服务均等化、城乡一体化发展，为建设自然之美、社会公正、城乡和谐的现代化田园城市奠定基础。2015年，完成拆迁4862户150万平方米，建成安置房9675套126万平方米，回迁群众5468户24600人。

六、农村各项社会事业健康发展

教育设施持续加大投入。2015年中小学校舍建设工程总投资1231万元，总建筑面积9270平方米，涉及6个乡镇的8个中小学的10栋建筑物；新建乡镇公办幼儿园2所，新建、改扩建学校食堂58所，全市全年达到省一级标准27所，省二级标准61所，省级食堂数量位于郑州市15县（市、区）第一名；投资814.4万元为农村薄弱学校更新配置教学设备。

社会保障标准提高。2015年度，全市城乡居民养老保险缴费人数达到19.6万人，完成任务比例达123%，总参保人数达到41.2万，参保率达到98%，60岁以上人员参保缴费和领取待遇实现全覆盖。一是连续两次为全市11.2万名60周岁以上城乡居民养老保险待遇享受人员调整待遇，基础养老金由每人每月75元调整为138元，同时提高高龄老人生活补贴标准，待遇领取率达100%。首批城乡居民养老保险社会保障卡发卡32万张，发卡正确率达到100%。全市参加养老保险的乡镇企业和个体私营企业已达500余家，参保的农民工达到10200多人。二是根据新密市城镇低保标准的调整，再次提高被征地农民社会保障待遇标准：60周岁及以上的被征地农民每月养老补贴标准由原来的470元增加至520元，50周岁到59周岁的就业补贴由原来的每月235元增加至260元，16周岁到49周岁的就业补贴由原来的每月280元增加到312元；截止2015年底，全市共有17508人次正常领取待遇，发放待遇共计676万元。三是农村低保标准提高30元，达到每人每月290元，建成民办养老机构3家，新建农村养老服务中心8家。全年为农村低保对象9891户17198人发放农村低保金3438万元。为农村低保户9837户，累计发放电价补贴49.3万元；为农村散居五保户1718户，累计发放电价补贴8.58万元。四是农民参合率达99.98%，新农合人均筹资总额提高到498元，较2010年提高了348元；参合率位居郑州市第一；2015年共补偿患病参合农民190.01万人次，补偿金额为29062万元（其中住院补偿117652人次，补偿金额为24741万元）。

基础设施持续建设。全面启动县级公立医院改革，中医院和妇幼保健院基药使用比分别达到52.3%和57%；所有药品（中药饮片除外）均实行零差价销售，全市乡村医生已签约服务达18万多户，占全市总户数的89%以上；认真清理规范居民健康档案，更新居民健康档案累计51.6万份，建档率达99%。规范提升龙头企业2家、配送中心2家，规范发展配送中心1家，规范乡镇级达标供销超市30家，规范发展连锁门店（网店配套）13家，新发展农村社区超市5家，新建、改建城市新型社区超市5处，新建、规范、提升农村综合服务社20家。依托供销超市网点发展网店13家，实现线上线下融合发展，实行“网订店送、网订店取”新型配送模式。新增城镇就业再就业8144人，完成农村劳动力转移就业21256人。实施农村危房改造800户，建成保障性住房2186套。实施贫困村整村推进项目6个，稳定脱贫1.1万人，易地搬迁贫困户2963户11668人。网格管理不断深化，矛盾问题办结率达96.9%，社会大局和谐稳定。

荥阳市

2015年，荥阳市认真贯彻党的十八大和十八届四中、五中全会精神，以“打造郑西新城，建设和美荥阳”为目标，围绕“抓改革创新、强投资开放、促结构转型、求民生改善”总体要求，积极适应经济发展新常态，以“三大主体”工作为统揽，持续以“六抓六促”经济工作为总抓手，认真执行国民经济和社会发展计划，积极应对经济下行严峻挑战，全市经济社会发展保持较好态势，“十二五”胜利收官。

一、县域经济健康发展，综合经济实力进一步增强

国民经济持续快速增长。全市生产总值完成613亿元，同比增长10%。经济结构明显优化，三次产业比调整为4.7:65.3:30。经济效益显著增强，一般公共预算收入完成31.6亿元，增长19.4%。税收收入占一般公共预算收入的比重达到72.8%。发展后劲不断夯实，固定资产投资完成477亿元，增长18%。消费市场繁荣稳定，社会消费品零售总额完成221亿元，增长18%。人民生活水平持续提高，城镇居民人均可支配收入达到26652元，农村居民人均可支配收入达到16224元，分别增长9.1%和8.8%。

经济发展活力动力增强。全面改革实现新突破。新行政审批大厅建成投用，全面实现“两集中两到位”。“五单一网”制度改革明确权责清单8361项、审批事项清单148项，市县乡三级电子政务网开通运行。商事制度改革稳步推进，新注册企业1075家、个体工商户5330户。万众创新迈出新步伐。中原智谷创新创业综合体启动运营，签约项目9个，注册企业5家。新材料产业园区建立专利专题数据库，完成《专利导航郑州超硬材料产业创新发展规划》。新增省级高新技术企业4家，新建郑州市级以上企业研发中心5家，获得国家授权专利750件，完成技术合同成交额6.6亿元。新增中国驰名商标1件、省级名牌企业5家、名牌产品5个、著名商标13件。对外开放取得新进展。围绕主导产业和新兴业态，新签约首创奥特莱斯、广州海格等亿元以上项目24个，总投资175亿元。引进域外境内资金123亿元，实际利用外资13755万美元，实现进出口总额9300万美元。重点项目建设迈上新台阶。资金、土地保障持续增强，实现社会融资37.7亿元；“助保贷”平台发放贷款4000万元以上；香堤湾酒店在“新三板”挂牌；项目推进机制更趋完善，列入郑州市级以上重点项目20个，争取上级扶持项目45个、资金1.2亿元。谋划重点项目107个，开复工81个，竣工投产34个，完成投资193.3亿元，项目开工率、竣工率分别达到83.3%和42.5%。

新型工业化转型升级加快。工业技改年、企业服务年活动扎实推进，实施百万元以上技改项目112个，帮助企业解决电力等问题156个，新增规模以上工业企业54家、省级电子商务示范企业2家。全市规模以上工业增加值完成370亿元，增长9.5%，其中现代装备制造、新材料产业完成增加值177亿元，占全市规模以上工业的47.8%。产业集聚区建设加快，实施产业项目36个，建成道路6条，完成固定资产投资130亿元，实现规模以上工业主营业务收入450亿元。荥阳产业集聚区五洲国际、工程机械产业园一期投入运营，新材料产业园区昊诚、东方等5个项目建成投产，五龙产业集聚区金阳电气等项目顺利推进。

二、都市型生态农业跨越式发展，产业布局、结构进一步优化

2015年，荥阳市坚持农业稳市战略，以工业理念谋划农业，以商业化理念经营农业，以发展旅游的理念建设农业，以建设都市型现代农业综合示范区为载体，不断优化产业结构，强力推进农业与第二、第三产业尤其是与旅游业的快速融合，已逐步走上了产出高效、资源节约，环境友好的农业现代化道路。

农业生产稳定发展。2015年，荥阳市农林牧渔及服务业增加值完成30.8亿元，同比增长4.8%。其中，农业、林业、牧业、渔业增加值分别完成16.4亿元、0.3亿元、12.6亿元、1.2亿元，分别增长7.2%、28.3%、1.1%、11.8%。全市粮食作物种植面积91.98万亩，产量33.6万吨，增长1.1%。其中，其中，夏粮产量17.9万吨，单产达到372.8公斤，增长2.1%；秋粮产量15.7万吨，单产达到359.0公斤，增长0.5%。全年肉类总产量4.8万吨，下降2.9%；奶类总产量9.9万吨，下降11.6%；禽蛋产量7.7万吨，

增长1.2%。

农业综合生产能力持续提升。建设高标准农田2.7万亩，新增有效灌溉面积18900亩、节水灌溉面积41120亩，实施了农田水利现代化示范乡镇广武镇建设项目，完成王村镇农田水利现代化示范乡镇、全国农田水利项目县的立项批复，在高村乡官峪村实施的抗旱应急水源工程建设。建成小麦、玉米等粮食万亩示范方4个、千亩示范方12个，小麦、玉米示范方平均亩产达到600公斤、750公斤以上，示范带动作用明显。在广武镇军张村建成120亩黄淮海玉米品种展示基地，展示新品种800个，并于9月12-14日举办了中国（郑州）第一届农作物品种博览会。全市统防统治面积达到20万亩，开展绿色防控试验示范2000亩。推广测土配方施肥面积70万亩，测土配方施肥技术在小麦生产上实现全覆盖。升级改造标准化规模养殖场4家。推广种养循环、农牧结合的发展模式，在黄河滩区连片植苜蓿10400亩，收割干草9000余吨。小麦、玉米机收率和机播率分别达到97%、78%和98%、90%。全市农作物秸秆机械化综合处置率达到96%，主要农作物耕种收综合机械化水平达到80.5%。

农业产业化经营快速发展。全市农村土地流转总面积13.96万亩，占总耕地面积的25.2%。全市农业企业（含合作社）总数达到380余家。新增郑州市级农业龙头企业7家，总数达到60家。新注册农民专业合作社10家，总数达到333家。新注册家庭农场2家，总数达到31家。

农产品质量安全水平不断提升。市检测站建成了农产品质量安全监控分中心，在40个生产基地设立了监控网点，监管能力显著提升。质量安全认证持续推进。认定无公害农畜产地5个，认证无公害农、畜产品各1个。检测力度进一步加大。全年检测蔬菜80816样次，合格率99.83%，销毁不合格蔬菜1381.57公斤。检测原（杂）粮140样次、干果干菜142样次、豆芽1967样次、水产品47样次、瘦肉精尿样16800样次、生猪肉样120样次、生鲜乳60样次，合格率均为100%。全年没有农畜产品质量安全事件发生。

科技兴农体系建设日益完善。建成汜水水产中心站和沿黄综合培训站，全市农技推广区域中心站总数达到7个，布局更趋合理，功能更加完善。认定郑州市现代农业科技创新型龙头企业两家，即郑州市三泰饲料有限公司和河南金尔康动物药业有限公司。城关乡李克寨村“园林苗木繁育技术研究”项目(郑州市新农村建设科技示范村）和崔庙镇王宗店村“肉牛养殖技术培训基地”项目（农民科技培训基地）通过验收。

农产品营销能力显著提升。一是完善基础设施，提升内销能力。编制完成《荥阳市商业网点规划》，规范提升乡镇（社区）超市6家、配送中心2个。在市区京城路与站南路交叉口西北侧，投资1亿元，建成占地65.7亩、建筑面积27614.9平方米的荥阳市规模最大、功能最全的综合性农贸市场——京城农贸市场。二是多措并举，着力提升外销能力。成立“荥阳市新型农业产业联盟”，改组了“农产品贸易促进会”，会盟一体、产供销联合，促进农业企业联合经营，组团开拓市场。目前，联盟会员已达80余家，特色农产品达26类、110多个品种。大力发展特色农产品电子商务，线上线下双轮驱动拓展市场。全市建成农村电子商务特色村1个（刘沟村），特色农产品网上销售率预计在15%以上。积极参加农业展会，提升企业和农产品知名度。先后3家农业参加第二十二届中国杨凌农业高新科技成果博览会、35家企业参加中国首届石榴博览会。

都市型现代农业综合示范区建设快速推进。继续以“一带五区”都市型现代农业综合示范区建设为抓手，推进产业布局调整、结构优化和要素集聚。北部平原优质粮生产示范区，规划总投资2.89亿元、总面积3万亩，在高村乡建设的中国（郑州）现代种业科技创新园区项目，已完成土地利用现状核查、勘察测量设计，规划图纸和实施方案已上报郑州市。北京联创、河南远航两家种子企业已经入驻。河阴石榴产业示范区，总投资1470万元、总面积15458.1亩的核心区基础设施建设项目已基本完工。沿黄现代渔业示范区，渔业公园建设项目进行了1:1000地形地貌测绘，正在编制总体规划。渔业示范县创建验收申请资料已上报农业部。

同时，荥阳市还实施7个片区、总面积9500亩的现代都市生态农业示范园项目建设，显著改善了园区的水、电、路等基础设施，提升了生产发展能力。

农业旅游业快速融合。利用优越的区位交通、丰富的自然风光历史文化和特色农业产业资源，发展休闲观光农业，已成为荥阳农业园区的首选方向。休闲观光农业是近年来荥阳市发展最快最猛新业态，并已成农业建设的新亮点和新名片。2015年建成了丰乐黄河樱花园景区，培育提升优河湾、嘉年华、怡景湾等休闲观光农业精品园区10家。广武镇和高村乡刘沟村分别被评为全省乡村旅游示范镇、村；优河湾、怡景湾、万宝生态园被评为三星级农业庄园。全市已形成了北部沿黄生态农业休闲观光旅游带和南部特色农业山水景观带等两条农业旅游带，桃花峪森林公园、环翠峪森林公园、万山森林公园、黄河湿地渔业产业带、邙岭林果产业带等五大观光休闲农业区。2015年，以沿黄旅游快速通道为轴，依托邙山、黄河等自然风光和万亩渔塘、河阴石榴、无花果等特色农业基地重点打造的沿黄农业旅游精品线路被郑州市正式命名为“果岭山水体验游”，并纳入郑州市休闲农业总体规划五大线路之一。2015年荥阳市成功举办了“第一届中国石榴博览会暨第六届全国石榴生产与科研研讨会”、“第十届河阴石榴文化节”、“环翠峪杏花节”、“首届荥阳柿子旅游文化节”等重大活动。全市旅游总人次、总收入分别增长24.2%和20.3%。

三、新型城镇化全面推进，农民生产生活环境明显改善

新型农村社区稳妥推进。按照郑州市“新三年行动计划”要求，围绕“新市镇、产业集聚区、南部山区（贫困地区）和不宜居住区”等三个重点区域，以干线道路两侧1公里范围内旧村拆迁、群众安置房建设和社区基础公共服务设施建设为重点，积极稳妥推进新型农村社区建设。全市共投入资金13.7亿元，新建续建社区项目26个，开工建设安置房9360套、105.8万平方米，其中新市镇5490套、62.1万平方米、一般乡镇3870套（含棚户区改造安置房414套）、43.7万平方米；回迁群众3923户、11265人，其中新市镇回迁1520户（含绕城高速两侧群众安置170户）、6232人，一般乡镇回迁2403户、8891人；启动拆迁26个村庄，拆迁3732户、115.4万平方米，（其中，新市镇拆迁1059户、32.8万平方米，一般乡镇拆迁1934户、60.3万平方米，干线拆迁739户、22.3万平方米）。在郑州市组织的新型城镇化考核评比中，荥阳市新型农村社区1月份、3月份、8月份、11月份评比第一名，第一季度综合评比第一名。8月份、10月份、11月份大棚户区改造综合考核中，荥阳市又连续两个月位居5县市第一名，受到郑州市委、市政府的通令嘉奖。

县域交通状况显著改善。全年修建县域农村道路35条，总里程82.9公里。实施“5826”扫尾工程，陇海路西延和沿黄快速通道建成通车，中原路西延高山段路面铺设完成，环翠峪旅游大道刘河镇区以南段主体工程完工，实现了全线通车。全线启动G234升级改建拆迁工程，郑上路以北至连霍高速段已进场施工。莲花街与西南绕城互通式立交项目完成征地拆迁和附属物清理，已全面开工。

城乡环境持续改善。大力实施生态林业、水系建设。实施沿黄快速通道、科学大道、陇海西路、连霍高速、石化路北段绿化和郑云高速、环翠峪旅游大道绿化提升等生态廊道建设工程，完成绿化面积1867万平方米、绿化里程271公里，占郑州市下达目标任务的170%。荣获郑州市2015年林业生态廊道建设考核一等奖第一名。开展林业生态市建设，完成营造林总规模3.46万亩。中小河流综合治理索河一期治理工程（楚楼水库至荥广公路段）全部完工，索河二期治理工程（三仙庙水库至七村河及荥广公路至荥阳界段）主体基本完工。索河上游补源工程主体工程完工。仙鹤湖、竹园、饮马坑三座小型水库除险加固工程全部完工。加强生态湿地保护，实施了湿地退化工程，完成土方10万余方、水生植物种植32亩。

持续改善农村人居环境。全市共投入资金9013万元，新增保洁人员338名，新建垃圾中转站115座、垃圾池183个，新增垃圾运输车14辆、人力三轮车483辆、洒水车43辆、垃圾桶3743个。建成农村生活污水处理设施44套、管网1处，新增处理能力286.89万吨，受益乡镇13个、48个村、10余万人。各乡镇已全面建立起长效保洁、垃圾清运、督查评比等常态化管理机制。全年建成省级示范村12个、达标村24个。汜水镇汜水村、崔庙镇索坡村入选郑州市美丽乡村建设试点村。荥阳市被评为2015年河南省改善农村人居环境先进县。

四、农民收入消费快速增长，生活质量稳步提升

农民收入持续稳步增长。2015年，我市农村居民人均可支配收入达到16224元，比2014年增加1311元，增长8.8%。从收入来源四大类来看，农民收入呈现“三增一降”态势。其中，工资性收入9723元，增长5.6%，依然是农民增收的主要来源；经营净收入4822元，增长15.6%，转移净收入1283元，增长23.0%，增幅仍然居四大收入来源之首；财产净收入396元，下降19.5%，制约可支配收入的快速增长。

生活消费水平显著提高。2015年，农村居民人均消费支出达到10621元，增长8.2%。从消费结构八大类来看，农村居民消费支出呈现“六升两降”态势。其中，交通通信支出增长75.8%；居住支出增长51.0%；教育文化娱乐支出增长48.5%；生活用品及服务支出增长20.7%；食品烟酒支出增长15.3%；衣着支出增长4.5%；其他商品和服务支出下降28.5%；医疗保健支出下降38.3%。农村旅游、网络消费逐渐成为消费亮点和热点。2015年，农村居民人均旅游支出增长27.9%，通过互联网购买的商品和服务支出增长37.1%。

五、社会事业稳步发展，民生保障日益增强

支农惠农力政策全面落实。不断健全机制，加强监管，严格落实各项强农惠农政策。共落实农业支持保护补贴资金5988.8万元，补贴面积51.4万亩。发放农机购置补贴资金1436.3万元，补贴各类农机具846台。落实新农合财政补贴23377.23万元，183万人次享受补助。发放“两免一补”资金共支出6230.34万元，享受学生108750人次。

公共卫生服务能力不断提升。市健康管理中心建成投入使用，为乡镇卫生院配备了29种551台（件）医疗设备，建成省级示范预防接种门诊5家，创成“郑州市慢性病综合防控示范区”。开展医源性废水专项治理，各乡镇卫生院医疗机构处理站开工建设。全市参加新农合人数54.68万人，参合率99.06%。

城乡居民社会养老保险政策全面落实。全市参保32.12万人，参保率99%，累计发放2.17亿元，社会化发放率100%。发放农村低保资金5135.07万元。截至2015年底，共发放社会保障卡24万余张。简化程序，做好特殊群体参保。新增计生家庭补贴对象2555人，发放一、二级重度残疾人补贴13万元。

扶贫开发扎实开展。建成扶贫搬迁住宅楼1395套，完成贫困村整村推进项目6个、基础设施建设项目20个、科技产业化项目12个、“雨露计划”扶贫培训937人，完成脱贫人口9082人。完成农村劳动力职业技能培训9092人，实现农村劳动力转移就业19224人。

文化教育事业稳步推进。市二中迁建项目主体完工。改造提升农村义务教育薄弱学校39所。组织文化惠民活动278场，建成自助图书馆1座、新型社区文化活动中心14个。

中牟县

2015年，中牟县紧紧围绕“两个率先”目标，牢牢把握“城乡一体、产城融合、环境优美、社会和谐”的要求，发扬“一人干几人活，一年干几年活”的创业精神，强力推进产业、城镇、生态和路网“四个体系”建设，大力发展生态农业，积极推进农业现代化进程，努力开创都市型田园城市新局面，全县主要经济指标增速上升明显，结构调整实现新突破，经济增长的协调性增强，实现了持续快速健康发展的良好态势。

一、县域经济发展日新月异

综合实力明显上升。全年完成生产总值264.2亿元，比上年增长10.0%，其中：第一产业增加值23.1亿元，比上年增长5.0%；第二产业增加值104.3亿元，比上年增长7.0%；第三产业增加值136.8亿元，比上年增长14.3%。三次产业结构由上年的9.3:42.0:48.7变化为8.7:39.5:51.8，其中，第一产业所占比例比上年下降了0.6个百分点，第二产业所占比例比上年下降了2.5个百分点，第三产业所占比例比上年提升了3.1个百分点。

新型工业体系加快。坚持以汽车产业为主导，巩固汽车整车及零部件产业的龙头地位，抓创新、优服务，着力实现产业转型升级，新型工业体系进程加快。全县规模以上工业增加值完成105亿元。汽车产业集聚区生产整车12万台，实现总产值650亿元，成为省十强和二星级产业集聚区。引进青山变速箱等项目44个，协议资金393亿元。建成郑州日产20万台扩能等项目18个，完成投资60亿元，其中国能一期、比克一期竣工投产，销售新能源电池2亿安时。汽车服务业博览园建成宏达车业广场等项目6个，在建项目12个，集聚商户5000余家。

现代服务业发展迅猛。第三产业比重达到50.5%，首次超过第二产业。房地产业平稳运行，商贸流通体系日趋完善。郑州国际文化创意产业园发展上升至省级层面，规划面积拓展至132平方公里，完成固定资产投资85亿元，实现主营业务收入18亿元，成为全市“五快”专业园区。华特迪士尼、建业 华谊兄弟、凤凰卫视等重大项目纷纷入驻，海宁皮革城、杉杉奥特莱斯项目主体完工，方特梦幻王国开业迎宾。全域旅游局面初步形成，全年接待游客650万人次，实现旅游总收入60亿元，成为“最美中国绿色生态 文化魅力旅游目的地城市”、“全省乡村旅游示范县”。

二、现代农业蓬勃发展

基础农业持续增效。全年农林牧渔业增加值23.05亿元，增长5.0%。粮食种植面积46.9万亩，蔬菜种植面积35.3万亩。粮食产量19.2万吨，蔬菜产量92.0万吨。肉、蛋、奶产量分别为4.1万吨、2.2万吨、12.5万吨。新增有效灌溉面积1887公顷，新增节水灌溉面积7533公顷，新增水土流失综合治理面积1084公顷。农业机械总动力74.9万千瓦。

都市生态农业成绩斐然。作为“城乡一体化示范区”的中牟现代农业示范区，成为“全国科普教育基地”。万邦国际农产品物流城年交易额达到750亿元，建成弘亿、晨明等都市生态农业示范园6个，刁家乡万邦万亩都市生态农业示范园开工建设，探索出“农企合作”新模式。农业组织化程度持续提高，新培育市级龙头企业4家，新增、规范农民专业合作社75家。农业综合机械化水平达到82.5%。连续24届荣获省“红旗渠精神杯”。

北部核心区三大农业主题（农业嘉年华、大闸蟹美食节和西瓜擂台赛）活动成功举办，园区知名度显著提高，品牌效应明显，旅游观光功能逐步提升。2015年，北部先导区累计吸纳游客约150万人次，接待各类考察团300余个，较2014年同比增长40%，实现了区域游客数量的大幅增长；带动周边就业4000人，为周边农民提供3000多个就业岗位，带动周边“农家乐”增收5000万元，实现了周边农民的持续增收。

南部现代草莓农业产业示范区累计建成无公害草莓生产基地10000亩，高效日光温室120座，实现年产鲜草莓12000吨，精品蔬菜500吨。

农田美则乡村美。按照“高产、景观、科技、休闲和服务”的理念，做大面积、植入科技、嵌进观光、塑造景观、融入服务，高标准扎实推进农田建设。在大孟、万滩、刁家、韩寺、姚家等乡镇选取新型农村社区周边5000亩至1万亩集中连片区域，2015年完成2.7万亩，累计完成12万亩，使其成为新型社区发展的产业之基，成为农民就业的最佳路径，并成为全县田园城市生态功能的重要组成部分，永久保留。

农业产业化向纵深发展。农业产业化经营向着精、深加工纵深发展，同时努力打造企业知名品牌，企业外向度与市场竞争力有了明显提高。中牟大白蒜、“五洲绿源”牌西瓜、“牟红”牌黄河鲤鱼、“春峰”牌草莓、“天邦”牌菜心、芥蓝获省级名牌农产品称号，中牟大白蒜成为全国“三绿”工程蔬菜类十大畅销品牌之一。

农业产业化龙头企业拉动凸显。新培育市级农业产业化集群2个，市级龙头企业4家，全县总数达61家，其中，省级以上重点龙头企业7家。龙头企业涉及大蒜深加工、畜牧养殖、蔬菜种植、水产养殖等行业，年销售收入达到40亿元。以冷藏保鲜为主的物流业是中牟一大特色，冷库座数达到160余座，库容突破50万吨。“公司+基地+农户+市场”的产业化格局基本形成，辐射带动我县及周边县市农户21万户，有效地促进了我县主导产业的发展，促进了农民增收、农业增效。

农民专业合作社明显增多。新建各类农民专业合作社40家，入社农户263家，全县总数达557家；规范农民专业合作社30家。共指导30家农民专业合作社示范社参加“市级以上示范社动态管理”，辅导国家级示范社通过农业部检测。

农产品出口显著提高。大力发展农产品加工出口，着力开拓国际市场，中牟农业的外向度和竞争力有了明显提高。全县农产品出口在巩固原有传统市场的基础上，又进一步开拓了美国、德国、比利时、英国等国家的市场，新兴市场出口增长强劲，与传统市场齐头并进，改变了农产品在国际贸易中亚洲市场一枝独秀的状况，形成了遍地开花的局面。2015年，农产品出口创汇额达8030万美元，出口创汇基地达到28520亩。

农产品流通成为行业风向标。中牟县有3个农产品批发市场：河南万邦国际农产品物流股份有限公司日交易量4万吨，日交易额1亿多元，万邦农产品价格成为中国农产品流通行业的价格风向标，对国内农产品的产供销起到了积极有效的指导作用。城东农贸批发市场占地1.87万 ，年交易量6800吨（蔬菜、水果），交易额952万元。中牟大蒜批发市场是农业部定点农产品批发市场，销往日本、美国、韩国、澳大利亚、马来西亚、新加坡及中东、西欧等20多个国家。特别是每年的6、7、8月份，每天的大蒜交易量都在5000吨以上。

传统渔业转型升级。作为水产大县、全省渔业重点县，渔业自然资源丰富，适宜于发展养鱼、养蟹、莲菜种植和稻田养鱼。“雁鸣湖”牌大闸蟹和“牟红”牌黄河鲤鱼获得省级名牌产品称号；年水产品产量5.7万余吨，位居全省第一，水产业总产值达3.7亿元。逐步形成了集水产养殖、饲料加工、休闲渔业、市场销售、技术服务等涵盖一、二、三产业的配套完善、全面发展的产业体系，正处于传统渔业向现代渔业的转型时期。休闲渔业初具规模，成为水产业新的经济增长点。

农业扶贫工作持续推进。完成贫困村退出12个，贫困人口脱贫10981人，实施易地扶贫搬迁690户，完成5个贫困村的整村推进任务，完成“雨露计划”培训760人，实施科技产业化扶贫项目2个，总投资4298.5万元，其中省级资金271万元，市级资金2605万元，县配套资金1422.5万元。

良种补贴足额发放。共补贴面积62.3万亩，发放标准102.66元/亩，发放补贴资金6397.2万元。

农村劳动力转移阳光培训持续升温。中牟农广校承担新型职业农民培育任务150人，其中专业技能型100人，生产经营型50人。内容涉及农业生态环境与美丽乡村建设、蔬菜病虫害综合防治技术、设施环境特点及调控、支农惠农政策、农业项目选择、农产品营销、农产品质量安全现状与措施、设施蔬菜农药应用技术、蔬菜生产设备等课程。新型农民对科技的需求越来越大，培训在今后将持续升温。

休闲观光农业日臻完善。郑汴一体化的加速推进，处于郑州都市区核心区的中牟县“近水楼台先得月”，得天独厚的区位优势得以凸显。目前，共培育精品园7个，市三星级园区2个，发展农家乐9个，培育休闲农业特色村2个，打造精品路线2条。全年共接待游客20万余人次，营业收入达6000万元以上。

三、城乡一体化格局初步形成

坚持规划先行，按照“全域中牟、一体发展”理念，着力实现产业发展规划、城市总体规划、土地利用总体规划、生态建设规划、基础设施规划的“五规合一”，城乡一体化格局初步形成。

社区建设加快推进。以“两带两区”为重点，全面实施拆迁和安置。全年拆迁面积1532万平方米，在建安置房面积1230万平方米，超额完成“两个超千万”目标。全县在建新型社区数量达到54个，大孟镇镇区社区、刁家乡付李庄社区等4个社区实现回迁入住；社区功能同步完善，建成社区基础设施、公共服务设施和商业设施项目110个。连续3年荣获全市新型城镇化建设先进单位。

城乡基础设施同步推进。城区功能不断提升，改造雨污水管线33公里，新建供水供气管线50公里，新增绿化面积29.4万平方米，生活垃圾无害化处理率达到100%，城区天然气用户达到8万户，集中供热面积达到205万平方米。城乡路网体系日趋完善，完成国道220线升级改造，机西高速、国道107线东移、国道310线南移工程加快推进，新建、续建县乡道路13条。保障能力持续增强，郑州新区污水处理厂、110千伏黑李变电站扩建工程基本竣工，110千伏肖庄输变电工程加快建设，新建、改造农村电网205公里。城乡基础设施一体化格局初步形成。

四、人居环境、社会事业不断改善，人民生活明显改善

农业财政投入力度持续加大。农林水事务支出85153万元，其中：农业支出41064万元，林业支出9966万元，水利支出22031万元，南水北调支出1567万元，扶贫支出3552万元，农业综合开发支出2283万元，农村税费综合改革支出4562万元，其他农林水事务支出128万元。较上年62048万元相比增加23105万元，增长37%。

农民收入稳步增长。2015年农村居民人均可支配收入达15349元，增长9.0%。其中，工资性收入8999元，占可支配收入总量的58.6%；经营净收入5386元，占可支配收入总量的35.1%；财产净收入304元，占可支配收入总量的2.0%；转移净收入659元，占可支配收入总量的4.3%。从收入结构来看，随着全域城镇化建设的快速推进，农民实现就地、就近转移就业的速度明显加快，工资性收入在可支配收入中的比重不断提高，成为农民可支配收入的最主要构成部分，并且增长后劲十足。

农民生活消费支出持续增加。2015年农民人均生活消费支出8281元。在生活消费支出八大项中，衣、食、住、行占据前四位，从高到低依次为：食品烟酒2244元、居住2011元、交通通信1540

元、衣着720元、教育文化娱乐668元、医疗保健637元、生活用品及服务374元、其他用品和服务87元。总体上看，随着收入的不断增长，农民生活消费支出呈现多元化发展趋势，更加注重生活品质，在教育文化娱乐与医疗保健方面支出明显增加。

生态建设成效明显。“蓝天、绿地、碧水、清静、改善农村人居环境”五大生态工程全面实施。大气污染防治初见成效，拆改燃煤锅炉179台，整治涉尘工地192处，关闭养殖场607家，3700余辆黄标车全部淘汰，加油站油气回收治理全部完成。实施生态廊道1.2万亩，营造生态林3万亩。贾鲁河生态治理工程主体完工，运粮河等8条中小河流综合治理完成。噪音污染得到有效遏制。省市级卫生镇达到7个、卫生村达到138个。

社会事业全面发展。以办好民生实事为重点，持续加大民生投入，全年完成民生支出47.7亿元，占一般公共预算支出的81.8%。就业工作成效明显，新增城镇就业3300人、农村劳动力转移就业1.5万人。社会保障覆盖面不断扩大，“五险”覆盖面保持在99%以上，新农合参合率达到99.96%，农村养老保险参保人数达到26.4万人。社会救助工作有效开展，县福利中心基本建成，全民慈善活动募集善款2000万元，救助困难群众2600人次。办学条件进一步改善，新建、改建中小学、幼儿园11所。群众文化生活不断丰富，积极组织文化艺术进基层活动，广泛开展全民健身活动。卫生计生服务水平持续提升，县中医院新院区、计生服务站等项目加快建设。群众就业难、入学难、看病贵问题得到有效解决。

社会大局安定有序。社会矛盾化解水平有效提升，依托网格化管理排查解决问题38537个，人民调解成功率达到97%，信访批次下降30%，非访人次下降14%。应急预案体系更加完善，修编预案53项。平安中牟建设扎实推进，防范、打击和处置非法集资工作持续加强，安全生产、食品药品、道路交通、消防安全等重点领域监管不断强化，人民群众安全感和满意度明显上升。同时，审计、粮食、档案、气象、国防、民族宗教等工作统筹推进，老龄、妇女、救灾救济等工作有效开展。

航空港经济综合实验区

2015年，郑州航空港经济综合实验区以深入开展“三严三实”、“三查三保”活动为契机，围绕全年目标任务和重点工作，转变思路，优化服务，圆满完成了各项目标任务。全区共投入各类民生资金2242.79万元，其中，本级投入910.68万元，上级投入1332.11万元。共发放各类惠农资金1006.1万元。

一、都市生态农业成效显著

一是编制都市生态农业发展规划。2015年，组织编制了《郑州航空港经济综合实验区现代都市生态农业规划（2015—2025年）》，规划提出在415控规区以外，大力发展都市生态农业，努力打造“核心板块支撑，高速交通相连，优美社区点缀，都市农业衬托，生态智慧城市”。二是加大对农业产业化龙头企业扶持力度。共扶持龙头企业4家，争取贴息贷款资金176.01万元。三是组织开展农机安全生产工作。三夏三秋期间，共收获小麦面积21万亩，玉米面积16万亩，花生面积5万亩，累计出动各类农机具1200台次。认真落实农机购置补贴政策，发放补贴资金229.8万元，补贴农户90人，补贴农机具92台。四是抓好秸秆禁烧及综合利用工作。今年我区秸秆禁烧工作早行动，早部署，各办事处建立了以办事处领导包区、分管领导包村、村级领导包组的巡查制度，加大督查力度，全区共张贴宣传标语8000多条，悬挂横幅5000多条，装备宣传车30台，配备铁锹、灭火器约100个，全区未发生秸秆禁烧现象。

二、林业生态建设扎实推进

一是圆满完成京港澳高速两侧实验区段专项治理和绿化提升工作。按照市政府安排部署，顺利完成京港澳高速实验区段两侧1公里范围内5个办事处、20个自然村、5372户的村庄拆除及5处违章建筑的拆除工作。同时全面完成京港澳高速两侧绿化提升工作，完成绿化长度13公里，绿化面积98万平方米，新增造林面积270亩，树木刷白18万平方，栽植各类乔木约355万株，清运建筑垃圾56万立方，绿化总投资约500万元。二是做好林地审批手续办理和枣树移栽工作。配合区内重大项目和基础设施建设，明确专人负责，上下联动，协作项目单位及时收集资料组卷上报，加快林地审批手续进度，保障项目如期实施。2015年共办理林地审批手续项目9个，共移植枣树3000多株，涉及凡客小镇等6个项目。

三、畜产品质量安全保障有力

开展生猪屠宰和农贸市场联合执法活动，重点对相对集中的张庄、八岗、三官庙、冯堂、龙王、明港六个集贸市场禽类食品和农贸市场肉食品进行联合执法检查，全年共开展联合执法活动4次，出动人员联合执法150余人次，发放通告10000余张、发放宣传页8000多份，没收未经检疫的畜产品3份，无害化处理1份，取缔不法商贩1户。强化动物疫病防控，按照“应免尽免，不留空档”的防疫要求，投入56.2万元开展春秋两季重大动物疫病强制免疫工作，发放畜禽各类疫苗184万毫升，区内畜禽免疫密度达到100%。

四、精准扶贫工作取得突破进展

以点带面对大辛庄等贫困村实行重点帮扶，管委会领导多次深入贫困村进行调研，研究制定扶贫计划，并与区内龙头企业协调抽出2名技术人员定期到该村进行蔬菜种植等方面技术指导，为农民提供蔬菜种植技术服务。做好金种子互助资金投放使用工作，解决群众小额贷款难题，已累计发放贷款户数121户，发放金额321.2万元。开展“雨露计划”培训工作，对冯堂、清河办事处200余名贫困村村民开展了种植、养殖、烹饪、水电工、电焊等实用技术方面的培训，通过对贫困村产业发展、人才培育、资金投放等方面的扶持和帮扶，2015年底，全区原有的11个贫困村已全部脱贫。

郑东新区

2016年，郑东新区围绕“坚持一个理念、着力两个国际化、决战三大主战场、推进四个加快、实现四个率先”的工作布局，全力推动京港澳高速生态廊道建设和连霍以北区域城乡一体化发展，抓好农畜产品质量安全体系建设，加快农业基础设施建设，落实多项惠农政策，探索适合东区发展的现代都市农业发展模式。2015年，第一产业增加值5.1亿元，下降2.0%；农民人均可支配收入19844元，增速为9.0%。

一、都市型现代农业发展

按照《郑东新区白沙组团北部都市农业区总体规划（2013-2030）》要求，调整现代农业产业化结构，提升现代农业发展水平。稳步推进生态廊道北部的金光路“菜篮子”等水产基地、中部的东四环花卉产业园、南部的休闲观光文化园等现代化农业项目建设。2015年，粮食总产量4.3万吨，下降5.8%。肉类、禽蛋、牛奶总产量分别达到2478吨、600吨、15511吨，分别下降19.6%、69.5%、48.5%。

二、生态廊道建设

按照《郑州市高速公路沿线生态廊道提升实施方案》的要求，完成京港澳高速生态廊道郑东新区段长10.2公里，两侧绿化50m宽，绿化面积220万平方米；连霍高速生态廊道郑东新区段长9公里，南侧绿化200m宽，绿化面积130万平公米的建设任务。

三、农业基础设施建设

加快推进白沙组团和连霍以北区域开发建设，重点做好核心区的水、电、路、气等基础设施建设，目前已开工前程路等区域内7条道路，跨干渠桥梁2座，总投资约1.3亿元。开展“三级三类”便民服务中心建设工作，初步培育了正弘山社区等10个社区级便民服务中心。

四、落实各项惠农政策

完成小麦“一喷三防”补贴面积82200亩，所补贴的杀虫剂、杀菌剂、叶面肥等物资全部及时发放至各乡（镇）

办事处。做好农机购置补贴工作，共补贴农户41户，农机具43台，涉及排灌机械、畜牧水产养殖机械、收获机械、动力机械、茎秆收集处理机械5大类机械，财政补贴105万元。

五、加强农畜产品质量安全检测

郑东新区7个农贸市场已建成农产品质量检测室7个，超市自检室3个，检测范围覆盖8个街道办事处、7个农贸市场和3个大型超市。全年对所有农贸市场和大型超市销售的蔬菜、水果抽样检测，共抽检蔬菜、水果样品51.8万次，合格率100%，全年未发生农产品质量安全事故。建立养殖档案，全区共有298户养殖户（小区），生猪存栏数35260头，牛6600头，鸡280000只，鸭40000只。加强对“瘦肉精”等违禁药品的监管力度，确定每月20日为定期抽检日，整个辖区抽检率不低于2%。市场内猪肉摊位抽检率每天不低于20%。全区瘦肉精专项整治工作常态化、规范化。

六、新型城镇化建设

一是全域拆迁加快实施。计划拆迁连霍高速以南合围区域剩余28个行政村和42个自然村，拆迁面积1500万平方米，涉及群众1.47万户6.5万人。目前已完成杜桥、南岗等15个行政村（自然村）的拆迁工作，拆迁面积617.34万平方米，涉及群众6641万户。二是安置区建设全面加快。已回迁薛岗、贾岗2个项目，涉及群众2343户9377人。竣工验收刘集1号安置区、龙兴嘉苑等9个项目，共计260万平方米，住房2.6万套。在建商都嘉苑、圃田嘉苑等12个项目，共计625万平方米，主体建成近400万平方米。三是社会保障工作不断加强。新型农村合作医疗参合人数及参合率分别为74752人和98.9%，16万居民纳入医疗、养老等基本保障范围。进行农民创业培训1360人，技能培训277人，引导性培训525人，新增城镇就业2500余人。四是全域844个三级网格实现融合。积极开展干部下基层活动，推行“日交办、月联办”机制，解决各类问题89000余件，有效推进了工作落实。狠抓农村社区建设，14个社区全部达到一类标准，占全市达标总数的五分之一以上。安全生产、食品安全、信访工作不断加强，没有发生重大稳定事件，社会大局和谐稳定。

经济技术开发区

2015年，经开区始终坚持以科学发展观为指导，紧紧围绕区党工委、管委的工作部署和中心任务，加强领导，精心部署，狠抓落实，做到了领导到位、认识到位、工作到位、责任到位。

一、大力推进都市生态农业建设

一是全面落实支农惠农政策。2015年，共落实农机购置补贴30.45万元，补贴农机具19台（套），落实“一喷三防”资金19.5万元，绿色通道占地补偿资金50.24万余元，以上资金都以不同形式兑现到农户手中，没有出现截留、挪用现象。二是落实农业产业化龙头企业的扶持政策。积极组织符合条件的企业申报农业产业发展引导资金，经评审，确定2家企业申请贷款，申请总金额40.51万元。三是积极发展休闲观光农业。2015年开始建设滨河生态农业园改建项目，该项目总投资1300万元，占地117亩，是唯一成规模的集特色种植、养殖、餐饮、休闲娱乐于一体的观光休闲农业园，该项目已通过初审，争取市级资金100万元。四是加强农产品质量安全监管。按照市农产品质量安全追溯体系建设，今年新建6个农产品检测点，完成丹尼斯、老南岗农贸市场、国联农贸市场、利明农贸市场4个检测点的建设工作。五是开展秸秆禁烧和农作物综合利用工作。通过采取24小时不间断巡查、张贴海报、悬挂条幅、村组人员蹲点等措施，全年无一处焚烧现象。

二、全力推进生态廊道建设工程

一是全力推进造林绿化工程。今年启动陇海铁路、京广高铁、郑西高铁三条铁路绿化建设任务，绿化工作总长度约23.2公里，绿化总面积约295万平方米，截至目前完成绿化248万平方米，清运垃圾39.6万方，培土31万方，完成拆迁48.6万平方米；西南绕城高速、京珠高速、郑民高速三条高速公路两侧绿化总长度约23.82公里，绿化总面积约238.2万平方米，清运垃圾9.2万方，培土7万方，已按照市级定的时间节点全部完成；潮河两侧绿化工作绿化长度约6

公里，绿化面积36万平方米，计划投资约9000余万元，正处于开标阶段。二是做好林地征占和林木采伐证手续办理工作。2015年为中建城开（经南九路、经南十五路、经开第十七大街、经南十二路、经南八路）、机场高速扩建、天然气管道铺设等7个项目办理了林地征占用手续，累计报批林地面积约150余亩，另上海宝冶、河南大建、富士康、航空陆港、新107国道、宇通和谐家园二期、宇通三工厂项目等大型企业的林地征占手续正在积极办理中。三是开展林业病虫害防治。完成飞机防治春尺蠖35架次，防治作业面积2.1万亩，配合市森防站在我区飞防5架次，防治作业面积近8000亩，虫口发生减退率达到98%，防治率达100%。

三、实施生态水系提升工程

一是开展生态水系水清河美行动。前期对22个排污口进行了封堵处理，临时解决了污水排放问题，实现河道沿线污水零排放；整治沿河两岸环境及拆除违章建筑，完成清运垃圾6000余立方米，完成任务量的100%，拆除违章建筑20余处，占任务量的42%。二是推进潮河分水口建设和环城生态水系循环工程。郑州市生态水系输水工程潮河分水口向我区蝶湖、荷湖等水系供水，实现与黄河水域的水系贯通，现位于机场高速与潮河河道西南侧的分水口，正对其进行升级改造，分水口的建设工作进展顺利，待竣工时，将会成为我市东南门户的一处城市标志。三是实施农村饮水安全工程。2015年我区利用中央预算及地方配套资金解决祥云办事处谢庄村、王庄村、坡刘村3个行政村庄7354人的饮水不安全问题。该项目总投资368万元，包括联村供水站一处、单村供水站一处。该工程8月中旬已完工。四是做好防汛工作。出台了防汛抗旱工作方案，对城区防汛、河道水库防汛、企业防汛、基建工地防汛、交通以及教育防汛工作进行了详细部署。加强防汛薄弱工程的抢修维护，确保防汛期安全。

四、畜牧防控和畜产品质量安全工作

一是加强动物诊疗机构、兽药饲料企业监管力度。对动物诊疗机构营业期间无害化处理情况等进行重点核实，同时，检查饲料兽药企业二维码落实情况，并对其存在的问题下发整改通知，规范企业生产经营行为，保证了动物诊疗机构、兽药饲料市场的良好秩序。春季防疫期间，对辖区内的养殖场（户）

进行集中防疫，并对其免疫抗体情况进行抽样监测，确保辖区内不发生重大动物疫病流行。二是开展畜产品质量专项整治工作。开展“双节”期间病死畜禽集中治理行动，对本辖区内养殖场户、屠宰场点进行严格地监督检查，保障出场畜产品的质量安全；采取不定期检查与专项整治相结合的方式，加大对区内奶站的整治力度，保证生鲜乳质量安全；对本辖区内的动物养殖场（户）是否存在违法添加使用“瘦肉精”情况进行拉网式监督检查，共检测样本244份，检测结果均显示阴性，未发现有异常，从源头上消除肉产品安全隐患。三是强化监督执法。采取多部门联合对辖区内的饲料兽药进行日常监管工作，全年共对3家饲料企业、2家兽药生产企业、2家兽药经营企业和规模养殖场累计出动45人次，动用车辆15台次，对使用不合格投入品的行为依法重点打击，从源头上杜绝劣质产品流入养殖环节。四是认真开展产地检疫工作。严格落实各项工作制度，严把检疫关，确保不发生注水猪肉事件。一旦有检出的病死动物及产品就严格执行无害化处理，严防病死动物和动物产品流向市场、严防疫情从屠宰环节扩散。2015年辖区内的国庄屠宰场共屠宰生猪1.8万余头，未发现不合格现象。

高新技术产业开发区

2015年，是“十二五”的收官之年。高新区按照“抓改革创新、强投资开放、促结构转型、求民生改善”的要求，以打造全市创新驱动战略主引擎为使命，突出科技创新和制度创新，加大对农业农村的引导、投入和扶持力度，强化高新技术的核心和支撑作用，有力地促进了农民市民化、农业产业化和全域城市化，实现了经济社会又好又快发展。2015年，全区农业总产值达到8814万元；农民人均可支配收入达到18102元,同比增长9.2%。

一、都市现代农业加快发展

一是积极推进现代农业示范园区和设施农业建设。2015年，我区通过产业引导和资金扶持，培育建设了绿金园现代农业示范园区、豫王富苑两个现代农业示范园区。大力发展设施农业，全区已建和在建高标准日光温室达到268个，已建1万平方米的连栋大棚2座，已建5000平方米以上面积智能化玻璃温室达到5座。日光温室占地面积达到574亩；已建大棚1000亩、中棚2000亩、小棚6000亩。二是积极培育新型农业经营主体。农业产业化龙头企业发展态势良好，全区市级以上农业产业化龙头企业19家，其中国家级1家，省级7家。2015年农业产业化龙头企业实现销售收入36.36亿元，实现利润2.64亿元。辖区河南广安集团、河南秋乐种业、中棉种业三家省市农业产业化重点龙头企业在新三板挂牌上市。积极发展农民合作社和家庭农场，辖区内农民合作社21家，其中2家被命名为郑州市示范农民合作社，新成立家庭农场1家。三是农村股改工作先行先试。探索开展农村产权制度改革，研究出台了农村集体经济股份合作制改革实施方案，并确定了6个行政村作为股份制改造试点村先行先试，已完成洼刘、瓦屋李两个村的股份制改造工作。

二、全域城镇化强力推进

加快推进剩余村庄拆迁和已拆迁村庄的安置房建设工作，全年完成陈庄、榆林、任砦、南流、岳岗、张五砦、西连河等7个行政村和小双桥、于庄2个自然村共约680万平方米的拆迁，基本实现村庄拆迁工作全部完成。安置房建设方面，新开工瓦屋李、贾庄等11个安置房项目；交付使用祥营（一期）等9个项目，全年完成投资130亿元。资金保障方面，全年完成各项融资73.9亿元，实际到位资金63.9亿元，有力保障了大棚户区改造工作的顺利进行。道路方面，围绕畅通郑州工程、出入区口道路和完善区域路网，全年新开工道路23条，完工道路14条，新建道路里程26.8公里，完成投资3.92亿元；畅通郑州涉及高新区的东风路西延、西三环北延等拆迁工作全部完成。生态廊道建设方面，天健湖公园基本完工，锦和公园、铁路沿线绿化、S314沿线绿化和南水北调带状公园正加快建设；沉沙池至西区供水工程已开工建设。水电气暖配套建设方面，新增供暖入网面积400万平方米，新建供热管网70公里、供水管网55公里。

三、新型农村社区网格化管理工作成效显著

全区新型农村社区共划分5个一级网格、39个二级网格和163个三级网格，实现了“无缝隙、全覆盖”。570多名人员下沉基础网格，条块融合职能得到较好发挥。分包领导、办事处、行政村、基础网格长、职能部门、群众工作队等共同参与的网格化管理运行机制初步形成。

四、农村公共社会事业全面发展

一是加快学校建设。全年新开工续建11所中小学幼儿园，区外国语小学和五龙口小学已投入使用，辖区学校教学水平不断提升，郑州中学高招成绩再创新高。二是加快新型社区医疗体系建设。郑州市中心医院高新医院（二期）项目进展顺利，新引进河南省中医院高新分院项目已完成立项和选址，正在进行规划和土地报备工作，新建枫杨社区卫生服务中心，为群众提供更优质便捷的医疗服务。三是强力推进环境整治和大气污染防治工作。对全区81个工地采取了围档、覆盖、洒水、绿化、硬化等措施，严格按照6个100%标准要求进行了整治，共覆盖防尘网约1020万平方米，绿化148万平方米，固化110万平方米，设置围挡38万平方米，增加冲洗设备350多套，施工工地扬尘得到较好控制。做好全区秸秆禁烧和综合利用工作，全区未发现烧一堆火、冒一股烟、着一棵树。四是加快三级三类便民服务中心建设工作。完成现有社区和便民服务设施情况的摸底调查，编制完成《郑州高新区三级三类市民服务中心专项规划》，对区级市民服务中心进行了提升扩容；4个新型农村社区区级市民服务中心投入使用。

中原区

2015年，中原区坚持“多予、少取、放活”的方针，以促进农村经济实现跨越式发展为目标，以提高农业综合生产力为重点，大力调整农业产业结构，积极发展农村经济，促进农业增效，农民增收。2015年，农民人均纯收入达18231元，增长9.2%。粮食总产量0.9万吨。

一、认真落实各项支农惠农政策，带动农民增收致富

2015年，全区认真落实各项支农惠农政策，共落实农业支持保护补贴面积1.8万亩，补贴资金371.4万元；农机具补贴资金3.65万元，受益农户3户。加强对减轻农民负担的执行情况进行检查，并做好各类惠农补贴资金发放情况的监督检查工作，没有发生违规加重农民负担的现象，未发生因农民负担引发的上访事件和恶性案件。

二、积极发展都市生态农业，增加农民收入

一是大力发展休闲观光农业。积极构建沿河、沿湖、沿库生态观光农业带，培育新的经济增长点。目前我区已初具规模的农业休闲观光园有“地里马术庄园”、“好年景生态园”、“咱家小院”等农业休闲观光项目。二是加大农产品监测力度。加大对无公害农产品生产基地的监管力度，完善无公害农产品生产标准和技术操作规程，并严格按照规程进行生产；建立无公害农产品质量自检体系，建立生产和销售记录档案；严禁使用农业部公示的5种高毒高残留有机磷农药。加强源头管理，对全区的无公害农产品生产基地进行抽样检测，共抽检蔬菜样品1300个，合格率100%。开展种子、农药打假活动，累计出动农资执法人员75人次，抽查种子、农药、35多个品种，整顿市场9次，发放宣传资料1800余份。检查农资经营店70家次，检查玉米品种20个，未发现假冒伪劣种子和农药现象。三是加强重大动物疫病防控。2015年全区共免疫生猪31000头，免疫家禽6000只，免疫牛400

头。应免疫密度达到100%。全年肉类总产为1039吨、牛奶产量1485吨，家禽存栏2000只，生猪存栏1.25万头。

三、实施造林绿化和生态水系建设工程，改善生态环境

实施生态廊道建设工程，陇海西路西延生态廊道已完成招投标程序，计划投入财政资金3000多万元，完成绿化面积47公顷；西南绕城高速公路绿化提升工程目前已完成招标程序，计划投入资金200多万元，完成绿化面积12.6公顷，在施工条件成熟后即可进场施工。开展造林绿化工作，完成造林任务100亩，中幼林抚育100亩，占目标任务的100%。实施生态水系提升工程，编制完成了《中原区生态水系概念性规划》，明确各项工程建设目标任务和推进措施。通过采取“百日会战”等举措，圆满完成北陈伍寨拆迁，实现干线工程与配套工程23号泵站同步通水。石佛沉砂池至郑州西区生态供水工程已进入实质性征迁阶段，近期将郑上路以北区域开始征迁。秀水湖、市民湖可研报告已经郑州市批复。须水河已完成河道治理，须水河滨河景观方案设计和初步设计工作已完成。同时，积极开展水系工程施工区域内的拆迁工作，市民湖、秀水河、刘沟水库拆迁已全面完成，九曲莲湖拆迁基本完成。开展以城市河流清洁行动为主要内容的“水清河美”专项整治行动，突出截污治污和河流两岸生态建设，推行了“水长制”、“河长制”，对5处排污口全部采取了长效截污措施，清理河道垃圾6处，拆除违章建筑30处，城区河道生态环境得到明显改善。

二七区

2015年，二七区坚持以党的十八届四中、五中全会精神为指导，以成功创建国家森林城市、促进农业转型升级和农民增收为目标，按照“强投资、夯基础、调结构、求提升”的要求，全面推进都市型现代农业发展。全区农业结构优化，乡村环境优美，农民收入持续增加。2015年农民人均可支配收入19340元，比2011年增长43%。

一、都市型现代农业加快发展

一是落实农业保护补贴政策。2015年，全区粮食产量达到751吨，完成耕地地力保护补贴工作，落实补贴面积18677亩，涉及农户5269户。二是提高农业产业化水平。完成9家市级示范农民专业合作社的动态监测，全区16家市级农业产业化龙头企业完成销售收入11亿元，其中，河南绿兴现代农业有限公司成为我区首家新三版上市农业企业。三是大力发展休闲农业。培育提升了绿兴度假村、吉祥地度假山庄、稷水农业生态园等3家休闲农业精品园区，通过“郑州市休闲观光农业二维码”平台为我区提供了相关企业基本信息16家（次），2015年全区休闲农业年收入达1.4亿元，直接从事休闲农业的服务人员1500余人，年接待游客185余万人。四是加强植物检疫力度。清查种子生产经营资质1家，抽检玉米种子6个品种9个批次，调运检疫12万公斤，保障了农业生产用种安全，切实维护了农民利益。五是稳步开展农村集体经济产权制度改革。完成了全区股改村的摸底排查工作，并进行了分类，荆砦、荆胡、王胡砦、麦垛沟、红花寺、大田垌等6个村（社区）股改工作已启动。六是加大秸秆禁烧工作力度。采取了加大宣传、明确责任、全天候巡查、关键部位严防死守，确保未发生秸秆焚烧现象。

二、林业生态建设成果巩固

林业生态建设成效显著，完成了100亩生态廊道建设和100亩中幼林抚育建设任务；完成了郑少高速绿化提升工作，绿化面积4.5万平方米，全区生态廊道建设在全市考核中市内五区排名第一，获得奖补资金30万元。加强森林资源管护，共发现并向森林公安机关移交案件7起；有效监测美国白蛾等重大林业有害生物发生情况，全年未发现美国白蛾发生；开展森林防火紧要期的宣传和巡查工作，确保了全区没有发生森林火灾，维护了辖区森林资源安全。

三、水生态文明建设稳步推进

一是做好环城生态水系循环工程的前期工作，郑州市“水清河美”行动涉及二七区的有金水河、贾鲁河、熊耳河三条河道，其中金水河、熊耳河流经市区，辖区内金水河长度16.1公里，熊耳河长度7.8公里，全区共投入人力650人次，使用机械和设备43台，共清理垃圾1000余方，拆除违章建筑2处，完成在辖区内发现的11处排污点的治理工作。二是完成2014年安全饮水工程、节水灌溉工程、小型水源工程等项目的收尾工作，完成了全垌、曹洼、八卦庙、荆砦的安全水补助资金支付手续。三是配合做好水资源调查工作，共检查辖区单位104家，其中，80家纳入市节水办管理，未纳入管理24家；防汛应急预案、抗旱应急预案编制工作已进入审批阶段。四是全面落实安全度汛方案和各项防汛措施，建立健全了防汛队伍，备足了防汛物料，及时排查并消除隐患；做好雨情、汛情信息传递，保证了信息畅通，确保辖区安全度汛。

四、农畜产品质量安全监管有力

加强农产品质量安全监管，开展蔬菜、水果生产基地监测，共抽检样品300批次，合格率达99.5%。完成高温季节查源和消毒灭源工作，共普查养殖场户110户，消毒面积达70万平方米；开展“瘦肉精”专项整治工作，检测尿样415批次，合格率100%；强化动物疫病防控，分别免疫猪瘟、猪口蹄疫、高致病性猪蓝耳病2.23万头、牛口蹄疫270头、羊口蹄疫2890只、禽流感65万羽。

五、樱桃沟美丽乡村试点项目顺利批复

2015年，二七区樱桃沟社区入选郑州市美丽乡村，项目总投资9000万元，资金按照市、区1:1进行配比，分三年进行实施。目前，樱桃沟景区管委会2015年申请郑州市财政补助资金1500万元已获得市级批复。

金水区

2015年，金水区深入贯彻落实党的十八大会议精神，围绕“一化两区四个金水”建设目标，不断加快经济发展方式转变和经济结构调整，农业和农村经济稳步发展，全区“三农”工作有序推进。

一、都市生态农业建设加快发展

一是加强项目建设。全区共申报农业专项资金项目7个，经过评审、公示，通过项目4个，扶持资金254万元，其中农业科技创新项目2个，可追溯标准化“菜篮子”生产基地建设项目2个。二是做好农产品“三品一标”认证工作。新申报“三品一标”产品1个，截至年底，全区标准化生产基地总数达到2个，无公害产品达到7个。三是加强农产品质量安全监管。积极开展县级检测中心建设工作，目前，县级检测中心基础装修基本完成，仪器设备正在进行政府采购。加强农产品质量安全检测，在辖区30个农贸市场开展蔬菜、水果、水产品的检测工作，全年共检测农产品样品725234批次，合格率99.94%。养殖环节瘦肉精检测抽样318（头）份，合格率100%。四是加强动物防疫监管工作。在全区范围内共发放高致病性禽流感疫苗、牛羊口蹄疫疫苗、牛A型口蹄疫疫苗、猪口蹄疫疫苗6.13万ml，高致病性蓝耳病疫苗、猪瘟疫苗1.76万头（羽）份，发放消毒药（聚维酮碘）40余箱，免疫生猪0.2万头、奶牛0.13万头、羊0.24万只、禽类8万羽。应免免疫密度达到100%，抗体监测合格率达85%以上。五是开展农资打假工作。认真开展打击侵犯品种权和制售假劣种子专项行动，对辖区农作物种子企业和经营商户进行拉网式检查，全年共出动执法人员200余人次，出动执法车辆100余台次，印发宣传品5000余份，检查企业、商户60余家，检查登记品种62个，办结农业部批转种子案件7起。加强兽药、饲料监管，检查兽药生产企业22家（次），兽药经营企业98家（次），饲料生产企业43家（次）。

二、生态廊道和生态林业建设取得

新进展

以补植补造，提升绿化品质为主，对连霍、京珠高速公路绿化带进行升级改造，共完成培土5.7万立方米、树种栽植180万平方米，清理积存垃圾2.8万立方米，拆除违章建筑6.35万平方米。按照2015年郑州市林业生态建设工作实施方案的要求，已于四月初全部完成抚育任务100亩。

三、做好防汛工作和秸秆禁烧及综合利用工作

一是做好防汛工作。防汛期间全区共储备柳料120万公斤，铁锹1.2万把，运输车辆300辆，编织袋14.2万条及足额的应急灯、铁丝等物料，落实群众性防汛队伍1.8万人，整个汛期实现了降雨主干路不断路、村庄无积水，给辖区群众的生产生活提供了极大的保障。二是做好秸秆禁烧和综合利用工作。强化监督检查，在重要时段、重点路段、机场周边等加强督查力度，及时排除焚烧隐患。全区“三夏”“三秋”期间共发放宣传册20000余本、悬挂条幅2000余条、出动一线工作人员4000余人次、宣传车2000余车次、垃圾清运车200余车次、秸秆还田机280余车次、灭茬机180余车次、免耕播种机160余车次，清理杂草垃圾等易燃物18000公斤，浇灌土地面积32000余亩，秸秆直接还田30000亩，未发生秸秆焚烧现象，秸秆综合利用率达到100%。

四、农村民生明显改善

一是加强农村医疗卫生建设。自新农合政策实施以来，金水区一直保持全省领先的筹资标准，并率先在全市成立农村居民大病医疗救助基金，对达到新农合报销封顶线的患者给予再救助，最高救助10万元。2015年共有48650人参加新农合，参合率99.87%；区级补助标准提高至220元，人均筹资标准达686元/人，为全省最高。2015年，全区新农合共补偿13.1万人，补偿金额3085.3万元，补偿人次和补偿金额均创新高。二是加强农村卫生队伍建设。继续保持3500元/月的村医待遇，保证村卫生室实施基本药物制度后村医合理收入不降低。三是认真落实教育惠民政策。中小学幼儿园新建、改扩建工程稳步推进，新建贺庄小学正在办理招标前手续，新建杨槐小学正在招投标。马林幼儿园正在基础施工。

管城回族区

2015年，管城回族区认真落实中央、省、市精神，主动适应经济发展新常态，以推进农业现代化为主攻方向，进一步深化农村改革，加快转变农业发展方式，不断提高农业综合效益和竞争力，努力实现粮食增产、农业增效、农民增收和农村民生改善的目标。

一、培育特色农业园区，促进农村经济增长

按照提档升级、突出特色、突出效益的原则，依托南水北调干渠、十八里河、十七里河两岸绿化带等自然资源优势，在现有园区建设的基础上，努力建成一批高标准、上档次、效益佳、功能全的现代农业示范园区，进一步增强农业产业支撑力。2015年，重点培育区级农业园2个。一是淇乐农业科技园，位于南曹乡野曹村，项目总占地近500亩，投资2000万元，建成连栋智能温室50000平方米，引进种植葡萄新品种5000株，园区建成后将成为郑州市最大的集种植、机械采摘、酿酒为一体的葡萄主题公园；二是忆舍农业示范园，位于南曹乡毕河村，总占地50亩，计划总投资1600万元，已完成投资260万元，建成塑料大棚39栋，连栋智能日光温室3000m^2。

二、认真落实惠农政策，促进农民增收

认真贯彻落实各项惠农政策，发放耕地地力保护补贴278万元，农机补贴资金3.63万元。切实加强减轻农民负担工作的监督指导，发放农民负担监督卡1.58万份，发放率100%。组织相关职能部门对惠农补贴及农民负担进行了检查审计，共审计资金5356.6万元，违规资金1.72万元，现已全部整改到位。切实做好“三夏”“三秋”农业生产，小麦机收面积1.76万亩，机收率达98%，玉米种植面积1.7万亩，机播率达90%；玉米机收面积1.33万亩，机收率78%，小麦机播面积1.67万亩，机播率98%，农作物秸秆还田率达到100%。2015年全区粮食总产量6717吨。

三、强力推进农业产业化，提高农

业组织化程度

加强对市级以上14家农业产业化经营重点龙头企业和农产品加工企业的运行监测，截止11月底全区农业产业化经营重点龙头销售收入27.2亿元、税金总额2.4亿元、利润总额9944万元。组织申报省财政扶持农民专业合作社示范社建设资金项目1个，争取资金10万元；争取省市各类专项项目奖补资金500万元。加强农产品安全监管，2015年共完成农产品样品抽检11600个，合格率达99%；抽检水果320个样次，合格率达100%，有效保障了全区农产品质量安全。

四、加强基础设施建设，改善农村生产生活条件

新建井房4间，铺设地埋管6千米，田间排涝沟1千米，新发展管道灌溉面积1000亩。组织开展生态水系“水清河美”行动，治理排污口13处，清运、处理垃圾19处，拆除违章建筑3处，有效提升了全区生态水系大环境，在全市工作评比中排名第一。在主汛期间，积极开展河道清淤、水毁工程修复、防汛料物储备、防汛队伍组建以及安全隐患的排查处置等工作，严格坚持防汛值班、雨情测报和问题的督查整改，确保了全区安全度汛。

五、加快林业生态建设，绿化美化城乡环境

2015年计划实施生态廊道建设道路8条（郑新快速路北段、机场高速、西南绕城高速公路、金岱路、紫辰路、豫一路、豫六路、豫十路），全长37.6公里，绿化面积115.5万平方米。其中，对郑新快速路实施拆迁、垃圾清运等工作，计划今冬明春完成；机场高速已完成立项、绿化方案和施工图纸设计招投标，计划明春实施。为迎接上合会议召开，已完成绿化面积30000m^2，投资约70万元；西南绕城高速公路补植补造面积12万平方米，已全部完成，投资约200万元；南部路网五条道路已完成绿化施工招标工作，春节前完成乔木栽种，确保2016年4月完成所有绿化工作。

惠济区

2015年，惠济区围绕宜居宜业宜游的滨河田园新城区建设，以都市生态农业示范园、生态水系等重点项目建设为抓手，加快转变农业发展方式，积极构建都市生态农业产业体系，全区农业农村经济持续健康快速发展。

一、都市型现代农业发展步伐不断加快

一是现代农业示范区建设进展顺利。惠济区休闲观光农业示范区和惠济区花卉产业示范区基础设施建设项目，经仔细勘测核实，对制约项目实际建设的问题作出修改意见并上报，等待市级相关部门批复。完成了花惠农业科技有限公司和农业综合发展特色农业建设项目，并通过区级验收。二是“菜篮子”生产稳定发展。全区设施农业产量27.5万吨，水产品产量17067吨；全区禽存栏59.2万羽，猪存栏2.6万头，奶牛存栏0.56万头，羊存栏0.4万头。三是休闲农业蓬勃发展。培育提升4个休闲农业庄园，包装推介惠济区休闲观光旅游精品线路1条。丰乐农庄、绿源山水、富景生态园被评为全国5星级休闲农业企业，普兰斯薰衣草庄园被评为4星级休闲企业，丰乐农庄被评为全国十佳休闲农庄。截至目前，全区休闲农业景点已发展到30多个，年接待游客约850万人次，实现休闲旅游总收入2.6亿元。

二、农业基础设施建设全面加强

一是农田水利建设效果显著。区政府投资122.9万元对石苏干沟和张牛支沟江山路桥段进行疏挖，投资140万元对金洼干沟中游进行治理。区政府投资1880万元用于入河排污口治理，新建污水处理站7个、铺设污水管网8公里。全区27处列入市政府督查台帐河道排污口，全部完成堵截。二是安全饮水工程稳步推进。薛岗村农村饮水安全工程总投资85万元，解决了1900名农村居民和师生饮水不安全问题。三是生态水系建设进展顺利。实施索须河天河路桥节点景观提升工程，一期工程投资4368万元，完成对索须河天河路桥上游430米至下游花王

桥共2.14公里河道进行水面扩增工程、堤防改造工程、堤岸景观绿化工程、休闲游憩设施建设；二期工程投资1683万元，正在对索须河天河路桥上游430米至上游弓寨桥上游460米共1.2公里河道进行水面扩增工程、堤防改造工程、堤岸景观绿化工程、休闲游憩设施进行建设。

三、生态林业建设顺利推进

一是生态廊道建设快速推进。完成江山路生态廊道建设主体工程，中州大道北段入市口景观绿化工程正在实施公建配套建设，完成连霍高速绿化带提升工程造林绿化任务，北三环生态廊道建设工程后续工程和京沙快速路北延廊道建设景观设计方案已完成，新竣工支线路网绿化工程已完成银通路、惠民街等5条道路行道树的栽植，长兴北路、坡阳路行道树和中分带绿化工程正在施工。青少年公园附属物拆迁全部完成，古树苑提升改造工程基本完工，老年健身示范园建设等待竣工验收，惠济中央公园基本完工，丰乐惠民森林体验园建设项目正准备招标。二是林业园林建设任务圆满完成。全面完成省市下达的林业营造林任务4900亩，秀竹园、凝香园、同乐广场3个游园升级改造工程已完成。对江山路、中州大道、铁路沿线、S314沿黄快速通道等项目共覆盖扬尘网188.35万余平方米，硬化2万平方米。

四、农产品质量安全监管水平不断提升

加强农产品质量安全监管，共抽检蔬菜样品1080批次、合格率100%。强化畜产品质量安全检测，全年共抽检瘦肉精样品1800份，饲料164批次492份样品，兽药样品52批次156份样品，生鲜乳样品78份，生鲜乳耐药性监测样品100份，监测结果全部合格。开展农资打假活动，全年共计检查饲料生产企业48家次，兽药生产企业26家次，兽药经营企业120家次，查处违法案件1起，责令整改4起，维护了全区饲料兽药企业的生产经营秩序。认真做好疫情防控工作，全区未发生重大动物疫情。

五、新型城镇化建设快速推进

一是大棚户区改造取得新成效。安置房建设全面提速，10个项目主体封顶、部分建成，7个项目加快建设，新开工约102万平方米，主体建成约160万平方米。新建砖混结构过渡安置房项目10个，过渡安置区安全隐患有效消除。旧村征迁再掀高潮，新启动7个行政村的征迁，并全部完成；迎宾路、刘寨、长兴路3个街道实现全域城镇化。4个小城镇总规获批，出具“路条”、“规划设计条件”5156亩，新增规划建设用地5100亩，累计19个项目控规、14个项目修规完成审批；完成土地征收23宗5149亩、供应35宗4667亩，土地出让收益超50亿元。拓宽融资渠道，全年融资26亿元，启动了全省首例PPP融资，为新型城镇化建设提供了强力支撑。二是道路建设掀起热潮。江山路拓宽改造工程、京广快速路北延一层实现通车，长兴北路等9条市建道路加紧施工；车站西路等14条区建道路建成通车；郑焦城际铁路和2个配套场站建成投用；沿黄快速通道一期主体完工，建成农村公路33公里，路网体系逐步健全。

六、农村社会事业大为进步

一是宜学城区加速崛起。公开招录、聘用优秀教师220名。投入3.4亿元，建成教育项目13个，一个镇（街道）一所高质量公办幼儿园的目标基本实现。郑州四中、五十七中北校区等项目加快推进，辖区教育资源实现质、量双提升。二是卫计事业再上台阶。区人民医院新建项目即将投用，惠仁医院、市三院一期主体完工，区公共卫生服务中心开工建设。医疗卫生“云平台”项目建成。新农合医疗补偿5631.9万元，受益群众31.6万人次。创新计生服务，区青春健康俱乐部作为示范基地在全省推广。三是就业和社会保障更加有力。创新创业综合体被确定为国家电子商务示范基地，占地68亩的新建部分即将开工，农村劳动力转移就业任务全面完成。发放“两免一补”等教育补助3300万元，惠及学生5.9万人次。积极落实“三房合一”政策，公租房开工1192套、基本建成1115套。扎实开展“平安惠济”创建，未发生重大安全事故，社会大局和谐稳定。

七、各项强农惠农政策落实到位

2015年，落实农业支持保护补贴1006.52万元，减免学生各项负担1868万元，共计减轻农民负担3317.52万元。继续落实农民负担监督卡制度，全年发放农民负担监督卡4.2万份，指导各镇(办)进行农民负担专项审计，审计资金76000万元。全年没有发生因加重农民负担引发的群体性事件或恶性案件。

八、农民收入消费水平稳步提升

2015年，全区农民人均可支配收入20079元，增长8.8%。农民收入增长的途径由过去单一的以从事农业生产、依靠提高农产品的产量和价格，向以农业生产为基础，家庭多种经营、劳务收入、财产和转移性收入的多元化方向转变。工资性收入是促进农民收入增长的重要因素，2015年工资性收入13221元，占农民可支配收入的比重为65.8%。家庭经营收入的平稳增长是农民增收支撑因素，2015年农民人均经营净收入1075元，占农民可支配收入的比重为5.4%。财产性收入和转移性收入对农民增收也起到了促进作用，2015年财产性净收入3777元，转移性净收入2006元。

上街区

2015年，上街区围绕“三大主体”工作，按照抓项目，强管理，促发展，学思想的工作方法，立足农业、面向农村、服务农民，努力提高农业综合生产能力，农业农村经济持续保持良好的发展态势。农村居民人均可支配收入达到17857元，增长9.3%。

一、新型城镇化工作全面推进

坚持以“人的城镇化”为核心，突出重点，破解难点，全域城市化迈入提升内涵的新阶段。一是大棚户区改造全市领先。率先在全市完成区域内所有村庄拆迁，累计拆迁651万平方米；全年投资26亿元用于安置房建设，456栋安置楼已建成，累计建成安置房227万平方米，群众回迁率达84%，在全市大棚户区改造中速度稳居第一，货币化补偿安置经验在全市推广。二是城市功能不断完善。全年投资2.7亿元用于城市基础设施建设，新建、续建道路15条，竣工通车7条，20分钟全域通达的路网格局基本形成。新增供热面积201万平方米，新建便民充电桩7000余个，新建、改造提升“三级三类”便民服务中心14个。三是城市管理水平不断提升。启动智慧上街应急指挥中心建设，新建便民疏导点8个，新增公共停车泊位1780个，占道经营、露天烧烤、乱停乱放等城市顽疾得到有效整治。

二、都市生态农业稳步发展

一是花卉产业初具规模。从最初单一的鲜切白菊生产，经过近几年的发展，上街区鲜切花产业发展已初具规模，已建成各类温室大棚460座，智能连栋温室30500平方米，花卉苗木种植面积累计达到3050亩，年产值达8000万元。产品销往北京、上海等全国大中城市，并出口日本、韩国、俄罗斯。二是休闲观光农业逐步提升。依托五云山的自然风光资源，重点发展五云山休闲观光园区，该项目财政总投资1213万元，规划面积2000亩，以采摘、休闲观光功能为主，目前工程全部完工。三是特色林果业有一定发展。坚持把五云山特色林果业作为实施农业产业优势资源发展的重要内容，除了传统的柏庙黄梨、花椒、桃、甜柿之外，又引进经济效益较高的薄皮核桃、大樱桃等林果种类，目前在柏庙、方顶、魏岗、冯沟、老寨河、杨家沟等南部山区种植各类林果面积达2800余亩，成为上街区农业结构调整的一大亮点。五是积极推广农业技术服务。加强田间管理服务指导，全面开展万名科技人员包万村活动，包村人员深入田间地头面对面提供技术服务，印发资料5000余份，保证每户拥有种粮明白卡。2015年，上街区夏粮面积705公顷，总产量4005吨；秋粮面积670公顷，产量3361吨。邀请果树专家举办核桃管理技术培训班，对全区农技骨干人员和种植户300余人进行培训，发放技术资料200余份。

三、农业基础设施不断完善

一是建设南水北调水厂即上街水厂供水工程。该项目主要建设内容包括水厂、蓄水池和配水管网建设，总投资1.8亿元，该工程每年可提供1500万吨水，有效缓解全区13万居民饮水难、生活用水水质差等诸多问题。南水北调输水管线及配套水厂建设工作已全部完工，据统计，已向区自来水厂调水187万吨。该项目彻底解决了长期开采地下水等引发环境地质等问题，而且可将城市工业、生活挤占生态环境、农业用水所开采的地下水，归还给生态环境和农业。二是建设农村饮水安全水质检测中心。在上街区疾控中心办公楼建设农村饮水安全水质检测中心，投资129.19万元，改造装修实验室108平方米，采购必要的采样、检查设备、检测车辆等，解决农村居民安全用水问题。

四、强农富农惠农政策全面落实

2015年，落实耕地地力保护补贴2050481元，补贴面积11402亩；落实农机购置补贴13.06万元，补贴微耕机2台、轮式拖拉机2台、免耕播种机1台，受益农户3户；落实小麦“一喷三防”4.3万元，完成实施面积1.01万亩；落实减轻农民负担政策，发放农民负担监督卡13400份，处理群众信访案件2件，未发生因涉农负担的恶性案事件；落实扶贫政策，完成易地扶贫搬迁1092户、4112人，累计脱贫群众1.4万人，率先在全市实现扶贫对象整体脱贫。

五、农畜产品安全监管水平有效提高

一是大力推进农产品质量安全追溯体系建设。根据郑州市农产品质量安全

追溯体系建设项目安排，建立农产品质量安全追溯体系分中心和6个监控网点，确定了农业技术推广峡窝中心站为农产品质量安全追溯体系分中心，在丹尼斯、北农贸市场、种植基地等6个区域设置监控网点，建设设备已安装到位，正在筹备运行。二是积极开展农产品质量安全监管。开展以蔬菜、水果、干菜、原杂粮、水产等为重点的专项整治活动，每天对全区农贸市场和大型超市、菜店、市场的蔬菜进行抽检，全年共抽检样品32253个，合格率达到99.8%。三是积极开展畜产品质量安全检查。扎实做好畜禽防疫、检疫工作，共产地检疫生猪3057头，瘦肉精尿检39批次，养殖环节共检测瘦肉精899头次，检测结果全部合格。积极开展动物卫生监督检查，检查活禽1.6万只，禽产品14.2吨，牛羊畜产品9.9吨，全年未发生畜产品安全事故。

六、民生社会事业全面进步

2015年，上街区始终坚持财政向民生领域倾斜，省市区民生实事全部完成，全年民生支出12.3亿元，增长34.2%，占地方一般公共财政预算支出的75.2%。一是农村创业就业工作推进有力。累计为56名农村创业者发放小额袋款413万元，完成家政服务、物业管理等专业技能培训227人，创业培训6人，提供就业岗位2800余个，达成就业意向1300余人，农村劳动力转移就业131人。二是教育体育事业发展迅速。全年拨付“两免一补”等各类补助资金976.26万元，其中“两免一补”资金527.82万元，普通高中助学金70.125万元，学前教育困难幼儿资助78.15万元，扶持民办幼儿园发展资金123.52万元，贫困大学生一次性补助6.4万元，发放民办教师养老补贴42.11万元。投资3.3亿元，完成北大培文学校和朱寨幼儿园建设。义务教育巩固率达到100%。三是医疗服务能力不断加强。新建五云山、通航2个社区卫生服务站，连续四年为60岁以上老人免费接种流感疫苗，新农合参合率达到99.74%，大病住院补偿封顶线由20万元提高到30万元。对农村分娩妇女发放补助3967人共11.91万元；农村领证独生子女父母奖励费发放年限由子女年满18周岁延长至父母年满50周岁，并实行生活补贴，形成了农村计生家庭奖励链，上街区成为郑州市唯一实行农村计划生育利益导向政策不断档地区。四是社会保障体系不断完善。对计生困难家庭成员实行集中供养，“一台五网，智慧养老”服务体系初步构建，上街区成为“河南省养老服务社会化示范区”。城市低保、基本养老金、农村五保户、优抚对象抚恤金等保障标准进一步提高，残疾人康复教育托养中心投入使用，城乡居民社会保障实现全覆盖。深化住房保障机制，新建安置房1.46万套、公共租赁住房352套。五是文化事业繁荣发展。全年举办各类群众文化演出近140场，“五个一”工程获奖数量位居全市第二。方顶明清古建筑群修缮工作顺利实施，中心路街道办事处、桃源社区、石嘴村书画院被评为市公共文化服务示范单位。

表1　郑州市所辖乡镇

(2015年底)

县（市、区）	乡镇个数(83)	乡镇名称								
中原区										
二七区	2	马寨镇	侯寨乡							
管城区	2	十八里河镇	南曹乡							
金水区										
上街区	1	峡窝镇								
惠济区	2	古荥镇	花园口镇							
中牟县	11	韩寺镇 姚家镇	官渡镇 雁鸣湖镇	郑庵镇	狼城岗镇	万滩镇	黄店镇	大孟镇	刘集镇	刁家乡
巩义市	15	米河镇 鲁庄镇	新中镇 芝田镇	小关镇 西村镇	竹林镇 回郭镇	大峪沟镇 夹津口镇	河洛镇 涉村镇	站街镇	康店镇	北山口镇
荥阳市	12	豫龙镇 高村乡	广武镇 城关乡	王村镇 金寨回族乡	汜水镇	高山镇	刘河镇	崔庙镇	贾峪镇	乔楼镇
新密市	13	米村镇 城关镇	牛店镇 来集镇	平陌镇 袁庄乡	超化镇 曲梁镇	苟堂镇	大隗镇	刘寨镇	白寨镇	岳村镇
新郑市	11	辛店镇 城关乡	观音寺镇 八千乡	梨河镇	和庄镇	薛店镇	孟庄镇	龙湖镇	郭店镇	新村镇
登封市	12	颍阳镇 石道乡	大金店镇 白坪乡	卢店镇 唐庄乡	告成镇	大冶镇	宣化镇	徐庄镇	东华镇	君召乡
经济技术开发区										
高新技术开发区										
郑东新区	2	白沙镇	圃田乡							
综合保税区（航空港区）										

表2 郑州市农村基层组织情况

(2015年)

单位：万人

县（市、区）	乡镇个数（个）	#镇个数（个）	村民委员会个数(个)	乡村户数（万户）	乡村人口	乡村从业人员	按性别分				按行业分	
							#男	比重(%)	#女	比重(%)	#农林牧渔业	比重(%)
全市	83	70	2271	103.81	411.13	235.90	128.16	54.33	107.74	45.67	93.15	39.49
中原区			46	2.22	7.37	3.10	1.63	52.39	1.48	47.61	0.06	2.06
二七区	2	1	51	0.65	2.97	1.91	1.04	54.50	0.87	45.50	0.43	22.33
管城区	2	1	27	1.66	6.54	3.08	1.64	53.28	1.44	46.72	1.25	40.43
金水区			40	0.85	3.44	1.45	0.81	55.89	0.64	44.11	0.46	31.43
上街区	1	1	23	1.13	4.27	1.93	1.14	59.00	0.79	41.00	0.63	32.76
惠济区	2	2	53	4.45	16.50	8.90	4.84	54.45	4.05	45.55	4.37	49.15
中牟县	11	10	274	9.40	40.00	24.38	12.94	53.07	11.44	46.93	15.22	62.42
巩义市	15	15	292	15.07	60.37	33.37	18.65	55.90	14.71	44.10	10.57	31.68
荥阳市	12	9	287	13.46	50.51	32.19	17.24	53.57	14.94	46.43	9.76	30.33
新密市	13	12	303	15.61	60.85	33.27	18.02	54.16	15.25	45.84	8.48	25.49
新郑市	11	9	279	11.38	43.13	26.93	14.20	52.73	12.73	47.27	10.89	40.45
登封市	12	9	303	14.29	57.77	34.83	19.29	55.39	15.54	44.61	14.33	41.15
经济技术开发区			52	2.20	8.80	4.49	2.41	53.60	2.08	46.40	2.48	55.31
高新技术开发区	2	1	39	2.19	8.20	3.26	1.69	51.87	1.57	48.13	1.48	45.59
郑东新区			47	2.84	12.42	5.96	3.36	56.28	2.61	43.72	3.16	52.93
航空港区			155	6.42	27.97	16.85	9.26	54.96	7.59	45.04	9.57	56.78

表3　郑州市农村经济主要指标

指　　标	单　位	1995年	2000年	2005年	2010年	2015年
一、总人口	万人	600.3	665.9	716.0	866.1	956.9
其中：乡村总人口	万人	409.1	408.8	417.5	408.1	411.1
乡村从业人员	万人	191.5	224.9	227.7	233.2	235.9
二、国内生产总值	万元	3898885	7380243	16606006	40408926	73115210
#第一产业	万元	285100	423946	723767	1245598	1509212
三、农林牧渔业总产值	万元	514582	731759	1262168	2214329	2765804
农业产值	万元	322077	445072	630064	1248865	1399317
林业产值	万元	10006	19057	26060	27927	55502
牧业产值	万元	172399	241610	530804	798091	1093484
渔业产值	万元	10100	26020	58111	111403	175606
四、地方财政一般预算收入	万元		436280	1361261	3868040	9428968
五、城乡居民储蓄存款余额	万元	2541798	5657835	14360781	29110048	56954874
六、农民收入及生活消费						
农民人均纯收入	元/人	1555	2912	4774	9225	17125
农民人均生活消费支出	元/人	1072	1821	2938	6254	12080
七、主要农产品产量						
粮食	吨	1400862	1586860	1529918	1666862	1683064
#夏粮	吨	613389	747561	723263	799349	855895
#秋粮	吨	787473	839299	806655	867513	827169
棉花	吨	10748	5847	7092	4050	2516
油料	吨	97689	150351	176992	190179	153847
#花生	吨	90061	138658	156683	173414	139764
#芝麻	吨	1818	2369	1984	1880	1171
#油菜籽	吨	5801	7813	18316	14840	12894
烟叶	吨	4221	16104	5462	2078	1690
#烤烟	吨	4221	16104	5462	2078	1690
蔬菜	吨	950280	1778352	2649988	2832760	2735635
果用瓜	吨	166494	366720	419680	430329	375151
水果	吨	141492	192572	235883	300065	275401
八、主要畜产品产量和牲畜头数						
肉类总产量	吨	130778	188442	259353	237772	259422
#猪肉	吨	93441	132713	169612	154500	178291
禽蛋产量	吨	88591	131437	193024	209000	230497
奶类产量	吨	38884	49691	205882	464879	436025
猪年末存栏头数	万头	122.6	153.7	172.2	158.4	167.7
牛年末存栏头数	万头	31.7	28.5	35.6	27.6	21.5
羊年末存栏头数	万头	71.5	76.8	104.9	50.0	45.4
家禽年末存栏只数	万只	1644.1	2190.2	3062.6	3107.6	2854.6
九、造林面积	千公顷	10.0	8.8	8.4	11.7	3.4
十、水产品产量	吨	17253	40803	84431	135017	153952
十一、农业物质技术装备						
农业机械总动力	万千瓦	212.6	359.5	415.2	504.3	582.0
农用大中型拖拉机	台	3959	4900	6340	10000	14838
农用小型及手扶拖拉机	台	45800	93600	105700	115000	112292
农用排灌动力机械	台	60000	59000	86500	87600	93079
农村用电量	万千瓦时	167060	281083	332602	406729	370603
农用化肥施用(折纯量)	吨	143175	201537	215475	227211	220677

注：空格表示当年数空缺。

表4 郑州市社会经济发展比例、效益主要指标及主要指标人均水平

指　　标	单 位	1990年	1995年	2000年	2005年	2010年	2015年
三次产业增加值比例							
第一产业	%	12.4	7.3	5.8	4.4	3.1	2.1
第二产业	%	53.7	53.5	49.2	52.5	56.2	49.5
第三产业	%	33.9	39.2	45.0	43.1	40.7	48.4
农村从业人员中第一产业比例	%	69.9	65.1	66.3	56.3	42.5	39.5
地方财政收入占GDP比例	%	9	4	7	9.1	9.6	12.9
农村每一从业人员负担人口	人	2.2	2.1	1.8	1.8	1.8	1.7
粮食作物占农作物播种面积比例	%	82.0	79.8	74.9	69.0	71.0	74.0
粮食单产	千克/亩	237	225	264	285.5	307.1	322.7
人均生产总值	元	2118	6559	11481	23320	47608	77217
人均第一产业增加值	元	258	475	637	1011	1540	16046
农民人均纯收入	元	692	1555	2912	4774	9225	17125
人均粮食占有量	千克	276.4	233.4	238.3	213.7	193.2	175.9
人均棉花占有量	千克	1.5	1.8	0.9	1.0	0.5	0.3
人均油料占有量	千克	15.1	16.3	22.6	24.7	22.1	16.1
人均肉类占有量	千克	11.0	17.9	23.1	36.2	27.6	27.1
人均奶类占有量	千克	4.6	6.5	7.5	28.8	53.9	45.6
人均水产品占有量	千克	1.2	2.9	6.1	11.8	15.7	16.1
人均蔬菜占有量	千克	110.3	158.3	267.1	370.1	328.4	285.9
人均禽蛋占有量	千克	7.0	14.8	19.7	27.0	24.2	24.0
人均水果占有量	千克	8.6	23.6	28.9	32.9	34.8	28.8

表5　河南省各省辖市主要经济指标排序

（2015年）

市名	乡村人口		乡村从业人员		农林牧渔业总产值	
	人数（万人）	位次	人数（万人）	位次	绝对数（亿元）	位次
郑州市	411.1	9	235.9	11	2765804.0	13
开封市	396.2	11	251.6	8	5391532.0	6
洛阳市	494.4	6	290.7	6	4408417.0	7
平顶山市	398.1	10	242.2	10	3086701.0	11
安阳市	433.1	7	273.1	7	3674458.0	9
鹤壁市	103.9	17	59.0	17	1180181.0	17
新乡市	429.7	8	244.1	9	3872641.0	8
焦作市	264.2	14	149.9	14	2476752.0	14
濮阳市	289.8	13	179.5	13	2823274.0	12
许昌市	295.7	12	195.0	12	3103010.0	10
漯河市	215.1	15	129.3	15	1900059.0	16
三门峡市	169.0	16	94.1	16	2054637.0	15
南阳市	961.0	1	557.0	1	8753200.0	1
商丘市	738.2	3	440.4	4	6792809.0	5
信阳市	728.5	4	410.1	5	7973757.0	3
周口市	927.3	2	550.0	2	8397204.0	2
驻马店市	719.7	5	469.0	3	7391732.0	4
济源市	49.0	18	26.6	18	367729.0	18

市名	农林牧渔业增加值		粮食		棉花	
	绝对数（亿元）	位次	总产量（吨）	位次	总产量（吨）	位次
郑州市	1535393.0	13	1683064	15	2516	12
开封市	2957211.0	6	2917685	8	18218	3
洛阳市	2524569.0	7	2451374	11	4112	9
平顶山市	1729046.0	11	2118708	12	2427	13
安阳市	2113484.0	9	3756025	7	6488	6
鹤壁市	644903.0	17	1236445	16	622	17
新乡市	2272887.0	8	4303142	6	4827	8
焦作市	1402993.0	14	2089918	13	1570	14
濮阳市	1601202.0	12	2718040	10	3116	11
许昌市	1745373.0	10	2915137	9	3199	10
漯河市	1082478.0	16	1825960	14	6618	5
三门峡市	1191712.0	15	715667	17	1106	15
南阳市	5117211.0	1	6650874	4	18631	2
商丘市	4181068.0	5	6922339	3	17135	4
信阳市	4617025.0	3	5969911	5	1063	16
周口市	4693267.0	2	8295551	1	22774	1
驻马店市	4214703.0	4	7588189	2	5427	7
济源市	219399.0	18	225540	18	150	18

续表5—1

市名	油料		烟叶		肉类	
	总产量（吨）	位次	总产量（吨）	位次	总产量（吨）	位次
郑州市	153847	10	1690	12	259422	13
开封市	463286	5			409444	6
洛阳市	126907	12	55067	2	273340	11
平顶山市	140260	11	32865	5	392283	7
安阳市	241119	8			247707	14
鹤壁市	33786	17			234344	15
新乡市	351716	7			389688	9
焦作市	72490	14			186543	16
濮阳市	167135	9			263498	12
许昌市	92482	13	33104	4	392151	8
漯河市	39398	15	17057	6	300777	10
三门峡市	36138	16	41687	3	108173	17
南阳市	1362934	1	60297	1	749974	3
商丘市	364263	6	10275	9	546642	5
信阳市	689990	3	2987	10	656221	4
周口市	465917	4	15548	8	750548	2
驻马店市	1193791	2	15572	7	868872	1
济源市	1922	18	2340	11	50855	18

市名	大牲畜存栏头数		猪出栏头数		猪存栏头数	
	年底数（万头）	位次	出栏数（万头）	位次	年底数（万头）	位次
郑州市	21.7	13	228.7	12	167.7	12
开封市	54.4	6	375.0	7	280.2	6
洛阳市	65.0	4	236.7	11	177.5	11
平顶山市	49.6	8	354.6	10	252.6	8
安阳市	12.6	15	216.0	13	161.9	13
鹤壁市	4.1	17	113.4	16	85.1	16
新乡市	41.6	9	361.6	8	258.3	7
焦作市	12.5	16	176.7	15	136.1	14
濮阳市	26.4	12	178.1	14	133.0	15
许昌市	27.6	11	395.1	6	245.1	9
漯河市	13.4	14	359.4	9	210.5	10
三门峡市	30.4	10	94.5	17	72.4	17
南阳市	135.2	1	639.2	3	464.6	3
商丘市	68.1	3	456.3	4	309.0	4
信阳市	52.9	7	456.2	5	299.2	5
周口市	62.3	5	652.1	2	483.6	2
驻马店市	113.5	2	814.8	1	595.6	1
济源市	2.7	18	63.0	18	43.5	18

续表5-2

市　名	羊存栏只数		家禽存栏只数	
	年底数（万只）	位　次	年底数（万只）	位　次
郑州市	45.4	13	2854.6	11
开封市	165.6	5	3639.6	8
洛阳市	76.0	12	2462.2	14
平顶山市	104.0	6	2650.2	12
安阳市	85.9	7	3796.3	7
鹤壁市	33.2	16	3068.7	10
新乡市	76.7	11	4073.3	6
焦作市	43.7	15	1535.7	16
濮阳市	77.5	10	3616.8	9
许昌市	82.5	8	2639.1	13
漯河市	22.7	17	2121.6	15
三门峡市	45.0	14	822.6	17
南阳市	255.5	3	6435.8	3
商丘市	260.4	2	6281.4	4
信阳市	81.8	9	7121.6	1
周口市	276.9	1	7051.4	2
驻马店市	186.7	4	6269.4	5
济源市	4.3	18	191.9	18

市　名	水果		农民人均纯收入	
	总产量（吨）	位　次	全年数（元）	位　次
郑州市	275402	9	17125	1
开封市	571031	6	10304	13
洛阳市	867595	4	10667	11
平顶山市	113929	14	10450	12
安阳市	681226	5	11721	8
鹤壁市	40525	17	12995	5
新乡市	212932	10	11772	7
焦作市	179096	11	13751	3
濮阳市	282428	8	9790	15
许昌市	75329	16	13355	4
漯河市	111430	15	11980	6
三门峡市	2282967	1	11084	9
南阳市	888687	3	10777	10
商丘市	1777086	2	8885	17
信阳市	126966	13	9844	14
周口市	492591	7	8576	18
驻马店市	148072	12	9173	16
济源市	30349	18	14469	2

表6　郑州市与中部暨周边省会城市主要经济指标对比

（2015年）

指　标	总人口		乡村人口		农林牧渔业增加值		人均农林牧渔业增加值	
计量单位	万人	位次	万人	位次	亿元	位次	元	位次
郑州市	956.9	3	411.1	4	153.5	8	1604	8
合肥市	769.6	5	447.4	2	263.4	5	3423	4
武汉市	1060.8	2	246.1	8	359.8	2	3392	5
太原市	431.9	9	67.4	9	39.1	9	905	9
南昌市	530.3	8	302.2	7	171.3	7	3230	6
长沙市	743.2	6	435.6	3	341.8	3	4599	2
石家庄市	1070.2	1	691.5	1	494.4	1	4620	1
济南市	713.2	7	360.3	5	305.4	4	4282	3
西安市	870.6	4	334.9	6	220.2	6	2529	7

指　标	农业增加值		林业增加值		牧业增加值		渔业增加值	
计量单位	万元	位次	万元	位次	万元	位次	万元	位次
郑州市	803554	7	34242	8	577040	6	94376	5
合肥市	1347555	6	101662	3	754941	4	430165	3
武汉市	2225406	2	52540	6	702197	5	560078	1
太原市	261573	9	34663	7	76083	9	1634	9
南昌市	708288	8	26321	9	541746	7	436254	2
长沙市	2166200	3	165000	1	958500	2	128100	4
石家庄市	2954070	1	102516	2	1758057	1	27735	7
济南市	2101438	4	99578	4	808168	3	44689	6
西安市	1632882	5	53533	5	505551	8	9986	8

指　标	农民人均纯收入		粮食总产量		人均粮食产量		油料总产量	
计量单位	元	位次	万吨	位次	千克	位次	万吨	位次
郑州市	17125	3	168.3	7	176	7	15.4	4
合肥市	14407	5	323.3	2	420	3	31.1	1
武汉市	17722	2	127.0	8	120	8	18.3	3
太原市	13626	8	29.9	9	69	9	0.3	9
南昌市	13693	7	245.8	5	464	2	12.8	5
长沙市	23601	1	251.1	4	338	5	9.4	6
石家庄市	11609	9	504.8	1	472	1	20.6	2
济南市	14232	4	264.6	3	371	4	4.6	7
西安市	14072	6	180.9	6	208	6	1.0	8

续表6-1

指　标	蔬菜总产量		人均蔬菜产量		肉类总产量		人均肉类产量	
计量单位	万吨	位次	千克	位次	万吨	位次	千克	位次
郑州市	273.6	6	286	7	25.9	7	27	7
合肥市	212.6	7	276	8	49.1	3	64	4
武汉市	742.3	2	700	4	31.6	6	30	6
太原市	128.8	9	298	6	5.6	9	13	9
南昌市	129.0	8	243	9	37.6	5	71	3
长沙市	589.0	4	793	3	69.7	2	94	1
石家庄市	1330.0	1	1243	1	78.4	1	73	2
济南市	649.7	3	911	2	39.4	4	55	5
西安市	332.8	5	382	5	16.1	8	18	8

指　标	禽蛋产量		人均禽蛋产量		生牛奶产量		人均生牛奶产量	
计量单位	万吨	位次	千克	位次	万吨	位次	千克	位次
郑州市	23.0	3	24	5	42.8	3	45	3
合肥市	20.3	5	26	4	11.5	5	15	6
武汉市	22.9	4	22	6	9.0	7	8	8
太原市	3.0	9	7	8	10.2	6	24	5
南昌市	17.0	6	32	3	4.6	8	9	7
长沙市	5.5	8	7	8	0.7	9	1	9
石家庄市	109.4	1	102	1	122.5	1	114	1
济南市	35.5	2	50	2	29.2	4	41	4
西安市	14.0	7	16	7	48.6	2	56	2

指　标	水产品总产量		人均水产品产量		水果产量		人均水果产量	
计量单位	万吨	位次	千克	位次	万吨	位次	千克	位次
郑州市	14.9	4	16	5	27.5	7	29	7
合肥市	24.0	3	31	3	84.0	3	109	3
武汉市	52.5	1	49	2	11.5	9	11	9
太原市	0.3	9	1	9	39.9	6	92	4
南昌市	41.2	2	78	1	13.3	8	25	8
长沙市	12.7	5	17	4	41.8	5	56	6
石家庄市	3.4	7	3	7	280.1	1	262	1
济南市	4.8	6	7	6	53.0	4	74	5
西安市	1.4	8	2	8	105.2	2	121	2

表7 郑州市农业四化情况

（2015年）

县（市、区）	农业机械总动力（万千瓦）	当年机耕面积（千公顷）	当年机播面积（千公顷）	占农作物播种面积比重（%）	农村用电量（万千瓦时）	有效灌溉面积（千公顷）	农用化肥施用折纯量（吨）	亩均施用量（公斤）	农用塑料薄膜使用量（吨）	农用柴油使用量（吨）	农药使用量（吨）
全　市	582.05	234.67	362.75	77.22	370603	191.09	220677	31.32	7977	57720	4002
中原区	2.23	1.84	1.89	68.58	9939	5.34	249	6.02		70	4
二七区	7.22	0.20	0.20	70.49	1100	0.33	180	41.40	2	176	7
管城区	5.68	1.63	1.53	67.27	3593	5.51	1022	29.90	70	872	52
金水区	4.32	1.14	1.81	84.55	587	1.81	1017	31.65	2	100	11
上街区	3.54	0.63	1.26	86.35	3331	0.13	1406	64.29	15	156	6
惠济区	11.18	9.30	7.24	62.98	7974	8.50	4456	25.84	1098	1133	132
中牟县	75.00	45.70	52.30	74.06	17230	59.40	37435	35.34	3019	7641	1033
巩义市	59.53	24.67	41.33	85.44	137785	15.92	28459.5	39.22	104	6948	316
荥阳市	85.65	21.60	55.32	73.68	33029	30.71	30040	26.67	861	12671	580
新密市	106.01	25.80	53.65	80.55	42701	15.79	25790	25.81	711	7121	270
新郑市	91.36	32.35	53.21	78.80	43094	36.81	35463	35.01	566	9531	661
登封市	69.30	29.29	46.35	78.84	45751	10.84	25238	28.62	216	3706	338
经济技术开发区	8.98	5.70	6.62	70.33	3918		3465	24.55	151	680	96
高新技术开发区	2.77	2.95	5.47	86.65	5766		4947	52.24	70	938	59
郑东新区	15.19	6.58	7.98	74.87	4381		5335	33.39	184	1224	189
航空港区	34.08	25.30	26.59	73.90	10426		15574	28.86	908	4753	248

表8　郑州市主要农作物播种面积及构成

（2015年）

县（市、区）	农作物总播种面积（千公顷）	一、粮食（千公顷）	比重（%）	二、油料（千公顷）	比重（%）	三、棉花（千公顷）	比重（%）	四、烟叶（千公顷）	比重（%）	五、蔬菜（千公顷）	比重（%）	六、瓜类（千公顷）	比重（%）	七、其他（千公顷）	比重（%）
全　市	469.77	347.70	74.02	43.12	9.18	2.75	0.58	0.76	0.16	64.54	13.74	9.52	2.03	1.02	0.22
中原区	2.76	1.87	68.00	0.35	12.84					0.50	18.07	0.03	1.09		
二七区	0.29	0.21	72.92	0.05	16.67					0.03	10.42				
管城区	2.28	1.37	60.16	0.32	13.87					0.44	19.39	0.15	6.58		
金水区	2.14	1.93	90.29	0.04	2.05	0.00	0.19			0.16	7.47				
上街区	1.46	1.38	94.31	0.04	2.95					0.04	2.74				
惠济区	11.50	4.62	40.18	0.32	2.82	0.15	1.30			6.18	53.76	0.01	0.04	0.22	1.89
中牟县	70.62	31.24	44.24	9.58	13.56	0.96	1.36			23.51	33.29	5.21	7.38	0.12	0.17
巩义市	48.38	43.10	89.08	2.80	5.78	0.85	1.76			1.36	2.80	0.19	0.38	0.06	0.13
荥阳市	75.08	61.23	81.56	3.81	5.07	0.16	0.21			9.51	12.66	0.08	0.11	0.20	0.27
新密市	66.61	56.98	85.55	3.38	5.08	0.04	0.06			5.24	7.86	0.30	0.45	0.42	0.63
新郑市	67.53	53.13	78.68	7.77	11.51	0.02	0.03			6.17	9.14	0.43	0.64		
登封市	58.79	51.04	86.81	3.74	6.36	0.33	0.56	0.76	1.30	2.18	3.70	0.74	1.26		
经济技术开发区	9.41	6.36	67.62	1.73	18.43					0.92	9.77	0.39	4.19		
高新技术开发区	6.31	5.77	91.43	0.14	2.14					0.41	6.43				
郑东新区	10.65	8.10	76.04	0.45	4.21	0.20	1.91			1.54	14.47	0.36	3.38		
航空港区	35.98	19.36	53.81	8.60	23.91	0.03	0.09			6.36	17.69	1.62	4.51		

表9 郑州市主要农作物产品产量

（2015年）

单位：吨

县（市、区）	一、粮食	1.夏收粮食	2.秋收粮食	（一）谷物	其中：1.稻谷	2.小麦	3.玉米	4.谷子	（二）豆类	1.大豆	2.绿豆	3.红小豆	（三）红薯	二、油料	#花生	油菜籽	三、棉花	四、烟叶	五、蔬菜、瓜类 1.蔬菜（含菜用瓜）	2.瓜类（果用瓜）	#西瓜
全　市	1683064	855895	827169	1587202	808	855888	729314	2051	15841	14190	1626	17	79159	153847	139764	12894	2516	1690	2735635	375151	346486
中原区	8635	4971	3664	8625		4971	3654		10	10				962	561	401			17560	550	550
二七区	751	477	274	747		477	270		4	2	2			45	27	18			1166		
管城区	6717	4046	2671	6398		4046	2566						105	802	680	122			19276	4380	3046
金水区	9691	5234	4457	9629		5234	4395		62	62				88	57	28	12		5144		
上街区	7366	4005	3361	7218		4005	3213		9	9			139	41	15	21			1990		
惠济区	26917	14444	12473	26787	808	14444	11535		130	130				1014	970	18	88		250325	203	203
中牟县	192390	77808	114582	177869		77808	100061		3121	3121			11400	47218	46530	688	1000		920249	210931	198476
巩义市	169313	94001	75312	162363		93994	68026	340	385	200	177		6565	5265	3480	1499	769		55031	3998	3667
荥阳市	336385	179695	156690	325803		179695	145121	987	1046	725	321		9536	10079	7228	2581	150		432828	3260	2246
新密市	218755	116828	101927	210345		116828	93237	280	2449	2075	374		5961	10588	7406	2858	42		273300	11296	7189
新郑市	279357	144100	135257	269999		144100	125532	367	2379	2191	188		6979	28813	27246	1435	27		255237	16548	12370
登封市	194368	91958	102410	164885		91958	72850	77	4556	3975	564	17	24927	5314	3287	1893	298	1690	103556	28515	26163
经济技术开发区	37391	19402	17989	34680		19402	15278		98	98			2613	6091	5340	751			43204	14910	12230
高新技术开发区	29158	16700	12458	28510		16700	12458							347	323	24			14607		
郑东新区	43341	19913	23428	40726		19913	20813		1592	1592			1023	1494	1356	138	99		76048	13100	12970
航空港区	122529	62313	60216	112618		62313	50305						9911	35686	35258	419	31		266114	67460	67376

表10　郑州市主要水果产量与果园面积

（2015年）

县（市、区）	一、水果产量（吨）	#1.苹果（吨）	2.梨（吨）	3.葡萄（吨）	4.枣（吨）	5.柿（吨）	6.桃（吨）	二、果园面积（千公顷）	#1.苹果园面积（千公顷）	2.梨园面积（千公顷）	3.葡萄园面积（千公顷）	4.桃园面积（千公顷）
全　市	275401	55761	19993	41710	59199	10198	35720	21.45	3.76	1.10	2.21	2.44
中原区												
二七区	10144	129	497	7350		14	423	0.45	0.02	0.03	0.27	0.02
管城区	1322	55	120	15	417		715	0.48	0.01	0.01	0.00	0.24
金水区	380	30	55	33	3	19	207	0.07	0.00	0.01	0.00	0.05
上街区	1790	151	1494	104			27	0.06	0.01	0.04	0.01	0.00
惠济区	2683	287	664	1139	75	356	162	0.24	0.03	0.03	0.10	0.02
中牟县	17861	8099	633	2644	557	1310	4418	1.18	0.55	0.05	0.11	0.26
巩义市	31102	16120	2240	6567	123	2181	1580	2.24	1.41	0.11	0.31	0.17
荥阳市	42982	6394	4264	1926	80	4325	4525	2.64	0.26	0.15	0.10	0.35
新密市	21091	4325	2105	7171	169	453	3784	1.38	0.44	0.14	0.38	0.22
新郑市	86793	5196	1522	12253	47042	39	4803	7.58	0.23	0.05	0.57	0.20
登封市	25035	10461	1961	1661	232	672	2015	2.59	0.61	0.16	0.30	0.27
经济技术开发区	14048	1215			5396		7437	0.91	0.03			0.39
高新技术开发区												
郑东新区	4006		496	30		2	3450	0.22		0.04	0.01	0.15
航空港区	16164	3299	3942	817	5105	827	2174	1.42	0.17	0.28	0.03	0.11

表11 郑州市主要林业生产情况

（2015年）

县（市、区）	一、林木生产情况							二、干果产量	
	1.当年造林面积（公顷）	按用途分的造林面积			2.当年零星植树（万株）	3.育苗面积（公顷）	4.森林抚育实际面积（公顷）	合计（吨）	#核桃（吨）
		（1）用材林（公顷）	（2）经济林（公顷）	（3）防护林（公顷）					
全　市	3446	1132	925	1389	685	2518	2837	31102	31080
中原区					45	361			
二七区									
管城区					20	13			
金水区						212		50	40
上街区						23		730	730
惠济区									
中牟县	1287	762	525		277	521	322		
巩义市	329		140	189		90	680	2639	2629
荥阳市	545	370	175			454	605	1401	1401
新密市	404		85	319	47	528	676	9963	9961
新郑市	167			167	80	286	221	701	701
登封市	714			714	216	30	333	15618	15618
经开区									
郑东新区									
航空港区									

表12 郑州市主要畜产品生产情况

（2015年）

县（市、区）	一、主要畜禽出栏数（头、只）				二、肉类总产量（吨）							三、其他畜产品产量（吨、公斤）			
	1.猪出栏头数	2.牛出栏头数	3.羊出栏只数	4.禽出栏只数		#猪牛羊禽肉产量	1.猪肉产量	2.牛肉产量	3.羊肉产量	4.禽肉产量	5.兔肉产量	1.奶类总产量	生牛奶产量	2.天然蜂蜜产量(公斤)	3.禽蛋产量
全　市	2286645	135180	542300	41689573	259422	256970	178291	20623	6837	51219	1374	436025	428463	368207	230497
中原区	11040	85	200	237000	1039	1039	828	12	2	197		1485	1485		408
二七区	6094	79	639	245021	782	782	445	11	8	318		748	748		3717
管城区	15900	560	2400	190000	1462	1462	1145	66	26	225		1015	1015		385
金水区	5314	448	1176	498433	1111	1111	414	65	13	619		5714	5714		422
上街区	5300	25	1710	70000	499	499	375	5	28	91		400	400		2610
惠济区	43550	3460	2660	2806000	7315	7285	3175	500	33	3577		35630	35530		6030
中牟县	329124	25445	197372	4090741	41324	41324	29180	4358	2468	5318		124580	124580		21974
巩义市	280100	6300	23448	1662774	26245	25524	22246	900	317	2061	175	5720	5720	62701	11088
荥阳市	412164	26611	46904	8309242	48322	48292	33945	3977	669	9701	21	98954	95827	1010	77095
新密市	202983	9883	27032	4677257	22105	21144	14251	1235	297	5361	900	31843	27508	298088	29448
新郑市	503079	6821	53354	13058681	52974	52890	34942	1004	636	16308	76	54030	54030	2428	46543
登封市	222093	24610	61948	2691949	26770	26198	18146	3925	757	3370	148	4550	4550	3980	22311
经济技术开发区	40208	3888	17014	268213	4004	4004	2956	524	218	306		5033	5033		1086
高新技术开发区	4891	75	300	39600	429	429	357	8	4	60		990	990		54
郑东新区	25024	1849	17010	97600	2478	2478	1908	271	201	98		15511	15511		600
航空港区	179781	25041	89133	2747062	22563	22509	13978	3762	1160	3609	54	49822	49822		6726

表13 郑州市牲畜年末存栏情况

（2015年）

县（市、区）	一、大牲畜总头数（头）	其中:牛	马	驴	骡	二、猪（头）	#能繁殖的母猪	三、羊（只）	1.山羊	2.绵羊	四、家禽（只）	五、兔（只）
全　市	217189	214887	863	1143	296	1676580	189632	453976	387759	66217	28546068	551627
中原区	495	495				1790	55				47000	
二七区	184	184				4013	232	1015	1015		278700	
管城区	800	800				9040	481	760	760		81000	
金水区						2107	172	1154	314	840	100739	
上街区	22	22				3555	253	1232	632	600	95000	
惠济区	8600	8600				20870	2082	1750	1540	210	1297000	
中牟县	55078	55078				262995	25928	126679	124345	2334	3041880	
巩义市	7613	7309	70	154	80	194580	22238	30221	19275	10946	1145453	65306
荥阳市	22241	22190	3	48		243740	24074	66801	59327	7474	4092049	8042
新密市	17718	16903	188	499	128	196734	20093	31689	22469	9220	4961350	124170
新郑市	21312	21263		22	27	367403	41627	41662	24433	17229	7938255	12022
登封市	34789	33706	602	420	61	205418	23945	40797	26646	14151	3960643	335680
经济技术开发区	5695	5695				15330	1077	5897	5897		66362	
高新技术开发区	738	738				4071	464	176	158	18	34875	
郑东新区	5723	5723				4600	1482	8077	6090	1987	87435	
航空港区	36181	36181				140334	25429	96066	94858	1208	1318327	6407

表14　郑州市水产品产量和养殖面积

（2015年）

县（市、区）	一、水产品产量（吨）	其中：1.鱼类	2.虾蟹类	二、淡水养殖面积（公顷）	其中:池塘养殖	水库养殖
全　市	153952	153499	45	10170	7903	2267
中原区						
二七区	180	180		13	13	
管城区	90	90		29		29
金水区	12800	12800		300	300	
上街区						
惠济区	17067	17067		1160	1160	
中牟县	58396	58088	45	2827	2827	
巩义市	5085	5070		359	243	116
荥阳市	19850	19720		1934	1663	271
新密市	880	880		460	130	330
新郑市	430	430		240	40	200
登封市	2120	2120		1321		1321
经济技术开发区						
高新技术开发区						
郑东新区	37054	37054		1527	1527	
航空港区						

表15 郑州市农林牧渔业分项产值及构成

（按当年价格计算）

	产值（万元）		占各行业比重（%）	
	2014年	2015年	2014年	2015年
农林牧渔业总产值	2698850	2765804	100.00	100.00
农业	1365899	1399317	50.61	50.59
谷物及其他作物	542223	505323	39.70	39.70
谷物	367990	350135	26.94	25.02
薯类	28448	27072	2.08	1.93
油料	74721	82478	5.47	5.89
豆类	10112	8047	0.74	0.58
棉花	1648	5321	0.12	0.38
烟叶	4269	4666	0.31	0.33
其他农作物	55035	23485	4.03	1.68
蔬菜、食用菌及园艺作物	562274	657354	41.16	46.98
水果、坚果、饮料和香料作物	257502	234262	18.85	16.74
中药材	3900	2377	0.29	0.17
林业	52555	55502	1.95	2.01
林木的培育和种植	33557	48873	63.85	88.06
竹木采运	13690	1560	26.05	2.81
牧业	1078305	1093484	39.95	39.54
牲畜饲养	355667	384150	32.98	35.13
猪的饲养	344756	403004	31.97	36.86
家禽饲养	283361	268018	26.28	24.51
狩猎和捕捉动物	10108	11000	0.94	1.01
其他畜牧业	84413	27312	7.83	2.50
渔业	163921	175606	6.07	6.35
农林牧渔服务业	38169	41279	1.41	1.50

注：产值为分级核算数。

表16 郑州市各县（市、区）农林牧渔业总产值及构成

（2015年，按当年价格计算）

县（市、区）	一、农林牧渔业总产值（万元）						二、构成(以农林牧渔业总产值为100)				
		1.农业	2.林业	3.牧业	4.渔业	5.服务业	1.农业	2.林业	3.牧业	4.渔业	5.服务业
全　市	2765804	1399317	55502	1093484	175606	41279	50.6	2.0	39.6	6.4	1.5
中原区	12666	8265	830	2920	138	513	65.3	6.6	23.1	1.1	4.1
二七区	8856	4049	76	4135	176	420	45.7	0.9	46.7	2.0	4.7
管城区	12777	8303	224	3920	175	151	65.0	1.8	30.7	1.4	1.2
金水区	20068	3045	1225	4993	10805		15.2	6.1	24.9	53.8	
上街区	7813	3877	215	3721			49.6	2.8	47.6		
惠济区	124577	60126	4105	34482	25384	480	48.3	3.3	27.7	20.4	0.4
中牟县	408783	234454	4975	126984	37142	5266	57.4	1.2	31.1	9.1	1.3
巩义市	208954	80997	13048	97264	6083	10946	38.8	6.2	46.5	2.9	5.2
荥阳市	530737	283284	4419	217781	20417	4929	53.4	0.8	41.0	3.8	0.9
新密市	370364	156193	38757	155993	2112	17309	42.2	10.5	42.1	0.6	4.7
新郑市	358811	173335	3403	177403	854	3816	48.3	0.9	49.4	0.2	1.1
登封市	281504	132582	39852	98101	6089	12968	47.1	14.2	34.8	2.2	4.6
经济技术开发区	80108	31122	17770	19541	3518	8157	38.9	22.2	24.4	4.4	10.2
高新技术开发区	8814	7544		1270			85.6		14.4		
郑东新区	96464	28066	7304	13764	42326	5004	29.1	7.6	14.3	43.9	5.2
航空港区	211215	118414	1832	89703		1266	56.1	0.9	42.5		0.6

表17 郑州市农林牧渔业增加值

（2015年，按当年价格计算）

单位：万元

县（市、区）	农林牧渔业增加值	农业	林业	牧业	渔业	农林牧渔服务业
全 市	1535393	803554	34242	577040	94376	26181
中原区	7981	5455	540	1610	56	320
二七区	4871	2197	15	2242	98	319
管城区	6912	4279	150	2310	87	86
金水区	11513	1747	703	2864	6199	
上街区	4374	2170	120	2084		
惠济区	59543	26235	2341	17468	13252	247
中牟县	233608	134796	2108	73149	20459	3096
巩义市	119977	46703	8294	55070	2563	7347
荥阳市	307827	164305	2563	126312	11842	2805
新密市	205549	106998	25779	67049	1186	4537
新郑市	195964	98849	2312	92095	422	2286
登封市	166579	83527	23761	52974	3228	3089
经济技术开发区	47387	18561	11115	10685	1929	5097
高新技术开发区	5932	5238		694		
郑东新区	50790	15421	4183	7174	21011	3001
航空港区	118807	67200	1161	49642		804

表18 郑州市城乡居民家庭人均收入对比

（2015年）

单位：元/人

县（市、区）	农村居民家庭人均总收入	人均可支配收入	生产性净收入	家庭经营净收入	第一产业	第二产业	第三产业	工资性收入	城镇居民人均可支配收入	城镇居民人均可支配收入比居民人均可支配收入
全　市	20316.66	17125.00	15142.21	4113.11	1588.05	653.73	1871.33	11029.10	31099.00	1.82:1
中原区	18617.04	18231.39	15229.30	1138.17	14.40	1067.12	56.64	14091.13	32068.67	1.76:1
二七区	20418.59	19340.09	12742.65	2881.62	12.58	13.26	2855.78	9861.03	33207.96	1.72:1
管城区	20901.00	20589.02	14498.29	2620.85	13.91	328.86	2278.08	11877.44	31487.74	1.53:1
金水区	21454.26	20643.00	18679.70	3021.31	36.96	6.01	2978.35	15658.40	36871.34	1.79:1
上街区	19310.33	17857.00	10983.29	71.83	23.20	-47.30	95.93	10911.46	36096.98	2.02:1
惠济区	21111.47	20079.18	14296.37	1075.21	875.39	22.72	177.09	13221.16	27041.37	1.35:1
中牟县	18610.70	15349.00	14385.77	5297.08	4372.24	508.06	416.79	9088.70	24359.00	1.59:1
巩义市	21705.01	17984.69	16784.69	5037.32	843.01	1858.15	2336.16	11747.38	26104.70	1.45:1
荥阳市	20580.47	16224.01	14545.28	4822.07	1576.08	1230.39	2015.59	9723.21	26652.04	1.64:1
新密市	21914.01	16242.01	15208.85	4331.32	665.30	645.92	3020.10	10877.54	26633.00	1.64:1
新郑市	20951.11	17053.97	14096.41	3488.42	2063.96	421.41	1003.04	10607.99	26654.83	1.56:1
登封市	17622.09	14682.98	13704.84	4727.50	2200.26	130.56	2396.73	8977.35	25689.16	1.75:1

表19　郑州市城乡居民人均支出对比

（2015年）

单位：元/人

县（市、区）	农村居民人均总支出	家庭经营费用支出	生活消费支出	食品	转移性和财产性支出	农村居民人均现金支出	生产费用支出	生活消费支出	城镇居民人均生活消费支出	城乡居民人均生活消费支出对比
全　市	17602.96	6877.28	12080.00	2880.58	427.48	15881.86	2491.97	10426.67	21692.00	1.80:1
中原区	11475.00	1138.17	10878.22	3253.05	385.66	11089.86	206.32	10493.08	20586.20	1.89:1
二七区	13692.09	3526.92	12622.98	2451.31	433.21	13297.35	500.00	12228.24	20211.07	1.60:1
管城区	17368.85	2827.58	15504.15	3168.59	105.26	15093.85	204.52	14231.37	22857.34	1.47:1
金水区	18067.81	3301.90	16258.33	3109.35	530.67	16742.65	26.66	15933.18	19830.61	1.22:1
上街区	13950.18	1415.17	10729.41	2985.95	109.99	12242.32	1340.53	10021.56	18595.71	1.73:1
惠济区	20665.28	1695.16	16481.53	3621.18	412.33	20058.76	236.36	15876.32	19171.39	1.16:1
中牟县	13400.15	8504.38	8281.13	2244.14	54.40	12028.29	3077.02	6909.27	13819.60	1.67:1
巩义市	15567.97	8415.96	8524.09	2032.34	341.68	13750.99	3180.86	6707.11	17687.41	2.07:1
荥阳市	19328.57	8895.26	10620.73	2858.19	283.27	17999.28	3630.93	9314.05	17971.36	1.69:1
新密市	17063.15	8656.58	10740.09	3090.35	1346.74	15385.18	3987.70	9062.13	22894.50	2.13:1
新郑市	25200.75	6951.78	15997.84	3583.58	433.77	22730.09	2683.79	14126.40	26436.15	1.65:1
登封市	18152.40	7508.23	13589.64	2818.41	158.38	17018.52	2717.27	12456.39	15766.95	1.16:1

表20　郑州市农村居民家庭人均食品消费量

（2015年）

单位：千克

县（市、区）	粮食	蔬菜	猪牛羊肉	家禽	禽蛋	奶类	水产品
全　市	104.03	72.84	11.68	2.47	9.76	8.11	2.35
中原区	93.76	62.76	17.02	4.24	7.77	16.13	5.41
二七区	84.93	83.70	13.37	4.92	19.20	6.05	3.56
管城区	92.22	96.14	12.79	5.91	10.08	7.95	4.50
金水区	95.22	60.72	17.05	5.25	13.17	11.41	4.14
上街区	120.14	105.76	12.21	1.56	15.69	13.46	2.36
惠济区	102.00	80.85	14.57	1.80	9.42	32.73	2.90
中牟县	98.89	61.47	7.69	1.62	5.81	1.98	1.12
巩义市	65.11	52.88	9.18	1.26	7.49	7.56	1.19
荥阳市	103.95	106.37	14.75	2.53	12.91	11.27	1.98
新密市	111.24	101.21	10.51	2.08	11.43	7.77	1.51
新郑市	152.91	83.19	16.43	3.78	9.68	8.70	3.29
登封市	121.47	56.67	10.04	0.86	11.48	5.55	3.24

表21 郑州市城乡居民家庭平均每百户主要耐用消费品年末拥有量

（2015年）

县（市、区）	热水器（台）		固定电话（台）		移动电话（台）		彩色电视机（台）		空调（台）		照相机（架）		生活用汽车（辆）		洗衣机（台）		电冰箱（台）		摩托车（辆）	
	农村	城市	农村	城市	农村	城市	农村	城市	农村	城市	农村	城市	农村	城市	农村	城市	农村	城市	农村	城市
全　市	65	85	18	33	244	217	125	118	110	148	10	39	38	30	102	96	89	92	58	21
中原区	71	73	4	46	209	193	107	101	93	121	13	46	27	16	104	86	100	81	11	4
二七区	60	82	0	46	240	193	140	117	140	133	20	41	40	25	110	100	100	103	0	4
管城区	85	97	15	52	240	194	150	106	140	140	15	65	70	15	115	100	110	98	10	5
金水区	76	82	24	23	217	214	136	117	169	170	33	44	69	30	105	93	92	89	6	17
上街区	96	106	30	58	241	194	105	111	142	146	20	33	28	37	100	100	89	98	48	32
惠济区	100	77	43	13	251	197	126	116	164	115	11	38	47	34	100	83	94	82	31	25
中牟县	45	99	15	18	228	258	114	128	45	148	0	15	39	60	95	99	78	99	57	44
巩义市	51	74	28	32	215	215	124	125	114	134	4	13	12	30	102	101	79	80	86	41
荥阳市	92	100	27	14	296	286	120	121	146	189	16	21	35	43	103	103	100	100	46	10
新密市	74	92	11	19	293	331	153	180	136	227	11	40	42	71	108	107	100	97	88	31
新郑市	95	103	14	44	275	206	123	120	115	137	0	15	54	32	107	102	95	100	74	77
登封市	20	62	12	16	202	232	100	132	51	103	5	21	23	23	87	102	74	87	83	74

表22 郑州市农户固定资产投资

（2015年）

单位：万元、万平方米

县（市、区）	一、本年固定资产投资完成额	（一）按投资构成分				（二）按具体投资项目分						二、本年竣工房屋面积	
		1.建筑工程	2.安装工程	3.设备工器具购置	4.其它	1.房屋	其中：住宅	2.道路、桥梁	3.设备	4.水利	5.其它		其中：住宅
全　市	837228	447133		207707	182388	447133	375613		207707		182388	961	874
中原区	8451	4400		4051		4400	4400		4051			8	8
二七区	2300	2300				2300	2300					5	5
管城区	25200	25200				25200	25200					63	63
金水区													
上街区													
惠济区	31619	31619				31619	31619					101	77
中牟县	116384	106781		9603		106781	99948		9603			416	400
巩义市	90087	30175		30040	29871	30175	28022		30040		29871	59	56
荥阳市	101706	6086		95620		6086	3217		95620			22	6
新密市	149155	81049		68106		81049	81049		68106			108	108
新郑市	151988	24967			127021	24967	7437				127021	12	12
登封市	133396	107614		286	25496	107614	65478		286		25496	114	86
经济技术开发区													
高新技术开发区													
郑东新区													
航空港区	26943	26943				26943	26943					54	54

表23 郑州市农业科技成果获奖情况

（2015年）

序号	奖励级别及等次		获奖项目名称	项目主要完成单位	项目主要完成人员
	河南省科学技术进步奖	郑州市科学技术进步奖			
1	三等奖	——	功能性饲料及添加剂的优化组合与动态应用技术	河南广安生物科技股份有限公司	张天勇、吴　信、李思明、高天增、李国平、袁志凌、邓祖丽颖
2	三等奖	——	酶解提取及膜分离联动技术在中兽药制剂中的研究与应用	河南牧翔动物药业有限公司	李灵娟、李攀登、韩　立、蒋增海、付文力、王　彬、宁长申
3	——	一等奖	优质高产大果花生新品种郑农花12号选育与应用	郑州市农林科学研究所、河南天存种业科技有限公司、河南农业职业学院	杨海棠、邢廷茂、张保亮、李　盼、胡延岭、刘软枝、贾新彦、王振东、陈　庆、李　敏、李景芳、余明慧、李光照、王俊琪、杨亚洲
4	——	一等奖	优质耐热番茄越夏红和郑番06-10的选育及应用	郑州市蔬菜研究所	应芳卿、黄　文、赵建设、胡京昂、陈　曼、李自娟、吕金良、杨金兰、钱健康、赵英凯、徐　青、万秀娟、张丽霞、刘景堂、张晓静
5	——	二等奖	马铃薯良种繁育与高效栽培技术	郑州市蔬菜研究所、黑龙江省农科院克山分院、湖北恩施中国南方马铃薯研究中心、云南农业大学薯类作物研究所	崔杏春、靳　福、李武高、夏　平、吴承金、郭华春、刘介民
6	——	二等奖	功能性饲料及添加剂的优化组合与动态应用关键技术研究	河南广安生物科技股份有限公司	高天增、吴　信、张天勇、李思明、李国平、袁志凌、梁　军、贾晓方、康志恒、邓祖丽颖
7	——	二等奖	杨树林地处理生活污水生态效应研究	郑州市农林科学研究所、河南省林业科学研究院	白保勋，沈植国，曹辉，石彦召，刘伟，陈东海，苏万祥，杨海青，李本勇，王留超
8	——	二等奖	河南省鸟类资源编目研究	郑州市动物园、河南大学、荥阳市林业局、卢氏县林业局、驻马店市林业调查规划设计队	刘冰许、赵海鹏、崔俊昌、郭　伟、马维新、范大整、郭婷婷、黄文静、赵利新、李书亮
9	——	二等奖	酶解提取及膜分离联动技术在中兽药制剂中的研究与应用	河南牧翔动物药业有限公司	李灵娟、付文力、韩　立、蒋增海、王　彬、宁长申、李攀登、余东辉、管　倩、胡　帅
10	——	二等奖	手抓饼生产关键技术及关键设备的研究与开发	河南云鹤食品有限公司	牛镇平、宋克杰、薛静玉

特 色 篇

TESEPIAN

郑州市十大现代农业示范区

郑州市以新型城镇化布局为统揽，以建设田园城市、美丽乡村为导向，大力建设一批美丽乡村，改善和提高郑州市都市生态农业的发展环境，在全省发挥示范和带头作用。

中牟·国家农业公园

中牟·国家农业公园位于中牟县北部，北至黄河大堤，南到雁鸣湖生态文明示范区边界，涉及雁鸣湖、万滩、狼城岗3个镇的16个行政村，共8.58万亩，是中牟县国家级现代农业示范区的核心组成部分。

中牟·国家农业公园在发展模式上，充分借鉴工业园区的建设模式，专门设立了管委会，按照“项目集中布局，产业集群发展，资源集约利用，功能集合构建”的要求，引导项目、资金、技术、人才等农业生产要素向示范区积聚发展。在主导产业上，充分发挥农业的生产、生活、生态功能，1万亩的核心区内规划建设设施农业、优质水产、农业文化创意、花卉高新科技等6个功能分区，着力构建全链条的现代农业产业体系。在建设主体上，以现代农业企业为主，统一流转土地，统一招商引资，吸引入驻企业14家。

目前，以多次举办郑州中牟·国家农业公园嘉年华活动，园区内的欢乐农庄馆、农科快轨馆、番茄迷宫馆、梦幻花香馆等吸引了大批市民参观游玩，提升了我市休闲观光农业发展的水平和档次。

中牟现代草莓农业产业示范区

中牟现代草莓农业产业示范区位于中牟县南部，涉及中牟县韩寺镇和姚家等地，总面积5.7平方公里。示范区重点发展以草莓种植为主导产业的现代农业，其中草莓种植面积1万亩，通过弘亿国际的龙头企业带动和科技引领，瑞峰家庭农场的群众参与，韩寺马家蔬菜精品园的示范带动，使草莓产业不断壮大，形成区域化、产业化的发展格局，并带动周边设施蔬菜产业的全面发展。目前示范区内的弘亿国际草莓园累计完成投资4.2亿元，引领带动周边草莓产业快速发展，在大力发展草莓产业的基础上，充分挖掘都市居民高端消费需求，大力发展设施蔬菜、优质高档花卉、林果等产业，逐步建成依托城市并服务城市的集约、优质、高效和可持续发展的现代农业示范区。

荥阳沿黄现代渔业示范区

荥阳沿黄现代渔业示范区位于荥阳市北部黄河滩区，涉及王村、高村、广武三个乡（镇）14个村，东西长45公里，有稳定的黄河滩地7.6万亩，可开发宜渔滩地5万亩。

示范区规划为“一区十五园”，即沿黄现代渔业集聚区；在王村组团、高村组团、广武组团等三个组团内建设15个生态养殖型、科技示范型、加工流通型、景观休闲型水产产业园。规划总投资13.3亿元，目前，示范区已开发水面达到3万亩，培育了7家水产养殖企业、2家省级水产良种场、5家水产养殖专业合作社，形成了黄河鲤、黄河鳖等优势水产品种，初步形成了一个基础设施完善、现代渔业快速发展的现代渔业示范区域。

荥阳绿色蔬菜产业示范区

示范区位于荥阳市的北部王村镇和高村乡共27个村，面积6万亩，核心区面积7000亩，扩展区2.3万亩，辐射带动区3万亩。项目总投资11.4亿元、主导产业为露地蔬菜和设施蔬菜。

示范区整体布局为三带三区，即沿连霍高速发展的设施农业产业带、沿荥王路以及沿黄公路发展的现代农业旅游带和都市农业观光旅游带；核心区—扩展区—辐射区，努力打造郑州北部蔬菜主要产业带的西核心，示范区内规划建设农业科技展示、种苗繁育区、现代农业生产示范区、农资供应交易中心、加工配送中心等8个区，目前示范区规划已编制完成，新预流转土地2万亩，已有5家有意向的企业进行洽谈，投资亿元以上的有3家，示范区内投资1.2亿元总长9.5公里的示范区景观大道已建成使用。

荥阳河阴石榴产业示范区

示范区位于荥阳市北8公里，黄河南岸邙岭南侧，东起广武镇的王沟村，西至高村乡的牛口峪村，涉及18个行政村，总规划面积5.3万亩，核心区1.5万亩，重点发展国家地理标志保护产品—河阴石榴。区域内目前已形成4.7万亩河阴石榴产业带，以河阴石榴经营为主的现代农业企业7家、专业合作社5家、专业村3个，荥阳被命名为“中国石榴之乡”，是全国八大石榴基地之一。

示范区总体规划为“一核一带二轴十八景”。“一核”即河阴石榴核心示范基地；“一带”即河阴历史文化景观带；“二轴”即河阴石榴种植历史展示轴、河阴石榴种植科技展示轴；“河阴十八景”即刘沟怀古、官峪荷锄、九龙出河、秦王立业、牛口花海、池沟遗风、金山佛光等。

新郑高标准粮田粮种示范区

示范区位于新郑市南部，北至城关乡北边界，南至观音寺镇及梨河镇行政边界（不含山区），东至梨河镇行政边界，西至城关乡及观音寺镇行政边界，涉及梨河镇、观音寺镇、城关乡等40个行政村，规划面积6万亩。近年来，该示范区内大力实施设施农业和标准化农业，目前已流转土地2.8万亩，吸引了河南白象、河南农建、河南翠绿供港蔬菜、郑州登峰、新郑绿源等6家企业和河南豫鑫、新郑农乐、新郑绿博、新郑嵘跃等8家专业合作社入驻，发展高效蔬菜、瓜果等特色产业，河南白象种植公司已流转土地1万亩，建成万亩现代绿色小麦等优质粮生产示范基地；示范区已建成无公害设施果菜基地8000亩。示范区已完成农业综合开发项目3万亩，新菜田项目4500亩。

新郑红枣产业示范区

该示范区位于新郑北部，涉及新村镇、郭店镇、薛店镇等3个乡镇12个行政村，涉及耕地面积4万亩。示范区北接省会城市郑州、南连新郑市区，东邻郑州航空港经济综合试验区，境内有郑新快速通道、S102省道、郑州城区延伸线，陆空运输便捷,交通网络四通八达。

目前，示范区内已有好想你国际红枣综合产业园项目、君源有机农场生态养殖项目等12个农业重点项目落地，已流转土地1.8万多亩，已建成君源公司的有机农场和生态养殖项目，雏鹰公司饲料生产及生猪屠宰项目和中低产田改造项目接近尾声，正在开工建设好想你公司中国国际红枣综合产业园项目、白象集团二期扩建项目；河南一品椿公司香椿园、郑州康桥公司的田园观光项目、河南凌晨公司的农业开发项目、河南裕鸿公司的现代农业休闲观光项目、北方园林公司的郑风牡丹园项目、河南建华公司的供港蔬菜项目都正在开工建设。

惠济休闲观光农业示范区

惠济休闲观光农业综合示范区位于郑州市北部黄河中西滩，总面积5.7万亩，计划总投资14.8亿元。近年来惠济区先后获得国家级生态示范区、国家级绿色农业示范区和中国全面小康生态文明县（市）、全国休闲观光农业与乡村旅游示范县、郑州市现代农业发展先进单位等殊荣。示范区依托惠济区黄河滩区独特资源优势，经过多年发展，丰乐农庄、绿源山水、普兰斯薰衣草庄园、富景生态园、金地人家生态园等农业项目初见成效，“休闲度假哪里去，城市近郊游惠济”在省会郑州全面叫响。

河南惠济花卉产业示范区（集群）

河南惠济花卉产业示范区（集群）是以惠济区老鸦陈街道、古荥镇为中心的集花卉交易、花卉物流、花卉研发及技术推广的聚集地，示范区占地面积2.1万亩，计划总投资18.8亿元。

惠济区地处南北气候过渡带，气候温和，雨量充沛，适宜南北多种花卉生长，是“南花北移”“东花西送”进行品种驯化的理想地区。今后惠济区将依托陈砦（双桥）花卉市场，加快花卉产业规划建设，积极引导花卉交易、物流、生产、服务等关联配套企业和产业集群集聚发展，形成具有较强辐射带动作用的河南现代花卉产业集聚区、全国花卉交易集散中心、全国知名的花卉文化产业园、特色各异的花卉休闲旅游观赏区。

登封山地特色农业示范区

示范区是登封市重点推进的三个产业集聚区之一，规划总面积507平方公里，以颍阳镇、君召乡、石道乡为中心，辐射带动大金店镇、东华镇、送表乡三个乡镇，涉及136个行政村，耕地面积21.7万亩，该示范区突出山地特色农业、循环生态养殖、精特食品加工、休闲健康养生四大产业板块，重点建设一个先导区、一个核心区和一个辐射区，争取通过几年努力，集中力量在登封建设一个“产业布局合理、生产要素集聚、科技和设施装备先进、管理经营机制完善、多功能有机融合、一二三产业联动发展”的现代山地特色农业示范区。

荥阳市都市生态农业发展纪实

近年来，荥阳市以都市生态农业建设为主线，以都市型现代农业综合示范区建设为载体，加强新型农业经营主体培育，加快产业要素集聚，推进一二三产业尤是农业与旅游业的快速融合发展，积极构建产出高效、产品安全、资源节约、环境友好的现代农业产业体系。

一、发展成效

(一)产业规模迅速扩大

目前建成粮食良种繁育8万亩、蔬菜16万亩、广武大葱3万亩、河阴石榴6万亩、林果6万亩、花卉苗木2万亩、柿子100万株、黄河水产养殖3万亩的特色鲜明的农产品基地为荥阳农业发展平添活力。

(二)都市型现代农业综合示范区建设提速

以都市型现代农业综合示范区建设为载体，大力推进产业结构调整和产业布局优化。几年来，荥阳市积极整合项目资金，强力推进示范区建设，已累计投入资金3亿多元。南水北调干渠苗木花卉产业带苗木花卉生产面积17435亩，入驻企业26家。绿色蔬菜产业示范区总投资6600万元完成王村镇3万亩新菜田基础设施建设，入驻农业企业21家、农民专业合作社3家，种植蔬菜9000亩（其中设施蔬菜面积5000亩），建成1300亩的供港蔬菜基地一处。沿黄现代渔业示范区分别投资1320万元、1000万元进行6000亩水产新菜田、5600亩核心区等基础设施建设，示范区已发展渔业企业（含合作社）18家，发展连片水产养殖近3万亩。

2015年启动荥阳国家现代渔业示范区建设和农业部渔业健康示范县创建工作。已完成示范区1:1000地形地貌测绘和规划图纸设计，正在编制《荥阳国家现代渔业示范区建设总体规划》。经过认真查漏补缺，已基本达到农业部渔业健康示范县创建标准，创建申报材料已上报。河阴石榴产业示范区正在进行1.5万亩核心区基础设施建设。培育以河阴石榴经营为主的现代农业企业7家、专业合作社5家、专业村3个，初步形成特色产业集聚区2个、产业园3个。2015年举办“第十一届中国郑州河阴石榴文化节”和“第二届中国郑州河阴石榴文化旅游节”，并成功举办“中国首届石榴博览会”。

北部平原优质粮生产示范区已入驻种子企业13家，建立研发中心6个，建成育种基地6个、新品种展示基地20个，建立小麦种子繁育基地8万亩，生产优质良种4000万公斤。2015年又启动了3万亩中国（郑州）现代种业科技创新园区建设，目前已完成戡察测量、规划设计和实施方案编制。南部杂粮杂果生产示范区已发展核桃、甜柿、杏、谷子、红薯、绿豆等3.4万亩，初步形成了高山核桃、红薯，环翠峪甜柿，崔庙柿子，刘河五云山小米、金银花、杜仲等特色农产品生产基地。

（三）农业品牌创建迅猛

荥阳市现有绿色食品21个、无公害农产品46个。建成国家级、省级、郑州市级农业标准化基地2个、4个、7个。拥有河阴石榴、荥阳柿子、黄河鲤鱼、广武大葱等国家地理标志保护产品4个。注册农产品商标32个。其中，“博大”牌系列挂面为中国驰名商标、“三一”牌系列面粉为省著名商标。另拥有“新农村”豆芽、“奥利福”牌食用油、“邙山”牌大葱、“河阴”牌石榴、“滋品园”黄河甲鱼等一批特色农产品优质品牌。优质品牌的高端发展，极大提高了荥阳农产品市场竞争力。

（四）农业龙头企业和新型农村经营组织迅速壮大

荥阳市现有各类农业企业400余家。农业产业化经营重点龙头企业达60家，其中国家级1家、省级5家、郑州市级54家。创成河南省农业产业化集群1个、郑州市级示范性农业产业化集群2个。龙头企业年销售收入达到40亿元。荥阳市注册农民专业合作社333家，其中郑州市级农民专业合作社达到42家，省级农民合作社8家，建成农民专业合作社联合社6家。注册家庭农场31家，创成河南省示范家庭农场1家、郑州市级3家。

（五）休闲观光农业异军突起

“十二五”期间，荥阳市休闲观光农业快速崛起，目前已形成沿黄生态农业休闲观光旅游带和南部特色农业山水景观带等南北两条农业旅游带，桃花峪生态森林公园、环翠峪森林公园、万山生态森林公园、黄河湿地渔业产业带、邙岭林果产业带等五大观光休闲农业区。全市现有农业休闲园区50余家、农（渔）家乐100余家、三星级农业庄园5家。广武镇、高村乡刘沟村分别被评为河南省乡村旅游示范镇和示范村。目前，荥阳市大型休闲观光农业节会有“环翠峪杏花节”、“中国郑州河阴石榴文化节”、“中国郑州河阴石榴花文化旅游节”“荥阳柿子文化旅游节”、“黄河樱花节”等。

二、发展措施

(一)强力发展现代农业综合示范区

1.超前布局，高起点规划

“十二五”期间，荥阳市确定了“区域化生产，产业化发展、示范区推进”的都市现代农业发展思路，结合区位优势、地域特点和优势特色产业的现状及发展前景，对全市农业产区进行了重新划分定位，确立了“一带五区”的都市型现代农业示范区发展布局。具体为：南水北调干渠花卉苗木产业带、沿黄现代渔业示范区、北部邙岭河阴石榴生产示范区、绿色蔬菜示范区、北部平原优质粮生产示范区、南部杂粮杂果示范区等。示范区规划总面积近40万亩，占全市耕地总面积的62%。为了高标定位、定起点建设，先后聘请农业部规划设计研究院、河南农大风景园林规划设计院、郑州汉林园林规划设计有限公司等专业规划设计机构编制了《荥阳沿黄现代渔业示范区规划》、《荥阳市南水北调干渠生态保护区建设总体规划》、《荥阳市绿色蔬菜产业示范区规划》、《河阴石榴产业示范区》和《郑州黄河滨河公园—荥阳生态农业发展组团规划》等。

2.出台优惠政策，推进建设提速

荥阳市积极制定示范区建设的优惠补贴政策，大力优化投资环境。2011年出台《关于加快推进都市区现代农业建设的意见》，2012年出台《关于印发荥阳市都市型现代农业示范区建设方案及奖励办法的通知》，制定优惠补贴政策，调动各方投资积极性，推动了示范区建设提速。

3.整合资金项目，合力打造

改以往分散投资为集中投资，整合国家、省、郑州市等各级各类农业项目资金向重点区域、重点项目投放，促进示范区快成规模、快出形象，尽快产生综合效益。如沿黄现代渔业示范区自2012年以来，先后整合全国基层水产技术推广体系改革与建设补助、农业部良种繁育、农业部菜篮子、郑州市现代农业示范区、郑州市新菜田（水产）基础设施配套、郑州市渔业、荥阳市水产养殖业开发建设奖励等项目，整合资金总额超过6000万元。

（二）大力发展休闲观光农业

近年来，随着中原西路、陇海西路、科学大道、S314沿黄旅游大道的陆续建成通车，以及宜居健康城的建设，荥阳市与郑州市全面融为一体，带动了休闲观光农业的迅猛发展。初步调查，全市建成、在建、规划建设的蔬菜、林果苗木、花卉生产企业中，有休闲观光规划或意愿的占80%以上。

1.科学规划，超前布局

为推动休闲观光农业跨越式发展，2014-2015年荥阳市组织编制了《郑州黄河滨河公园——黄河生态农业发展组团规划》，从而为全市沿黄生态农业发展指明了方向和措施。

2.加强宣传，扩大影响

一是政府主导，开展整体包装宣传，创建优秀品牌，提升荥阳市休闲观光农业的整体形象和知名度。一方面，将S314沿黄旅游大道两侧生态农业旅游包装设计成“果岭山水体验游”，纳入郑州市休闲观光农业总体规划五大精品线路之一。另一方面，以政府为主体举办农业大型节会。如，三月份环翠峪杏花节、桃花峪桃花节，四月份黄河樱花节、五月份河阴石榴花旅游文化节，九月份河阴石榴文化节、十月份柿子文化旅游节等。其三，多次组团参加省内外农业生态旅游宣传推介活动。

二是企业主办，农业休闲园区自办节会，加强个体推介。如广武镇西苏村侃园的“书画展及赏花游”；贾峪镇新田城农夫乐园的“徜徉浪漫花海、追梦七彩梦想”；王村镇房罗思成邙岭农庄的梨园赏花、采摘节等企业举办的小型节会。

3.高标建设，示范带动

一是改造提升，改善基础设施，树立样板。2012-2015年，荥阳市先后争取郑州市资金1100万元，改造提升广武镇西苏村侃园、汜水镇虎牢关生态园、广武镇优河湾生态园等农业精品休闲园区12家。二是开展星级评定，提升管理服务质量，创建品牌。贾峪镇农夫乐园、汜水镇虎牢关生态园等5个园区先后被评为三星级农业庄园。农业精品休闲园区建设和星级农业庄园评定改善了农业园区的基础设施和管理服务能力，为荥阳市农业休闲园区的建设树立了样榜，建立的标准，推动了整体水平提升。

(三)积极构建特色农产品流通体系

2015年下半年，荥阳市经多次考察论证，与上海市农委现代农业发展实训中心与签订了《战略合作框架协议》，共同宣传、开发、推介名特优农副产品。荥阳市国资办、农委单位联合在上海注册成立“上海荥优农产品有限公司”，在上海西郊国际投资设立了“荥阳馆”。上海荥优农产品有限公司具体负责荥阳馆的日常经营管理。2016年1月15日，荥阳市在上海西郊国际举办了首届荥阳市名优特农产品推介会，上海西郊国际荥阳馆揭牌开馆。荥阳市名优特农产品登陆上海市场。通过新华网、中国网、环球网等新闻媒体的报道，荥阳市名优农产品知名度迅速提升，定单量骤增。为保障荥阳馆的产品供应，推动优质产品市场化，2015年12月中旬，荥阳市农委牵头组织60余家大中型特色农产品企业组建了“荥阳市新型农业产业联盟”。目前，已形成了上海西郊国际农产品展示直销中心荥阳馆、荥阳市新型农业产业联盟和上海荥优农产品有限公司等三位一体的特色农业推广营销体系。进一步开拓市场，推进特色产业的健康发展。

三、发展经验

(一)转变农业发展理念

随着荥阳市城镇化建设的快速推进，土地流转加快，农业副业化、农民老龄化趋势加剧，及生态环境修复改善的需求，决定了荥阳市农业必须走规模化、集约化、信息化、机械化、职业化的都市生态农业发展道路。同时，又要跳出农业抓农业，大力发展新业态、培育新产业，促进农工贸有机结合、农旅文复合发展。

(二)转变项目资金的支持方向

一方面要整合各级各类项目资金，改分散投资为集中投资，打歼灭战。另一方面，要抓大放小，支持重点。资金项目向示范区倾斜，向核心企业、重点项目倾斜，打攻坚战。

(三)龙头企业培育是重点

龙头企业是推动现代农业发展、实现农业产业化经营的关键环节。要坚持把培育壮大龙头企业作为发展现代农业的主要途径来抓，按照“围绕产业扶龙头”的总体思路，引进和扶持一批农产品加工、流通企业，让龙头企业把市场和农户有机联结起来，支撑起整个产业，发挥龙头企业的引领带动作用。一方面要大招商、招大商，引进大型企业、高科技企业，以核心企业带动产业、示范区建设。另一方面要积极设计、申报项目，争取各级投资，培育新企业，做大做强优质企业。

（四）强化规划执行和项目资金管理

建设前要规划在先，保证先进，建设中执行要严，保证精准，不能朝令夕改，劳民伤财。项目申报、项目资金管理使用、项目建设要依法依纪依规，从严管理，切实保证财政资金发挥最大效益。

重要文献

ZHONGYAOWENXIAN

马懿同志在市委农村工作暨扶贫开发工作会议上的讲话

（2016年3月21日）

一、关于"三农"工作

农业、农村和农民问题，事关改革、发展、稳定大局。无论形势如何变化，农业的基础地位不会改变，农业对整个国民经济的支撑作用不会减弱。今年中央"一号文件"仍然是这样的主基调，明确提出"落实发展新理念、加快农业现代化、实现全面小康目标"，为我们做好新常态下的"三农"工作提供了重要遵循。

"十二五"以来，市委、市政府高度重视"三农"工作，完善机制、加大投入，以"服务城市"为侧重的都市生态农业走在了全省前列，生态林业、生态水系和"菜篮子"工程成效显著；城乡居民收入比由2.05:1下降到1.82:1，差距进一步缩小；加强县城产业集聚区、新市镇和新型农村社区建设，走出了一条以"四优先"搬迁和棚户区改造为特点的新型城镇化路子，农村面貌发生巨大变化。

但也要清醒看到，相对于快速推进的城镇化，农业农村基础设施依然薄弱；农业供给侧改革与市民消费升级还不适应；农村水源、土壤面源污染亟待治理等。对此，我们要高度重视，切实增强责任感、使命感、紧迫感，始终把解决好"三农"问题作为各级党委政府工作的重中之重，稳住农业农村持续向好的发展态势。

"十三五"时期，要全面贯彻"创新、协调、绿色、开放、共享"发展新理念，着力拉长农业"四化同步"短腿、补齐农村"全面小康"短板。在统筹各项"三农"工作同时，要重点抓好以下三个方面：

（一）突出新型城镇化引领，加快城乡一体化进程

近年来，我市新型城镇化建设走出了路子，积累了经验，要坚定不移的用统筹城乡发展的理念，解决长期制约农村发展的重大瓶颈问题。一要落实规划。进一步落实“五规合一”，加快推进城区、产业集聚区、中心镇、新型农村社区建设，带动农民就近城镇化，建设自然之美、社会公正、城乡和谐的现代田园城市。二要搞好环境整治。要以农村垃圾集中处理、污水集中整治和生态环境整治为重点，扎实推进美丽宜居乡村试点和人居环境整治工作。三要强化配套服务。统筹解决农民城镇化后就业、生活、物业、服务等问题，实现人的城镇化。

（二）突出都市生态农业发展，加快农业现代化进程

都市生态农业是都市区农业现代化的表现形态，也是我市农业转型升级的重要机遇和抓手，省委、省政府对郑州市发展都市生态农业要求先行先试。我们要进一步统一认识，提高站位，抓好规划设计，整合有效资源，提高建设水平，着力调结构、转方式，在农业基础设施建设、产出效益、科技装备、社会服务、产业化和生态环境等方面积极领先，占领现代农业发展的制高点。一要强化农产品安全。各县（市）区要切实落实农产品生产基地监管责任和农产品流通的检测监管责任，从源头上解决餐桌上的安全问题。二要强化绿色生态建设。农业、林业、水利是生态建设的基础。实现绿色发展，要大力推动高标准农田、生态景观农田、造林绿化和生态水系建设，要科学规划城市周边生态隔离带，强化责任、加大投入，抓好各类生态项目建设。三要强化科技装备支撑。发挥省会城市农业科技、信息、人才等资源集聚的优势，大力发展种苗产业、设施农业、品牌农业、互联网+农业，加强基层农业技术推广区域中心站、农业创新综合体等平台建设，加快推动农业转型升级。

（三）突出农业供给侧结构性改革，促进一二三产业融合发展

农产品过剩，实质上是供给侧出了问题，如农民提供的农产品都是低端产品，这类产品消费需求日益萎缩。同时，在全球农业一体化的今天，同质化恶性竞争明显，必然导致类似问题发生。因此，要用供给侧结构性改革激发农业“新经济”。一是大力发展农产品精深加工业。我市农产品加工业产值已突破2000亿元，不仅加工能力强，而且有一批像"三全"、"思念"、"白象"、"雏鹰"、"好想你"等知名品牌，形成了较大规模的产业化集群，要进一步放大它们的带动能力，同时培育更多的加工企业做大做强。二是大力发展休闲观光农业。依托农业资源和乡土文化，大力发展休闲度假、旅游观光、养生养老、创意农业等农业新业态，创建一批农业星级景区、乡村酒店。三是大力发展农产品物流业。依托一带一路、航空港、国际陆港、郑欧班列和跨境E贸易优势，加快建设粮食、冷鲜肉、澳洲活牛、植物种苗、水果等特种商品指定口岸，规划建设郑州航空花卉物流港，合理布局农贸市场、产地市场、中心批发市场，打造"买全球、卖全球"的农产品物流中心。

二、关于扶贫开发工作

扶贫脱贫工作是"补短板"的工作。2014年市委、市政府召开了扶贫工作推进大会，制定了2015-2017年扶贫攻坚三年行动计划。之后，我市扶贫脱贫工作进入倒计时，必须义无反顾、志在必成、志在率先。

（一）切实讲政治

去年11月
工作会议，出台
定，明确提出"
标准下农村贫困
全部摘帽，解决区
斗目标。这是向全
是向全国人民的郑重
党委、政府的重大考
成脱贫任务，体现的是
意识、看齐意识，绝不能

"十二五"期间，
扶贫开发工作，贫困人口
的24.49万人减少到2015年
人，成效巨大。但也要清醒
市剩下来的近4万贫困人口，
个村，加上面上插花分布，点
且是贫中之贫、困中之困，是最难
"硬骨头"。特别是以"拔穷根、挪穷窝"为主的搬迁脱贫和产业脱贫，任务依然繁重，不能有任何麻痹懈怠，必须一举成功。即使脱贫之后，还要持续巩固提高，不断缩小收入差距，这更是一项长期任务，不能毕其功于一役。

（二）切实抓"精准"

习近平总书记指出，扶贫开发贵在精准，重在精准，成败之举在于精准。我们一定要抓住精准这个总开关，纵到精准上下功夫。一底、横到边准。目前，我市已完是“扶贫识别和建档立卡，实成贫扶网，但扶贫脱贫数字，要随时按照有“退”有求，始终加强监测统计，确。二是“谁来扶”要精准。政府对扶贫开发工作负总责，委、政府负主体责任，乡（镇）政府和村两委班子要做好政策衔组织实施、分类推进等具体工作。压实驻村工作队、第一书记的帮扶责任和单位的“后盾”责任。要实施脱贫攻坚目标责任制，层层签订脱贫攻坚责任书，立军令状，做到分工明确、责任清晰、任务到人、考核到位。三是“怎么扶”要精准。要因村因户因人制定好脱贫规划和帮扶计划，把“转、扶、搬、保、救”等扶贫举措，落实到人到户到项目。同时要将贫困村以外的面上插花贫困户纳入扶持范围，使其同等享受扶贫政策，同步实现脱贫。四是“如何退”要精准。严格按照“不愁吃、不愁穿，义务教育、基本医疗和住房安全有保障”的“两不愁、三保障”标准，建立政府与贫困户脱贫“双认定”机制，实施精准脱贫，做到脱贫一户、验收一户、退出一户。五是“后续扶”要精准。贫困人口一时脱贫容易，长期稳定脱贫需要“后劲”和持续帮扶。要落实我市已经出台的后续产业扶持政策、土地流转政策、财政金融支持政策等，脱了贫，再送一程。

（三）切实敢担当

一是落实领导责任。各县（市、区）要建立健全脱贫攻坚领导责任制，党政主要领导要把脱贫攻坚作为重要工作，履行好“第一责任人”责任。要建立党员干部分包贫困村、贫困户制度和监督考核制度，实现工作重心下移。各县（市、区）要切实加大对扶贫开发工作的投入，足额落实配套资金，加大行业部门资金整合力度，确保投入到位。二是形成工作合力。扶贫开发是全党全社会的共同责任。教育、卫计、民政、农业、交通、水利等相关职能部门，要根据各自的职责，制定部门扶贫工作计划。要鼓励和支持各类市场主体到贫困地区投资兴业，助力扶贫。群众团体、社会组织要心系扶贫，参与扶贫。要激发贫困村、贫困户发挥主体作用和主观能动性，立足自身自主脱贫。三是加强督导考核。要认真落实市委、市政府制定的扶贫攻坚考核办法，充分发挥督导考核的导向作用，对扶贫实绩突出的表彰奖励，对未能完成年度扶贫开发目标任务的，严肃追责。

同志们！农村工作和扶贫开发工作进入特殊时期，要求高，任务重，责任大，要瞄准“十三五”规划和目标，强化领导，落实责任，抓好开局，实施攻坚，务求实效，为我市实现“两个率先”目标作出更大贡献！

郑州市人民政府关于印发郑州市2015年水生态文明建设实施方案的通知

郑政〔2015〕3号

各县（市、区）人民政府，市人民政府各部门，各有关单位：

为认真贯彻落实党的十八大关于加强生态文明建设的重要精神，深入贯彻落实习近平总书记“节水优先、空间均衡、系统治理、两手发力”的新时期治水思路，全面落实市委、市政府关于水生态文明建设的决策部署，推进我市水生态文明示范市建设走在前列，结合我市实际，制订本方案。

一、总体要求

紧紧围绕“美丽郑州”的建设目标，顺应经济发展新常态，满足人民群众新期盼，把握水务新发展，坚持稳中求进总基调。以改革创新为主线，以节约保护为先导，以重大项目为支撑，以法制建设为保障，将水生态文明建设全面融入郑州都市区建设和发展战略。按照“全域水系、循环水系”理念，以全国水生态文明试点城市建设为统揽，以水源开辟、污染治理、提高防洪能力、重点区域生态景观建设为工作重点，以落实最严格水资源管理制度为核心，着力提高水安全保障水平，着力强化水资源节约集约利用，着力强化水生态保护与修复，着力推进水文化传承和繁荣，着力提升水生态管理能力，努力实现“水源优、河湖通、流水清、沿岸美”的建设目标。全面加强水生态文明试点城市建设，全面推进民生水务新发展，统筹解决水安全问题，促进人水和谐，奋力开创节水治水管水兴水新局面。

二、基本原则

(一)坚持人水和谐，科学发展

坚持人与自然和谐相处理念，尊重自然规律和社会发展规律，因水制宜、量水而行、人水和谐，发挥水生态系统的自我修复能力，推动社会发展与水生态承载能力相协调。

(二)坚持保护为主，防治结合

规范各类涉水生产建设活动，落实各项监管措施，强化监督监测，着力实现从事后治理向事前保护转变，从人工治理为主向自然保护恢复为主转变。

(三)坚持统筹兼顾，突出重点

统筹考虑水安全、水资源、水环境、水生态和水文化建设，合理安排生活、生产和生态用水，协调好上下游、左右岸、干支流、地表水和地下水等关系。

(四)坚持政府主导，市场推动

加强政府引导，完善投入机制，形成工作合力，充分调动全社会力量参与水生态文明建设。

三、主要工作任务

(一)水源工程

1.郑州市环城生态水系循环工程将圃田泽作为环城生态水系循环工程的水源，修建提水泵站，利用龙湖、龙子湖和象湖退水，输送至花马沟、白石滚潭沟、潮河、十七里河、十八里河、熊耳河、金水河等河道，线路总长度约50.9公里(其中，干线长39.5公里，支线长11.4公里)。总投资7.8亿元，2015年计划投资3亿元，完成项目前期工作并全面开工建设。

牵头单位：市水务局

责任单位：郑州公用事业投资集团

配合单位：市发展改革委、财政局、规划局、沿线各县(市、区)

2.郑州市牛口峪引黄工程

工程起点位于荥阳市牛口峪村枣树沟控导工程处，终点至西流湖，规划线路全长34.84公里。工程主要包括：水源工程、干线工程、支线工程，其中水源工程包括黄河取水口门、滩区一级泵站、沉砂池及二级水泵站；设计最大流量15立方米每秒。工程总投资约15.5亿元。

目前，省发展改革委已对项目建议书批复，水资源论证、取水许可已经审批，2015年计划投资1亿元，完成项目前期工作并开工建设水源工程。

牵头单位：市水务局

责任单位：郑州地产集团

配合单位：市发展改革委、财政局、规划局、沿线各县(市、区)

3.郑州市石佛沉砂池至郑州西区生态供水工程

该项目计划引石佛沉砂池水至郑州西区(郑州高新区、中原区和荥阳市部分区域)，在石佛沉砂池西岸新建提水泵站，线路经莲花街、穿西四环、须水河后，向南沿须水河右岸穿越陇海铁路、南水北调干渠到刘沟水库，管线全长14.34公里，总输水能力3立方米每秒。项目总投资2.92亿元，2015年计划投资2亿元，完成项目前期工作并全面开工建设。

牵头单位：市水务局

责任单位：郑州地产集团

配合单位：市发展改革委、财政局、规划局、市黄河风景名、胜区管委会、市城管局、惠济区、中原区、郑州高新区

4.陆浑水库“西水东引”前期工作

经初步论证，拟从陆浑水库引水补充郑州市区用水。工程自陆浑灌区东一干渠末端的巩义市坞罗水库(水位265.5米)，止于尖岗水库(兴利水位154米)，线路总长约67公里，设计流量7立方米每秒；自然落差为110米，可实现自流输水。项目匡算总投资17亿元，2015年计划投资前期工作经费500万元。

责任单位：市水务局配合单位：市发展改革委、财政局、规划局、沿线各县(市、区)

5.郑州邙山干渠复线工程

工程从二级提灌站出口至枯河分水井段，总长约5.733公里，总投资1.9亿元。工程建设内容包括泵站工程、明渠工程、输水隧洞工程、顶管工程、大刘沟沉砂池清淤工程及水闸工程(1座人字闸)等，其中明渠7段，共长1.7473公里，隧洞5段，共长2.591公里(不含进出口明洞段)，顶管2段，共长0.535公里，大刘沟沉砂池清淤面积240亩，新建水闸9座，改建水闸1座。目前，已经全面开工建设，计划2015年完工通水。责任单位：郑州市黄河生态旅游风景区管委会

(二)河道治理工程

1.郑州市贾鲁河生态综合治理工程

治理长度65.22公里(尖岗水库至中牟陇海铁路桥，不包括：南水北调交叉建筑物2.28公里、西流湖8.84公里、象湖2.0公里)；石沟拓宽改造治理长度20.1公里(京港澳高速公路下至中牟大衡庄入贾鲁河口)；圃田泽开挖1100.39

亩。生态修复面积2169.3万平方米。修建各类配套建筑物187座(处)。匡算总投资138亿元。

目前，项目建议书已经报送省发展改革委，2015年计划投资1亿元，完成项目前期工作及开工部分河道治理工程。

牵头单位：市水务局

责任单位：郑州地产集团

配合单位：市发展改革委、财政局、规划局、国土资源局、环保局，有关各县(市、区)

2.郑东新区魏河、七里河、潮河下游河道治理工程

魏河下游段治理工程自京港澳高速至入贾鲁河，全长2.84公里，七里河下游段治理工程自京港澳高速至陇海铁路，全长4.3公里，潮河下游段治理工程自京港澳高速至入七里河，全长2.887公里。项目治理总长10.027公里。工程主要内容包括河道疏挖工程、边坡护砌工程、建筑物配套工程、马道及路步工程等。总投资1.4亿元，2015年全面开工建设并完工。

牵头单位：郑东新区管委会市政园林水务局责任单位：郑州国家干线公路物流港建设开发投资有限公司配合单位：郑东新区管委会计划财政局、龙子湖街道办事处、金光路办事处、白沙镇、圃田乡

(三)河湖开挖工程

1.中原区河湖开挖建设工程

计划于2015—2017年开挖秀水河、须水湖、市民湖、九曲莲湖等，并进行岸线景观建设，形成河湖连通、交相辉映的水系网络。工程概算投资16亿元，2015年主要完成项目建议书、可行性研究报告、初步设计、拆迁等前期工作。

责任单位：中原新区管委会、常西湖新区管委会

配合单位：中原区发改统计局、区财政局、区国土局、中原规划分局、区农委、须水街道办事处、西流湖街道办事处、航西办事处

2.龙子湖工程

龙子湖工程位于郑东新区龙子湖大学园区的魏河以南、东风渠以北，西距龙湖约3公里。龙子湖工程由挡水工程、引水工程、湖体工程、退水工程和生态工程等五部分组成，湖区水域面积约0.95平方公里，水体规模约220万立方米，最大水深3.5米，平均水深2.3米。总投资约3.65亿元，2015年计划投资0.85亿元，完成全部工

程。牵头单位：郑东新区管委会市政园林水务局责任单位：河南东龙控股有限公司配合单位：郑东新区计划财政局、龙子湖街道办事处、博学路办事处

3.象湖成湖工程

象湖项目位于郑州市白沙园区白沙组团杨桥南干渠以东、前程路以西、郑开大道与现状贾鲁河交汇处，规划总用地面积3205亩(其中水面面积1397亩、绿化面积1191亩，其它617亩)，计划总投资约6.5亿元，其中成湖工程约3亿元、征地费用约3.5亿元，2015年计划投资0.5亿元，完成郑开大道以北区域全部工程并成湖蓄水。

牵头单位：郑东新区白沙园区管委会

责任单位：郑汴开发建设投资有限公司

配合单位：郑东新区计划财政局、白沙镇、豫兴路办事处、杨桥办事处

(四)河道景观工程

1.建成区河道生态提升工程

对索须河花王桥至中州大道桥段长度3.78公里、十八里河郑新公路桥钢坝闸以上300米、南三环立交上下游两座液压升降闸以上200米及果树研究所液压升降闸以上200米进行滨河生态提升改造。2015年计划投资约5000万元，对有关河道实施水面扩增、堤防改造、堤岸整治、绿化、休闲游憩设施建设等。

责任单位：市水务局配合单位：市发展改革委、财政局、规划局、郑州经济开发区、惠济区

2.郑州市生态水系重点河道拦蓄水建筑物工程

在潮河、十七里河、十八里河、魏河、金水河和熊耳河等已治理河道上建设拦蓄水建筑物15座，使河道水面达到连续稳定，总投资8716万元。目前，工程已开工建设，2015年完工。

牵头单位：市水务局

责任单位：郑州公用事业投资集团

配合单位：市发展改革委、财政局、规划局、有关县(市、区)

3.滨河国际新城水系景观工程

整个滨河国际新城区域水系建成“两湖、两横、三纵”的总体布局，总投资约1.86亿元，建成水域面积16.88万平方米，建成绿地34万平方米。“两横、三纵”构成“五河渠”即以潮河、中心渠为主轴，汇集各渠道覆盖整个规划区，形成一个四面包围半封闭的宽阔的带状绿色屏障。“两湖泊”即规划两处大型点状水面：主要有碟湖和荷湖。

2016年前，全面完成水系建设工作。

牵头单位：滨河国际新城建设指挥部

配合单位：郑州经济开发区农经委、潮河办事处

(五)水生态文明试点城市示范项目

水利部确定郑州市为全国水生态文明城市建设试点。编制完成了实施方案，省政府以豫政文〔2014〕81号《河南省人民政府关于郑州市水生态文明城市建设试点实施方案的批复》对实施方案予以批复。2015年计划继续实施水生态文明示范基地建设、城区地下水补源工程、郑州市水务管理信息系统建设等三个项目，计划投资6500万元。

1.水生态文明示范基地建设项目

在尖岗水库坝区建设郑州市水生态文明示范基地。建设室外亲水科普体验区、水科技展馆、水文化百家馆、历史治水名人苑、名人与水文化墙、文化水景观光阁等；在贾鲁河源建设贾鲁广场；采取现代水保措施和生态修复手段，建设生态湿地示范区。建成国内一流的“治水、用水、管水”展示平台。

2015年投资500万元，完成调研论证等前期工作。

责任单位：市水务局

配合单位：市发展改革委、财政局、规划局、有关县(市、区)

2.城区地下水补源工程

实施龙子湖高校园区、金星啤酒厂、第27研究所等地下水漏斗区回灌工程，敷设自来水回灌管道，安装计量水表组等，将自来水通过被封停的自备井和少部分在用自备井回灌地下含水层，年回补地下水能力达到1000万立方米，保持郑州都市区地下水水位稳定，避免出现地面沉降等地质灾害，建立地下水应急储备水库。在地下水漏斗区完成30眼机井的回灌管线铺设、水表组安装等工作，形成地下水回补能力达350万立方米每年。

2015年计划投资3000万元，在地下水漏斗区完成30眼机井的回灌管线铺设、水表组安装等工作。

责任单位：市水务局

配合单位：市发展改革委、财政局、规划局、有关县(市、区)

3.郑州市水务管理信息系统建设

建成包括防汛抗旱、水源调度、水生态调度决策支持等系统的郑州市水务管理信息系统。2015年计划投资3000万元，开展系统建设前期调研和可行性研究工作，对水务信息管理系统的范围，

效果等作出科学评估，开展部分系统建设工作。

责任单位：市水务局

配合单位：市发展改革委、财政局、规划局

（六）郑州城区生态水系“水清河美”行动

开展城市河流清洁行动，突出截污治污和河流两岸生态建设，落实“河长制”责任制，对城区河道进行集中整治和加强监管，实现“水清河美”的目标。各城区河段所在地的主要行政负责人分别担任河长，辖区内各街道办事处行政负责人担任河段长，承担排污口封堵、沿河环境整治、农业面源污染整治、违章建筑拆除等具体工作任务。相关部门按照政府职责分工履行工作职责，做好执法监管、行业指导、整治等工作。

责任单位：各相关县(市、区)、开发区、市水务局、市城管局、市环保局、市园林局、市规划局、市城建委

配合单位：市国土资源局、市发展改革委、市财政局、市重点项目办、市文广新局和报业集团、市河务局、黄河游览区管委会

（七）生态水系截污治污工程

1.市区“两河一渠”综合整治项目

对“两河一渠”进行清淤，对金水河、熊儿河部分河段河底河坡进行护砌；对河区部分公厕进行升级改造，对河区部分设施、园林小品进行更新，对河区植物进行补植完善等。投资1500万元完成十七里河机场高速河道截污管道的改迁和金水河郑密路河道污水泵站建设。

牵头单位：市城管局

责任单位：市城区河道管理处

2.雨污水分流管网改造项目

在查清雨污混流排水口污水源的基础上，实施雨污水分流管网改造。计划投资3220万元完成兴华街、华山路等19条道路的雨污水分流截污整治，对金水河南四环路南西侧、工人路桥东南角、金水路桥西北角排污口实施查源治理和封堵。

牵头单位：市城管局

责任单位：市市政工程管理处

3.污水处理项目

计划投资19.07亿元。新增污水处理能力25万吨/日。完成马头岗污水处理厂二期续建工程、三环再生水管线收尾工程、郑州新区污水处理厂水区建设，开工建设双桥污水处理厂、王新庄再生水

管线切改、南三环中水公园、马头岗污水处理厂提标改造、三环再生水配套等工程。

牵头单位：市城管局

责任单位：郑州市污水净化公司

四、工作措施

（一）切实加强组织领导

水生态文明建设是生态文明建设的重要基础，是贯彻十八大生态文明理念的具体举措，也是我市加快推进水务改革发展的重要载体。市生态水系暨水生态文明建设领导小组要统筹谋划，协调各方，强力推进，强化督导，确保各项工作任务顺利实施。各县（市、区）政府和市政府有关部门要切实加强领导，主要领导要亲自抓，科学安排，认真落实机构和人员，建立工作推进机制，逐级建立目标责任制，逐项落实建设目标任务。要加强与各有关部门的协调配合，加大宣传教育力度，形成全社会参与水生态文明建设的强大合力。

（二）切实加强资金保障

创新投入机制，拓宽融资渠道，探索和建立政府引导、市场推动、多元投入、社会参与的水生态文明建设投入机制，加大公共财政投入和项目资金整合力度，积极探索水生态文明建设投融资新模式，鼓励、引导社会资金参与水生态项目建设。按照“两手发力”的要求，深入贯彻落实《国务院关于创新重点领域投融资机制鼓励社会投资的指导意见》（国发〔2014〕60号）精神，鼓励社会资本利用PPP等模式，投入水生态文明建设。

（三）切实强化依法管水

要进一步建立健全长效管理机制，强化日常执法监督，建立区域合作和部门联动执法机制，严厉打击在生态敏感区、生态脆弱区违规开发、乱占滥排、乱挖滥采等引发生态功能退化、破坏水生态的行为，进一步夯实水生态环境监管基础。要不断完善水行政许可审批制度，加强河湖管理，严禁建设项目非法侵占河湖水域。

（四）切实加强督导考核

要根据最严格水资源管理制度的要求，会同组织实施好水资源“三条红线”主要指标落实情况的考核工作。按照郑州水生态文明城市建设评价标准，建立健全水生态文明建设责任制，定期发布各县（市、区）水生态文明建设量化评价情况，引导各县（市、区）加快推进水生态文明建设。要建立健全行之有效的激励机制，严格执行水生态文明建设行政首长负责制，确保落实各项目标任务。对因行政不作为或作为不当，完不成水生态文明建设目标任务的，要严格问责；对因监管不力、失职渎职造成重大水生态环境事故、事件的，依法追究相关人员责任；对在水生态文明建设中作出突出贡献的单位和个人予以表彰奖励。

郑州市人民政府关于印发2015年郑州市蓝天工程行动计划实施方案的通知

郑政〔2015〕6号

各县(市、区)人民政府，市人民政府各部门，各有关单位：

现将《2015年郑州市蓝天工程行动计划实施方案》印发给你们，请认真贯彻执行。

为贯彻落实国务院《大气污染防治行动计划》和《河南省蓝天工程行动计划》，着力缓解可吸入颗粒物(PM10)、细颗粒物(PM2.5)等污染因子对大气环境造成的影响，改善环境空气质量，确保完成我市与省政府签订的环境保护责任目标和污染减排目标，按照省政府要求，结合我市实际，制定2015年蓝天工程行动计划实施方案。

一、指导思想

以科学发展观为指导，以保护人民群众身体健康为根本出发点，以改善大气环境质量减少灰霾天气为目标，坚持经济发展与环境保护相协调、政府调控与市场调节相结合、重点突破与全面推进相结合、属地管理和区域协作相结合，加快产业结构、能源结构调整，深化工业大气污染治理、加强城市大气污染防治，推进经济发展转型，为建设美丽郑州提供环境支撑。

二、总体目标

完成省政府确定的可吸入颗粒物(PM10)、细颗粒物(PM2.5)浓度削减目标，全市环境空气质量得到持续改善。

三、工作任务

(一)深化工业大气污染综合治理

1.巩固大气污染重点行业提标治理成果

25家水泥企业、19家碳素企业、3家化肥企业、297家耐火材料企业、2家硫酸企业完善环保设施，实现长期、稳定、达标排放。

牵头单位：市环保局

责任单位：各县(市、区)政府、各管委会

2.完成电力行业氮氧化物治理

2015年6月底前，新力电力公司3、4、5号燃煤机组和郑东新区热电厂1号机组锅炉烟气完成脱硝治理，氮氧化物浓度达到《火电厂大气污染物排放标准》(GB13223—2011)要求。

牵头单位：市环保局责任单位：市工信委，新力电力公司，郑东新区热电厂

3.治理挥发性有机气体

(1)开展有机化工等行业挥发性有机物治理，严格控制跑冒滴漏。积极推进汽车制造与维修、集装箱、电子产品、家用电器、家具制造、装备制造、电线电缆等行业表面涂装工艺挥发性有机物的污染控制。

牵头单位：市环保局

责任单位：市工信委、各县(市、区)政府、各管委会

(2)2015年6月底前，全市储油库、加油站和油罐车完成油气回收治理工作，严格控制油品储存、运输环节的损耗污染。

牵头单位：市环保局

责任单位：市商务局、交通委，各县(市、区)政府、各管委会

4.全面推进清洁生产

以“培育典型、提升质量”为目标，严格考核，完善奖惩机制，积极培育清洁生产优秀企业，促进企业减污增效，推动我市环境质量持续改善。

牵头单位：市发展改革委

责任单位：各县(市、区)政府、各管委会

(二)加快产业结构调整

1.淘汰落后产能

结合产业发展实际，严格按照国家《产业结构调整指导目录(2011年本)(修正)》，对重点行业全面开展落后产能排查，提出落后产能淘汰计划并组织实施，2015年完成落后产能淘汰任务。对未按期完成淘汰任务的市(县)，要严肃追究相关部门的领导和工作责任，并严格执行国家投资控制和限批措施。

牵头单位：市发展改革委、工信委

责任单位：各县（市、区）政府，各管委会

2.合理实施工业企业搬迁

科学规划城市园区布局，合理规划各工业园区和产业集聚区产业定位，明确主导产业和禁入行业，城市主导风向上风向禁止新建涉气重污染项目，现有涉气重污染项目逐步搬迁或转产。新力电力公司搬迁项目上半年实质性开工；河南花花牛乳业有限公司完成燃煤锅炉拆改，力争完成外迁工作；郑州兰博尔科技有限公司完成搬迁。加快工业结构调整力度，督促不符合产业政策的工艺技术落后、资源能源消耗高、环境污染严重落后企业（生产线）的搬迁、淘汰、关闭工作。

牵头单位：市发展改革委、工信委

责任单位：各县（市、区）政府、各管委会

3.大力发展循环经济

鼓励产业集聚发展，实施园区循环化改造，推进能源梯级利用、水资源循环利用、废物交换利用、土地节约集约利用，促进企业循环式生产、园区循环式发展、产业循环式组合，构建循环型工业体系。

牵头单位：市发展改革委

责任单位：各县（市、区）政府、各管委会

（三）推进能源结构调整

郑州市市区（含市内五区、上街区、郑州航空港经济综合实验区、郑东新区、郑州经济开发区、郑州高新区）和各县（市）主城区内禁止新建燃煤项目，各县（市）主城区外严格限制新建燃煤项目，特殊情况需上燃煤项目须经市政府研究确定。实施全市燃煤消费总量控制，其中非电企业实现“零增长”，不再审批建设新的燃煤热电项目（已纳入国家、省发展规划的除外）；逐步减少煤炭消费量，不断提高天然气、电等清洁能源的使用比重。

牵头单位：市发展改革委

责任单位：各县（市、区）政府、各管委会、市工信委、环保局、质监局

（四）加强城市大气污染防治

1.强化煤烟污染治理

（1）完成荥阳国电“引热入郑”工程，新增供热能力1400万平方米，柔性减少中心城区用煤约200万吨，减少烟尘排放约4765吨、氮氧化物约3090吨、二氧化碳约40万吨、二氧化硫约4385吨；加快市热力总公司市区热源厂“煤改

气”工程建设，2015年北郊热源厂建成投入使用。

牵头单位：市城管局

责任单位：市发展改革委、规划局、国土资源局、交通委、南水北调办公室、荥阳市政府、中原区政府

(2)加大燃煤锅炉拆改力度，2015年11月底前，郑州市市区(含市内五区、郑州航空港经济综合实验区、郑东新区、郑州经济开发区、郑州高新区)燃煤锅炉改用天然气等清洁燃料或加入集中供热，完成拆改10台以上。

牵头单位：市环保局

责任单位：各区政府、各管委会、市城管局

(3)对保留的燃煤锅炉列出整治计划，限期安装高效除尘脱硫设施，10蒸吨/小时以上在用蒸汽锅炉和7MW以上在用热水锅炉在2015年9月底前，污染物排放达到《锅炉大气污染物排放标准》(GB13271—2014)。对20蒸吨/小时及以上燃煤锅炉限期安装在线监控装置。

牵头单位：市环保局

责任单位：各县(市、区)政府、各管委会、市城管局

(4)建立燃煤锅炉拆改“后督查”机制，严查擅自建设燃煤锅炉、拆改不彻底、改造后恢复使用燃煤等违法违规现象，对检查发现建设内容与环保审批不符的，要立即责令停止使用，依法依规进行处罚和拆除，并追究审批部门和当事人责任，通报辖区政府；对无环保审批手续的，质监等相关部门不予办理安全运行手续；对辖区政府履职不到位的，实施区域限批。

牵头单位：市环保局、质监局

责任单位：各县(市、区)政府、各管委会

(5)加快高污染燃料禁燃区建设，市区禁燃区达到建成区面积的60%以上，各县(市)、上街区主城区禁燃区占建成区面积的30%以上。

牵头单位：市环保局

责任单位：各县(市、区)政府、各管委会

2.强化工地扬尘综合治理

对拆迁工地、建设工地实施全域治理，实行分包责任制，人盯人，人盯工地，确保全市域范围内“黄土不露天”的目标实现。根据《河南省减少污染物排放条例》、《郑州市大气污染防治条例》、《河南省住房和城乡建设厅关于印发河南省建筑施工现场扬尘防治管理暂行规定的通知》(豫建建〔2014〕83

号）规定，建设、拆迁等施工工地必须采取封闭、围挡、喷淋等防尘措施，地面、车辆行驶道路必须进行防尘处理；堆放易产生扬尘污染的物料、垃圾的，必须采取封闭、覆盖等措施防止扬尘污染；施工运输车辆必须在除泥、冲洗干净后驶出作业场所；在建筑物、构筑物上运送散装物料、建筑垃圾和渣土的，必须采取密闭方式，不得高空抛掷、扬撒。研究制定建筑施工企业管理制度，实施施工工地扬尘在线监控，大力推广扬尘污染防治技术措施，依法查处违反扬尘污染治理规定的行为。中心城区建设工地文明施工达标率达到80%以上。改进市政道路、公路等线性工程施工工地扬尘污染管理手段，严格落实围挡屏障、洒水清扫、车轮清洗、硬化绿化、覆盖遮盖等措施。

牵头单位：市城建委

责任单位：各县（市、区）政府、各管委会、市征收办、重点项目办、南水北调办、市交通委、城管局、园林局、水务局

3.遏制道路交通扬尘

（1）提高城市道路清扫的机械化率，城市环卫机械化清扫率达到70%以上；推行湿式机扫，保证主次干道的洒水量。在有条件的地区推行中水冲洗道路降尘方式，加快中水管网和加水站点建设，逐步扩大冲洗范围。优化道路卫生清扫时间，减少不利气象条件下的起尘量。加强公路日常养护，加大路面和其他相关部分的清扫频次，减少道路扬尘。

牵头单位：市城管局

责任单位：各县（市、区）政府，各管委会

（2）规范建筑垃圾运输管理。以打击无证营运、私拉乱倒、沿途遗撒等违规行为为重点，严格查处违规运输建筑垃圾行为；所有营运渣土车统一纳入卫星定位系统监控管理，以监控平台采集到的违规运输信息及执法查处情况为主要依据，推行运输企业及运输车辆违规计分制；在全市清运行业开展“安全规范运输星级单位”评定活动，引导运输企业和运输车辆争先创优；全面推行违规渣土车监管责任倒查办法，从源头上控制使用违规渣土车；对全市所有渣土运输车辆进行密闭改装，改装率达到100%；推进建筑垃圾资源化利用，筹建市建筑垃圾消纳场，积极推广移动式建筑垃圾处置模式。

牵头单位：市城管局

责任单位：市公安局

4.加强餐饮油烟治理

按照《郑州市城市管理相对集中行政处罚权规定》(市政府令第171号),依法查处未设置专用油烟排放通道、安装油净化装置等治理措施的餐饮服务场所,严禁无油烟净化设施的占道露天、夜市烧烤。

牵头单位:市城管局

责任单位:各县(市、区)政府、各管委会

5.加强秸秆焚烧监管

加强农业生产活动对大气造成污染的防治,积极推广秸秆综合利用和农村新能源利用。禁止农作物秸秆露天焚烧,建立和完善市、县(区)、镇、村四级控制秸秆焚烧责任体系,严格责任追究制度。

牵头单位:市农委

责任单位:各县(市、区)政府、各管委会

(五)强化机动车污染防治

1.加强机动车尾气污染治理严格执行机动车环保准入制度,强化机动车尾气定期检验和环保标志管理,2015年环保标志发放率达到80%以上。

牵头单位:市环保局

责任单位:市公安局

2.在市区四环以内实施第三阶段黄标车限行完成黄标车限行道路信息监控系统,2015年3月1日前对黄标车闯限行实施非现场执法,以限行促淘汰。

牵头单位:市公安局

3.加快黄标车淘汰

采取有效措施积极引导社会黄标车淘汰,年内在全市淘汰社会黄标车和老旧车辆5万辆以上。继续加大黄标车淘汰奖补工作,对符合条件的社会黄标车提前淘汰给予财政补贴。

牵头单位:市公安局

责任单位:市财政局、商务局、环保局、交通委

(六)完善大气环境监控网络

开展大气灰霾和PM2.5成份的监测分析,初步具备PM2.5成因分析能力。加强环保、气象部门合作,编制完善《郑州市重污染天气应急预案》,建立重污染天气监测预警体系,及时发布监测预警信息,减轻污染对人民群众健康的不利影响。进一步加强大气环境质量自动监测系统建设,逐步形成覆盖全市所有县(市、区)的空气质量监测网络。

牵头单位:市环保局、气象局

四、保障措施

(一)加强组织领导

各县(市、区)政府、各管委会要认真抓好大气污染防治工作，政府主要负责人要亲自抓、负总责，把大气污染防治工作纳入领导干部政绩考核体系。建立健全环保联席会议制度，定期研究大气污染防治工作。

(二)实行目标管理

各县(市、区)政府、各管委会是实施蓝天工程行动计划的主体，对本行政区域内的大气环境质量负总责，要把大气污染防治工作纳入政府目标责任考核体系，根据本方案及控制目标，制定本地区的实施方案，确定2015年工作重点任务和年度控制指标，完善政策措施，并向社会公开。

(三)加强部门联动

各级政府、各有关部门要各司其职、协调联动、密切配合，制定有利于大气污染防治的投资、财政、科技等政策，依法做好各自领域的环境保护工作，形成大气污染防治的强大合力。

(四)强化考核问责

各县(市、区)要高度重视，试点先行，每月全市进行观摩讲评，排出先进落后，并建立追责机制。按照《河南省蓝天工程行动计划》规定，对不能按期完成蓝天工程行动计划年度任务的县(市、区)政府、责任单位和重点治理企业，进行通报批评，实施“一票否决”，必要时实行环保区域限批，对有关责任人进行诫勉谈话，督促整改；对环境空气质量不达标且连续两年持续恶化的县(市、区)、管委会，坚决对当地政府主要负责人进行问责。对达不到治理要求、超标或超总量排放污染物的排污单位，依法实施停产治理或取缔关闭。

(五)落实资金保障

各级发展改革、财政部门要统筹安排大气污染防治资金，适应大气污染防治任务的需要，加大对大气污染防治的支持力度，按治理成效实施“以奖代补”，确保大气污染防治工程项目的建设和奖励资金足额、及时到位。

(六)加大环保执法力度

贯彻落实新环保法和《郑州市大气污染防治条例》，加大环境保护执法力度，严厉打击环境违法行为。对偷排偷放、屡查屡犯的违法企业，依法停产关闭。对涉嫌环境犯罪的，依法追究刑事责任。落实执法责任，对监督缺位、执法不力、徇私枉法等行为，监察机关依法追究有关部门和人员的责任。

(七)公开环境信息

深入开展“郑州环保世纪行”活动，突出宣传环保先进典型，曝光环境违法企业，推动我市蓝天工程的顺利开展。坚持新闻发布会制度，充分保障人民群众的环境知情权。在主要媒体上及时发布城市环境空气质量、蓝天工程重点工作进展情况等环境信息，接受社会监督。每月公布各县(市、区)环境空气质量排名情况。建立重污染行业企业环境信息强制公开制度。

郑州市人民政府关于加快推进都市生态农业示范园区建设的实施意见

郑政〔2015〕13号

各县(市、区)人民政府,市人民政府各部门,各有关单位:

为进一步提升我市都市生态农业发展水平,贯彻落实省委、省政府对郑州提出的“积极发挥带头作用,先行先试,先行发展”和“率先建设一批示范园”的要求,现结合我市实际,制定郑州市都市生态农业示范园区建设实施意见。

一、指导思想

以服务城市、富裕农民、繁荣农村、优化生态为导向,以构建都市生态农业产业体系为载体,“聚焦重点、整合资源、提升标准”,以都市型现代农业示范区为基础,打造一批集“菜篮子”工程、休闲观光、生态可持续于一体的都市生态农业示范区核心区、都市生态农业示范园、休闲农庄(园)等现代都市生态农业发展平台,引领我市都市生态农业快速发展。

二、基本原则

(一)规划先行、有序推进

各县(市、区)根据郑州都市区建设总体规划布局,结合本区域都市生态农业的发展需求和农业资源条件,科学编制都市生态农业示范园区建设规划,整体规划,分年度实施。

(二)政府引导、市场运作

政府明确发展战略、规划布局和相关政策,依托各类新型农业经营主体,建设各类都市生态农业示范园区。

(三)提升水平、示范带动

按照规模合理化、基础规范化、生产设施化、技术标准化、服务配套化、功能多样化、环境生态化的标准建设，可复制可推广，发挥其示范带动作用。

(四)突出特色、分类指导

结合主导产业、功能定位和优势资源，行业部门分类指导，建成优势明显、特色鲜明、品牌突出的都市生态农业示范园区。

三、类型和布局

按照建设规模、产业类型、功能定位和建设主体的不同，都市生态农业示范园区分为都市生态农业示范区核心区(以下简称核心区)、都市生态农业示范园(以下简称示范园)和休闲农庄(园)三种类型。核心区面积5000亩以上；示范园面积 500亩以上;休闲农庄(园)面积在200亩以上。

(一)核心区:

各县(市、区)要加快《郑州市人民政府关于加快都市型现代农业示范区建设的实施意见》(郑政文〔2013〕100号)规划的都市生态农业示范区建设，进一步聚焦建设重点，围绕国家级现代农业示范区和休闲农业示范县，打造郑州沿黄都市生态农业产业带，重点提升中牟草莓、新郑红枣、荥阳蔬菜、沿黄渔业、河阴石榴、登封山地农业、惠济花卉和休闲观光等产业建设水平。加快中牟·国家农业公园内14家项目建设，举办四季嘉年华活动，发挥示范带动作用，以弘亿国际都市生态园为中心，以发展壮大草莓产业为基础，打造中牟南部国家现代农业示范区核心区；提升完善新郑红枣产业示范区建设，依托区位优势和产业基础，通过引进高科技农业企业和都市生态农业示范园建设，打造新郑国家现代农业示范区核心区；提升完善荥阳河阴石榴产业示范区、荥阳绿色蔬菜产业示范区建设，规划建设中国郑州种业科技创新园，围绕提升现代渔业发展水平，打造荥阳国家现代渔业示范区核心区；研究山地特色农业发展模式，做好登封山地特色农业示范区建设，并依托唐庄都市生态农业示范区建设，打造登封全国休闲农业与乡村旅游示范县核心区；依托惠济黄河滩区休闲观光产业带和陈砦（双桥）花卉产业链建设，打造惠济全国休闲农业与乡村旅游示范区核心区；依托二七区樱桃沟休闲农业产业带和新密市溱水河沿线都市生态示范园建设，打造郑州西南慢享生活循环生态农业产业带核心区。

(二)示范园:

根据都市生态农业示范区和农业产业集群的总体布局,结合农业资源条件,在郑州市范围内按照“一园一品、一园一特色”的目标,重点建设蔬菜、水果、花卉、食用菌、中药材种植,水产、畜禽特色健康养殖等产业功能突出的示范园。

(三)休闲农庄(园):

以滨河风光揽胜游、果岭山水体验游、天地之中养生游、慢享生活休闲游、田园风情观光游等 5条休闲农业精品线路为重点,培育一批集旅游观光、度假养生、农事体验、科普教育等功能于一体的休闲农庄(园)。

四、建设目标

2015—2017年,重点打造 10大核心区,完成100个各具特色的示范园建设,培育提升100家休闲农庄(园),创建一批国家级休闲农业与乡村旅游示范企业。

2015年,建成5个核心区,47个示范园,30家休闲农庄(园)。

五、建设内容

主要建设内容包括以下五大体系:

(一)路网体系

1.道路桥涵:包括主、次干道、生产路、桥涵、其他道路的基础整理及护坡、景观桥饰、景观路饰等。

2.道路绿化:园区内道路景观绿化和美化。

3.道路亮化:园区内路灯设置安装。

(二)农业装备体系

1.农产品必备检测设备:农产品质量安全常规检测设备、设施。

2.有害生物防治设备:包括生物防治、物理防治等综合防治所需要的设备及安装材料。如杀虫灯、防虫网、诱捕器等。

3.晾晒、贮藏、保鲜设施、设备(包括晒场、仓储、冷藏保鲜库、预冷库等)。

4.智慧农业:物联网、小型气象站等智慧农业设施、设备。

5.工厂化水产养殖设施及装备:新型网具、增氧设备、投料设备、病害检测设备等。

(三)休闲农业体系

1.服务设施:包括生态停车场、生态厕所、游客服务中心、农耕文明展示、农产品展示、农业科普培训、餐饮、住宿、游客休息设施、垂钓、鱼文化及观赏鱼展示等场地的建设与配套。

2.创意农业景观：包括示范园区入口、标识标牌、景观台等特色景观的建设。

(四)生态环保体系

1.循环农业设施：包括秸秆利用、农资包装物及农膜等废弃物回收设施、堆肥池等。

2.污水生态处理系统：无动力污水生态处理设备、小型人工湿地等。

3.土壤改良与培肥工程：包括土地整理、土壤改良与培肥、测土配方施肥、盐碱土壤治理等工程。

(五)灌排体系

1.水源工程：为农业灌溉所修建的地下水、地表水的采集、收集等工程。

(1)农用井：包括为农业灌溉所修建的各类水井的建设与配套；

(2)微集雨设施：在适宜修建拦蓄地表径流的地点，修建蓄水池（堰)、水窖、水柜等蓄水建筑物。

2.灌溉配套工程：包括引水、输水、配水渠系(管道)，泵站、无塔供水、机井房、喷滴灌溉及水肥一体化设施等。

3.排水工程：道路两侧排水及园区内其他排水工程。

4.电力工程：园区内高、低压线路、配电房、变压器等。

核心区突出基础设施建设，着力打造体制机制创新的管理平台、农业科技创新的研发平台、农业功能拓展的展示平台、农民就业创业的服务平台。

六、保障措施

(一)郑州市农业农村工作领导小组指导全市都市生态农业示范园区建设工作。郑州市农业农村工作领导小组办公室负责全市都市生态农业示范园区的综合协调、工作指导、监督检查和绩效考评。

(二)郑州市发展改革委牵头，整合市本级高标准农田建设、高标准农田示范区建设、新菜田建设开发资金用于示范园基础设施建设，探索政府投资项目申报、评审改革新机制。

(三)郑州市财政局牵头，整合涉农资金，探索适应园区发展的农业产业资金使用管理新机制。

(四)郑州市土地局按照《国土资源部、农业部关于进一步支持设施农业健康发展的通知》(国土资发〔2014〕127号)要求，指导示范园区设施农业、休闲农业规范用地。

(五)郑州市规划、科技、环保、水务、林业、河务、旅游等相关部门，结合各自业务在有关政策上对示范园区给予重点支持。

（六）各县（市、区）政府作为核心区和示范园建设的责任主体，统筹负责辖区内现代都市生态农业示范园区的规划编制、评审申报、工程招投标、项目实施、监管、验收和绩效考评等工作。

（七）核心区所在乡镇政府及县（市、区）相关职能部门，分工协作合力推进核心区建设。

（八）充分发挥政府资金的引导和杠杆作用，引导园区经营主体加大对园区基础设施和产业发展的投入力度。

郑州市人民政府关于印发郑州市扶贫开发三年攻坚行动计划（2015—2017年）的通知

郑政〔2015〕14号

各县（市、区）人民政府，市人民政府各部门，各有关单位：

为认真贯彻落实《中共郑州市委、郑州市人民政府关于印发郑州市扶贫攻坚发展规划(2014—2020年)的通知》(郑发〔2014〕1号)、《中共郑州市委、郑州市人民政府关于创新机制扎实推进农村扶贫开发和革命老区建设工作的实施意见》(郑发〔2014〕2号)精神，进一步加大扶贫开发工作力度，确保我市扶贫对象到2017年基本实现脱贫，到2018年率先在全省基本实现全面小康，特制定我市扶贫开发三年攻坚行动计划(2015—2017年)。

一、指导思想

坚持开发式扶贫方针，将扶贫开发政策与农村最低生活保障制度有效衔接，锁定贫困村，瞄准贫困户，实行精准扶贫。坚持政府主导、市场运作、全社会参与，专项扶贫、行业扶贫、社会扶贫“三位一体”合力推进，构建政府、市场、社会协同推进的大扶贫开发格局。坚持将扶贫开发纳入全市全域城镇化体系一体推进，以旅游开发为引领，以易地扶贫搬迁为抓手，突出产业发展和促进就业，结合新型城镇化建设，按照服务市民、富裕农民、统筹城乡、一体发展的理念，总结探索与郑州都市区建设相结合，具有郑州特色的扶贫开发路子。

二、目标任务

2015—2017年，完成贫困地区易地扶贫搬迁36915户、143658人，完成60个贫困村的整村推进和3万人的贫困劳动力技能培训任务，实施贫困山区区域特色经济项目15—30个、科技和产业化扶贫项目165个，实现15.32万扶贫对象脱贫。

专栏一：脱贫目标规划表

县(市、区) \ 年度	脱贫目标（万人 ）			
	三年合计	2015年	2016年	2017年
登封市	3.63	1.21	1.26	1.16
新密市	3.39	1.13	1.16	1.1
荥阳市	2.54	0.85	0.89	0.8
新郑市	2.03	0.68	0.67	0.68
中牟县	3.25	1.08	1.12	1.05
郑州航空港经济综合实验区	0.42	0.42	——	——
上街区	0.06	0.06	——	——
总计	15.32	5.43	5.1	4.79

三、推进措施

(一)持续做好专项扶贫

专项扶贫是指国家安排专项资金、各级扶贫部门组织，通过既定项目，直接帮助贫困地区和贫困人口脱贫致富的扶贫方式，主要包括易地扶贫搬迁、整村推进扶贫、科技产业化扶贫、就业促进扶贫、乡村旅游扶贫等。要按照精准扶贫的要求，锁定贫困村，瞄准贫困户，加大政府投入力度，推动专项扶贫深入开展。

强力推进易地扶贫搬迁。要按照全市新型城镇化建设的总体部署，坚持产业为基、就业为本、生计为先的原则，规划建设好扶贫搬迁社区，使搬迁群众向城区、镇区、产业集聚区集中。完善社区基础设施和公共服务设施，加强社区周边产业园区建设，方便搬迁群众生产和生活，努力实现搬得出、稳得住、能发展、快致富的目标。2015—2017

年，完成贫困地区易地扶贫搬迁36915户、143658人。

专栏二：易地扶贫搬迁任务规划表

县(市、区) \ 年度	搬迁任务（户、人）							
	三年合计		2015年		2016年		2017年	
县(市、区)	搬迁户数	搬迁人数	搬迁户数	搬迁人数	搬迁户数	搬迁人数	搬迁户数	搬迁人数
登封市	11711	46809	2389	9806	1602	6327	7720	30676
新密市	4813	18582	2350	9415	1933	7115	530	2052
荥阳市	5899	19780	1395	4869	2615	8820	1889	6091
新郑市	4178	13575	2177	6891	2001	6684	——	——
中牟县	7010	31629	850	3688	4508	20053	1652	7888
郑州航空港经济综合实验区	2212	9171	273	1260	888	3049	1051	4862
上街区	1092	4112	1092	4112	——	——	——	——
总计	36915	143658	10526	40041	13547	52048	12842	51569

持续做好整村推进扶贫。按照统一规划、分步实施、集中投入、连片开发的原则，以改善生产生活条件、壮大集体经济、增加贫困农户收入、提高自我发展能力为着力点，实施“水、路、电、气、房、环境改善”到农家和农户增收致富的“六到一增”工程，使贫困村基础设施、村容村貌明显改善，社会事业和特色优势产业进一步发展，民主管理和精神文明建设得到提升，农民收入水平和自我发展能力有较大提高。到2017年，完成整村推进扶贫60个村，平均每年推进20个村。历史文化风貌村要坚持保护与开发相结合，重视生态环境和古建筑、古民居等特色资源保护，传承优秀民俗文化，留住乡愁乡韵。

专栏三：整村推进扶贫任务规划表

县(市、区) \ 年度	项目数量（个）			
	三年合计	2015年	2016年	2017年
登封市	15	5	5	5
新密市	12	4	4	4
荥阳市	12	4	4	4
新郑市	12	4	4	4
中牟县	6	2	2	2
郑州航空港经济综合实验区	3	1	1	1
上街区	——	——	——	——
总计	60	20	20	20

强化产业扶贫支撑作用。立足资源优势大力发展产业扶贫是解决贫困群众生存和发展的根本手段。要以市场为导向，以农民增收为核心，以产业化经营为载体，以区域产业规划为依托，壮大产业规模，打造特色品牌。要突出抓好培育扶持龙头企业、培植专业大户和合作组织、加大对贫困户的直接扶持力度、提高农业科技含量等四个重点。

专栏四：科技产业化扶贫任务规划表

县(市、区) \ 年度	项目数量（个）			
	三年合计	2015年	2016年	2017年
登封市	51	15	18	18
新密市	10	2	4	4
荥阳市	33	9	12	12
新郑市	25	7	9	9
中牟县	25	7	9	9
郑州航空港经济综合实验区	5	1	2	2
上街区	16	4	6	6
总计	165	45	60	60

要充分发挥易地扶贫搬迁产业发展扶持资金作用，重点支持能够增加搬迁村集体固定资产的项目，在搬迁社区配套建设商业门市房、仓储用房、标准化厂房等经营性房产，由村集体统一管理，收取租金，保障搬迁群众获得稳定的财产性收入。经营性房产建设要与搬迁安置房同时规划设计、同时开工建设、同时投入使用。

专栏五：易地扶贫搬迁产业发展扶持资金规划表

县(市、区) \ 年度	项目数量（个）			
	三年合计	2015年	2016年	2017年
登封市	8258.5	2374.2	2625.8	3258.5
新密市	6297.1	1541.2	2022.2	2733.7
荥阳市	4407.7	1018.7	1253.5	2135.5
新郑市	2602.6	232	851.1	1519.5
中牟县	4763.9	889.8	934.4	2939.7
郑州航空港经济综合实验区	556.9	——	126	430.9
上街区	2340.3	593.1	873.6	873.6
总计	29227	6649	8686.6	13891.4

推进扶贫互助资金试点项目，帮助有创业能力的贫困群众解决资金问题。积极推行与商业银行合作、专业管理互助资金的模式，在吸纳社会资金，放大信贷资金的同时，确保资金安全使用，最大限度的发挥扶贫效益。

专栏六：扶贫互助资金试点任务规划表

年度 / 县(市、区)	培训数量（个）			
	三年合计	2015年	2016年	2017年
登封市	49	10	13	26
新密市	30	10	10	10
荥阳市	30	10	10	10
新郑市	24	10	10	4
中牟县	17	10	7	——
总计	150	50	50	50

积极推进就业促进扶贫。以促进扶贫对象稳定就业为核心，以提高贫困农民职业技能素质为目标，加大贫困劳动力技能培训力度，力争通过培训，使每户贫困户有一人掌握一门实用技术，实现就业创业。

专栏七：就业促进扶贫培训任务规划表

年度 / 县(市、区)	培训数量（人）			
	三年合计	2015年	2016年	2017年
登封市	7060	2010	2300	2750
新密市	6720	1870	2200	2650
荥阳市	6170	1670	2000	2500
新郑市	4050	1050	1400	1600
中牟县	3450	850	1150	1450
郑州航空港经济综合实验区	1050	200	400	450
上街区	1500	350	550	600
总计	30000	8000	10000	12000

加快推进贫困山区乡村旅游扶贫。用旅游产业引领的理念来统筹谋划和推进扶贫工作，要按照服务市民、富裕农民、城乡统筹、一体发展的理念，坚持环境保护、生态建设与资源开发相兼顾的原则，对贫困山区进行综合开发，大力发展乡村旅游扶贫，推动贫困山区区域特色经济发展。贫困山区乡村旅游扶贫要以增强贫困地区发展的内生动力为根本，以环境改善为基础，以景点景区为依托，以贫困山区区域特色经济项目为载体，以发展生态旅游、乡村旅游为重点，以增加农民就业、提高农民收入为目标，在西部丘陵山区打造嵩山、浮戏山、尖山、五云山、具茨山等一批各具特色、各有优势、蓬勃发展的区域特色经济发展区，带动贫困地区群众加快脱贫致富步伐。重点围绕旅游涉及的吃、住、行、游、购、玩6要素，完善乡村旅游需要的通信、交通、金融、医疗服务、文化娱乐、旅客信息、商业消费等生活性服务设施，带动城市要素向农村延伸，促进城乡一体化发展。

专栏八：贫困山区区域特色经济任务规划表

年度 / 县(市、区)	培训数量（人）			
	三年合计	2015年	2016年	2017年
登封市	12	4	4	4
新密市	8	2	3	3
荥阳市	6	2	2	2
新郑市	3	1	1	1
上街区	1	1	——	——
总计	30	10	10	10

继续加强贫困地区基础设施建设。加大对贫困老区扶贫投入，支持贫困老区因地制宜建立承接产业转移基地，发展红色旅游等特色产业，着力改善贫困地区落后面貌。

(二)统筹做好行业扶贫

各行业部门要把改善贫困地区发展环境和条件、促进贫困农民增收作为本行业发展规划的重要内容，结合各自职能分工，制定完善扶贫配套措施，在资金、项目等方面向贫困地区倾斜，完成好本行业部门市定扶贫目标任务。完善行业扶贫机制，使行业扶贫制度化。

（三）协调做好社会扶贫

加强定点扶贫工作。按照《中共郑州市委办公厅郑州市人民政府办公厅关于进一步做好定点帮扶工作的通知》（郑办〔2014〕31号）文件要求，扎实做好100个市直机关、事业单位定点帮扶100个贫困村工作，县（市、区）要比照市里做法，抽调人员对剩余贫困村进行帮扶，实现对全市贫困村定点扶贫的全覆盖，做到村村有工作队，户户有帮扶人。要把定点扶贫纳入各单位绩效考核，对优秀单位和先进个人进行表彰。鼓励支持金融机构、各民主党派和工商联积极参与定点扶贫工作。

动员企业参与扶贫。大力倡导企业社会责任，鼓励各类企业通过资金投入、项目建设、提供就业岗位、救助困难群众、订单采购农产品、共建生产基地、联办合作社、投资入股等多种方式，与贫困村开展村企共建，帮助贫困地区培育增收产业，推进集体经济发展和农民增收。积极开展项目推介和招商引资工作，为企业参与扶贫开发搭建平台，吸引更多社会资本参与扶贫项目实施。

动员社会各界参与扶贫。鼓励社会组织和个人通过多种方式参与扶贫开发。积极倡导扶贫志愿者行动，构建扶贫志愿者服务网络。鼓励工会、共青团、妇联、科协、残联、侨联等群众组织以及海外华人华侨参与扶贫。大力发展扶贫公益事业。

（四）完善体制机制

进一步解放思想，开拓思路，深化改革，创新机制，使市场在资源配置中起决定性作用和更好发挥政府作用，更加广泛、更为有效地动员社会力量，构建政府、市场、社会协同推进的大扶贫开发格局，在全市范围内整合配置扶贫开发资源，形成扶贫开发合力。一是要完善考核机制。通过与城镇化建设和产业发展关联考核，使各地真正把扶贫开发工作摆上重要位置，列入重要议事日程。二是要创新财政投入机制。2015—2017年市本级财政将投入近20亿元支持扶贫开发，各县（市、区）的投入增速不能低于全市增速，绝对额不能低于市本级在该地的投入额。三是要建立竞争性分配机制。通过竞争激励，充分调动各有关方面积极性，充分发挥扶贫资金作用。四是要建立精准扶贫工作机制。坚持工作到村、扶贫到户，脱贫退出，返贫进入，实现贫困村、贫困户的动态管理。五是要改革财政专项扶贫资金管理机制。改革下放项目审批权限，提高资金使用效益。

四、加强组织领导

各级政府要切实肩负起做好扶贫开发工作的主体责任，提高认识，加强领导，加大投入。要建立完善党政一把手负总责的扶 贫开发工作责任制，明确目标，加强考核，做到有目标、有计划、有措施、有检查、有奖惩。要充分发挥各级扶贫开发工作领导小组的组织、协调和指导作用，建立成员单位协作配合机制，抓好各项任务的落实。各定点帮扶工作队要把扶贫工作当成党的群众路线教育实践活动的一个重要抓手，切实负起责任，积极帮助所驻村出谋划策，加快发展，不脱贫、不脱钩。各级扶贫部门要加强思想、作风、廉政和效能建设，提高执行能力和战斗力，促进贫困地区加快发展，让贫困群众与全市人民一道同步进入小康。

郑州市人民政府关于进一步完善城乡居民基本养老保险制度的意见

郑政〔2015〕47号

各县(市、区)人民政府，市人民政府各部门，各有关单位:

按照党的十八大精神和十八届三中全会关于整合城乡居民基本养老保险制度的要求，依据《中华人民共和国社会保险法》、《国务院关于建立统一的城乡居民基本养老保险制度的意见》(国发〔2014〕8号)和《河南省人民政府关于建立城乡居民基本养老保险制度的实施意见》(豫政〔2014〕84号)，在总结我市城乡居民基本养老保险工作经验的基础上，现就进一步完善全市城乡居民基本养老保险(以下简称城乡居民养老保险)制度提出如下意见:

一、指导思想

高举中国特色社会主义伟大旗帜，以邓小平理论、“三个代表”重要思想、科学发展观为指导，按照全覆盖、保基本、有弹性、可持续的方针，以增强公平性、适应流动性、保证可持续性为重点，全面建立和不断完善覆盖全体城乡居民的基本养老保险制度，充分发挥社会保险对保障人民基本生活、调节社会收入分配、促进城乡经济社会协调发展的重要作用。

二、任务目标

坚持和完善社会统筹与个人账户相结合的制度模式，巩固和拓宽个人缴费、集体补助、政府补贴相结合的资金筹集渠道，完善基础养老金和个人账户养老金相结合的待遇支付政策，强化长缴多得、多缴多得等激励机制，建立基础养老金正常调整机制，健全服务网络，提高管理水平，为参保居民提供方便快捷的服务。“十二五”末实现与职工基本养老保险制度相衔接。2020年前全面建成公平、统一、规范的城乡居民养老保险制度，与社会救助、社会福利等其他社会保障政策相配套，充分发挥家庭养老等传统保障方式的积极作用，更好保障参保城乡居民的老年基本生活。

三、参保范围

年满16周岁(不含在校学生)，具有郑州市户籍，非国家机关和事业单位工作人员及不属于职工基本养老保险制度覆盖范围的城乡居民，可以在户籍地参加城乡居民养老保险。

四、基金筹集

城乡居民养老保险基金由个人缴费、集体补助、政府补贴构成。

(一)个人缴费

参加城乡居民养老保险的人员应当按规定缴纳养老保险费。缴费标准目前设为每年100元、200元、300元、400元、500元、600元、700元、800元、900元、1000元、1500元、2000元、2500元、3000元、4000元、5000元16个档次。参保人自主选择档次缴费，多缴多得。

(二)集体补助

有条件的村集体经济组织应当对参保人缴费给予补助，补助标准由村民委员会召开村民会议民主确定。鼓励有条件的社区将集体补助纳入社区公益事业资金筹集范围。鼓励其他社会经济组织、公益慈善组织、个人为参保人缴费提供资助。补助、资助金额分别不超过设定的最高缴费档次标准。

(三)政府补贴

对正常缴费的参保人，年缴100元补60元，年缴200元补65元，年缴300元补70元，年缴400元补75元，年缴500元补80元，年600元、700元补90元，年缴800元、900元、1000元补100元，年缴1500元、2000元补150元，年缴2500元、3000元补200元，年缴4000元补230元，年缴5000元补260元。(以上补贴含省财政补贴，对选择100元—400元档次标准缴费的，省财政给予每人每年补贴20元;对选择500元及以上档次标准缴费的，省财政每人每年补贴40元。)除省财政缴费补贴外，剩余缴费补贴由市、县(市、区)财政各承担50%。

县（市、区）政府对重度残疾人或长期贫困残疾人等缴费困难群体，为其代缴最低标准的养老保险费；对烈士遗属，可给予适当补贴；对领证的独生子女父母和农村计划生育双女父母，按市政府有关文件执行，计划生育补贴纳入我市城乡居民养老保险基金统一管理、统一发放。各级财政对参保人的缴费补贴不能冲抵个人缴费。

五、建立个人账户

城乡居民养老保险经办机构为每个参保人建立终身记录的养老保险个人账户，个人缴费、政府补贴、集体补助及其他社会经济组织、公益慈善组织、个人对参保人的缴费资助全部记入个人账户。个人账户储存额按国家规定计息。个人账户储存额只能用于个人账户养老金支付，除出国（境）定居、死亡等情形外，不得提前支取或挪作他用。

六、相关待遇及调整

城乡居民养老保险待遇由基础养老金和个人账户养老金等构成，支付终身。高龄老人生活补贴和丧葬补助费，按规定和我市经济发展情况进行发放调整。

（一）基础养老金

城乡居民的基础养老金标准为每人每月138元（含中央、省和地方财政基础养老金补贴）。个人连续缴费满15年或累计缴费满20年后，个人每多缴1年，达到领取待 遇条件时，月加发基础养老金2元，补缴年限不计入加发基础养老金累计缴费年限，符合条件者从认定的次月起执行。根据国家、省要求和我市经济发展、物价变动等情况，适时调整提高基础养老金标准，逐步建立基础养老金正常调整机制。基础养老金除中央、省补贴外，剩余部分的基础养老金补贴，市、县（市、区）财政各承担50%。

（二）个人账户养老金

个人账户养老金的月计发标准，目前为个人账户全部储存额除以139（与现行职工基本养老保险个人账户养老金计发系数相同）。参保人死亡的，其个人账户资金余额可以依法继承。

（三）高龄老人生活补贴

参保的高龄老人，年满70周岁不满80周岁，每月补贴20元；年满80周岁不满90周岁，每月补贴100元；年满90周岁不满100周岁，每月补贴200元；年100周岁及以上者，每月补贴300元。所需资金，市、县（市、区）财政各承担50%。

（四）丧葬补助费

城乡居民养老保险待遇领取人员死

亡的，从次月起停止支付其养老待遇。参保缴费满15年并领取养老待遇的参保人死亡时，其生前指定的受益人或法定继承人提出申请，所在村民组或社区应当在其死亡的次月起2个月内向经办机构办理相关手续，终止养老保险关系，政府一次性支付丧葬补助费1000元。

七、养老保险待遇领取条件

参加城乡居民养老保险的个人，年满60周岁、累计缴费满15年，且未领取国家规定的基本养老保险待遇的，可以按月领取城乡居民养老保险待遇。

2010年1月1日，《郑州市城乡居民基本养老保险办法》（郑政文〔2009〕316号）出台实施时已年满60周岁，在本意见实施之日前，尚未领取国家规定的基本养老保险待遇，且符合参加城乡居民养老保险条件的，可不用缴费，也可按缴费标准一次性补缴15年的养老保险费，自参保的次月起，可按规定按月领取城乡居民养老保险待遇；距规定领取待遇年龄不足15年的，应逐年缴费，也允许补缴，累计缴费不超过15年；距规定领取待遇年龄超过15年的，应按年缴费，累计缴费不少于15年，中断年限可以补缴，补缴年限不享受政府补贴。

城乡居民养老保险经办机构要每年对待遇领取人员进行核对；村（居）民委员会要协助经办机构开展工作，在行政村（社区）范围内对参保人待遇领取资格进行公示，并与职工基本养老保险待遇等领取记录进行比对，确保不重、不漏、不错。

八、转移接续与制度衔接

参加城乡居民养老保险的人员，在缴费期间户籍迁移、需要跨地区转移城乡居民养老保险关系的，可在迁入地申请转移养老保险关系，一次性转移个人账户全部储存额，并按迁入地规定继续参保缴费，缴费年限累计计算；已按规定领取城乡居民养老保险待遇的，无论户籍是否迁移，其养老保险关系不转移。城乡居民养老保险制度与职工基本养老保险、优抚安置、城乡居民最低生活保障、农村五保供养等社会保障制度以及农村部分计划生育家庭奖励扶助制度的衔接，按有关规定执行。

九、基金管理和运营

完善城乡居民养老保险基金财务会计制度和各项业务管理制度。将城乡居民养老保险基金纳入社会保障基金财政专户，实行收支两条线管理，单独记账、独立核算，任何地方、部门、单位和个人均不得转借、挤占、挪用、虚报冒领。城乡居民养老保险基金按照国家统一规定投资运营，实现保值增值。

十、基金监督

各级人力资源社会保障部门要会同有关部门认真履行监管职责，建立健全内控制度和基金稽核监督制度，对基金的筹集、上解、划拨、发放、存储、管理等进行监控和检查，并按规定披露信息，接受社会监督。财政、审计部门要按各自职责，对基金的收支、管理和投资运营情况实施监督。对虚报冒领、挤占挪用、贪污浪费等违纪违法行为，有关部门要按国家有关法律、法规严肃处理。要积极探索有村（居）民代表参加的社会监督有效方式，做到基金公开透明。

十一、经办管理服务与信息化建设

郑州市城乡居民养老保险实行市级统筹，县（市、区）管理，分级经办。各级政府要切实加强城乡居民养老保险经办能力 建设，结合本地实际，科学整合现有公共服务资源和社会保险经办管理资源，充实加强基层经办力量，做到精确管理、便捷服务。要注重运用现代管理方式和政府购买服务方式，降低行政成本，提高工作效率。要加强城乡居民养老保险工作人员专业培训，不断提高服务水平。城乡居民养老保险经办机构要认真记录参保人缴费和领取待遇情况，建立参保档案，按规定妥善保存。各级政府要为经办机构提供必要的工作场地、设施设备、经费保障。城乡居民养老保险工作经费纳入同级财政预算，不得从城乡居民养老保险基金中开支。

要不断完善省级集中的城乡居民养老保险信息管理系统，纳入“金保工程”建设范围，并与其他公民信息管理系统实现信息资源共享；要将信息网络向基层延伸，实现省、省辖市、县（市、区）、乡镇（街道）、社区实时联网，有条件的地方可延伸到行政村；要大力推广全国统一的社会保障卡，方便参保人持卡缴费、领取待遇和查询本人参保信息。

十二、加强组织领导和政策宣传

各级政府要充分认识建立城乡居民养老保险制度的重要性，将其列入当地经济社会发展规划和年度目标管理考核体系，切实加强组织领导；要优化财政支出结构，加大财政投入，为城乡居民养老保险制度建设提供必要的财力保障。各级人力资源社会保障部门要切实履行主管部门职责，会同有关部门做好城乡居民养老保险工作的统筹规划、政策制定、统一管理、综合协调和监督检查等工作。

各地、各有关部门要认真做好城乡居民养老保险政策宣传工作，全面准确地宣传解读政策，正确把握舆论导向，注重运用通俗易懂的语言和群众易于接受的方式，深入基层开展宣传活动，引导城乡居民踊跃参保、持续缴费、增加积累，保障参保人的合法权益。

本意见自发文之日起实施，我市已有规定与本意见不一致的，按本意见执行。国家、省有规定的，从其规定。《郑州市人民政府关于印发郑州市城乡居民基本养老保险办法的通知》（郑政文〔2009〕316号）、《郑州市人民政府关于进一步做好城乡居民社会养老保险工作的意见》（郑政〔2011〕78号）、《郑州市人民政府关于调整城乡居民社会养老保险待遇等有关事项的通知》（郑政〔2014〕48号）、《郑州市人力资源和社会保障局、郑州市财政局关于转发 <河南省人力资源和社会保障厅、河南省财政厅关于提高城乡居民基本养老保险基础养老金最低标准的通知>的通知》（郑人社养老〔2015〕5号）同时废止。

郑州市人民政府办公厅关于印发郑州市农村特困人员供养服务机构管理暂行办法的通知

郑政办〔2015〕112号

各县(市、区)人民政府，市人民政府各部门，各有关单位:

《郑州市农村特困人员供养服务机构管理暂行办法》已经市政府研究同意。现印发给你们，请认真遵照执行。

第一章　总则

第一条　为加强农村特困人员供养服务机构管理，促进我市农村特困人员供养事业的健康发展，根据《农村五保供养工作条例》(国务院令第456号)、《社会救助暂行办法》(国务院令第649号)、《农村五保供养服务机构管理办法》(民政部令第37号)、《河南省农村五保供养服务机构管理暂行办法》(豫政办〔2010〕86号)及有关规定，结合我市实际，制定本办法。

第二条　本办法所称农村特困人员供养服务机构，是指县级政府民政部门和乡、镇人民政府(街道办事处)举办的，为农村特困供养人员提供集中供养服务的公益性机构。

第三条　农村特困人员供养服务机构的创办、变更、解散应当经县级人民政府民政部门批准，依照相关规定办理登记 (注销)手续，并报上一级民政部门备案。

符合条件的农村特困人员供养服务机构，应当依据《事业单位登记管理暂行条例》(国务院令第411号)办理事业单位法人 登记，明确其法人资格。

第四条 市人民政府民政部门指导全市农村特困人员供养服务机构的管理工作。县级人民政府民政部门负责本行政区域内农村特困人员供养服务机构的审批、监督、指导工作。乡、镇人民政府（街道办事处 ）负责本行政区域内农村特困人员供养服务机构的建设、管理工作。

第五条 县级人民政府民政部门是其举办的农村特困人员供养服务机构的责任主体，民政局长是第一责任人；乡、镇人民政府（街道办事处）是其举办的农村特困人员供养服务机构的责任主体，乡、镇长（主任）是第一责任人；农村特困人员供养服务机构是直接责任单位，院长（主任）是直接责任人。

第六条 乡、镇人民政府（街道办事处）应设立由乡镇（办）分管民政工作的领导任组长，民政、财政、卫生、教育、公安等有关部门负责同志组成的特困人员供养领导小组。其主要任务是决策、管理、协调、监督农村特困人员供养服务机构重大事项，认真落实特困人员供养政策，依法维护特困供养人员的生活权益和民主政治权利。

第七条 农村特困人员供养服务机构应积极开展星级评定，不断规范建设和管理，不断提高特困人员供养服务水平。在开展农村特困人员供养服务机构等级评定活动中被评为星级单位的，采取“以奖代补”的方式，有针对性地进行支持和资助。

第二章 规划建设

第八条 各县（市、区）人民政府应把农村特困人员供养服务机构建设纳入当地经济社会发展规划，加强对农村特困人员供养服务机构建设和管理工作的领导，按照相关规定及建设标准，结合本地实际，对农村特困人员供养服务机构建设进行科学规划，根据乡、镇（办）的地理位置、人口数量和特困供养人员数量设立满足当地实际需要的特困人员供养服务机构。对供养对象较少、设施陈旧、力量薄弱的供养机构，应当统筹规划、整合资源，通过建设区域性特困人员供养服务机构或将供养对象就近集中在一个供养机构的办法进行供养。

第九条 农村特困人员供养服务机构原则上应建在临近乡、镇人民政府（街道办事处）驻地的地方或集中居住区，无地质灾害安全隐患，无水、气、声、光污染。应充分利用现有的国有、集体闲置资产，改建、扩建和新建农村特困人员供养服务设施。

第十条 新建农村特困人员供养服务机构占地面积一般不低于20亩，床位根据当地农村特困供养人员数量确定，一般不少于60张，且布局合理，道路硬化，生产、生活区分设，院容、院貌美观整洁，绿化率应达到60%以上；绿化美化环境既要注重美观又要注重实效，应多植果木，少植林木，多种菜地，少种草地，形成经济效益与观赏效应相统一的特色园区；室外杂物要堆放整齐，不得影响供养人员的正常生活。

第十一条 特困人员供养服务机构的各类建筑应当根据老年人、残疾人和未成年人生活需要进行设计，宜为砖混结构的平房院落或三层以下楼房，室内地面应选用平整、防滑材料，台阶、楼梯、扶手等设计要考虑供养对象生活安全的需要，并且不得采用易燃、易碎、化纤及散发有害有毒气味的建筑、装饰材料，生活设施符合安全、消防、卫生、防疫、环保等国家标准。

第十二条 特困供养人员集中供养居室应有良好朝向、天然采光和自然通风，有取暖、防暑等设施。特困供养人员集中供养居室人均使用面积原则上不小于7m^2，并根据供养人员实际需要，居室应统一配备床、桌、椅、柜、被褥等生活必备用品。

第十三条 农村特困人员供养服务机构应建有开展供养服务所必需的居住用房和辅助用房，并按要求配备消防设施。辅助用房主要包括办公室、厨房、餐厅、卫生室、储藏室、活动室、浴室、公用洗衣间和公共卫生间等。平房的公用卫生间应做到每栋一处，楼房的公用卫生间应做到每层一处，有条件的地方应尽可能在居室内设卫生间。卫生间等公共卫生场所地面应做到防滑，平房的公用卫生间距离供养人员居室一般不超过100米。

第十四条 农村特困人员供养服务机构要设立适合老年人的活动场所，可配置适合老年人使用的健身器材。室外活动场所尽可能做到宽敞，除道路通道外，尽量少用坚硬材料，做到少坎多平，可配设休憩条椅等。

第十五条 农村特困人员供养服务机构厨房应能满足供养人员就餐需要，操作间、餐厅和储藏间应分开单设，卫生整洁，配备餐具消毒设施和食品保鲜设备。

第三章 服务对象

第十六条 农村特困人员供养服务机构的服务对象以农村特困供养人员为

主。农村特困供养人员是指农村居民中无劳动能力、无生活来源且无法定赡养、抚养、扶养义务人，或者其法定赡养、抚养、扶养义务人无赡养、抚养、扶养能力的老年人、残疾人以及未满16周岁的未成年人。

第十七条 农村特困供养人员入院自愿、出院自由。自愿选择集中供养的农村特困供养人员，经本人申请、乡镇人民政府(街道办事处)审批并报县级民政部门备案，可以入住农村特困人员供养服务机构，供养服务机构不得拒绝接收。接收患有传染病、精神病农村特困供养人员的农村特困人员供养服务机构应当具备相应的治疗护理能力。

农村特困人员供养服务机构应优先供养生活不能自理的农村特困供养人员。

第十八条 申请、审批和备案程序。

(一)申请。特困供养人员本人向乡、镇人民政府(街道办事处)提出书面或口头申请。提出口头申请时，乡、镇人民政府(街道办事处)应安排专人负责记录特困供养人员的口头申请，在向特困供养人员宣读后确认其意愿，并留有2-3名知情人的证明。

因智力残疾等原因无法表达意愿的，由村(居)民委员会或其他村民代为提出申请。

(二)审批。乡、镇人民政府(街道办事处)根据特困人员申请和本地农村特困人员供养服务机构供养能力，统筹安排入住。审批时间一般不应超过20个工作日。

(三)备案。乡、镇人民政府(街道办事处)作出批准特困供养人员集中供养后，应于10个工作日内向县级民政部门备案。县级民政部门应及时调整供养标准，保障其基本生活得到落实。

第十九条 农村特困供养人员入住农村特困人员供养服务机构时，乡、镇人民政府(街道办事处)应当与农村特困人员供养服务机构签订供养服务协议，委托其为特困人员提供供养服务。协议由乡镇人民政府(街道办事处)、农村特困人员供养服务机构、特困供养人员本人、特困人员所在地村(居)委会共同签订，约定相关责任和义务。集中供养服务协议一般应包括以下内容：

(一)农村特困人员供养服务机构、村(居)委会、直系近亲属的姓名(名称)和地址；

(二)服务内容、供养标准和零用钱发放数额；

(三)协议签订人的责任和义务;

(四)协议变更、解除与终止的条件;

(五)特困供养人员个人财产(含动产和不动产)清单及处分办法。农村特困人员集中供养服务协议范本由县级民政部门统一制定，并报上一级民政部门备案。

第二十条 维护农村特困供养人员财产权益，尊重农村特困供养人员合法使用、处分个人财产的自由。农村特困人员将承包土地交由他人代耕的，其收益归该农村特困人员所有，禁止将“是否把财产交给集体或国家”作为能否进入农村特困人员供养服务机构的前提条件。集中供养的农村特困供养人员需要代管的财产按集中供养服务协议处理;集中供养的农村特困供养人员死亡后遗产，有遗嘱的按遗嘱处理，没有遗嘱的按集中供养服务协议处理。

第二十一条 集中供养的农村特困供养人员未满16周岁或已满16周岁未满18周岁仍在接受义务教育的，应由县级社会福利中心比照孤儿安置抚养。

第二十二条 农村特困人员供养服务机构应建立特困人员个人档案，内容包括供养对象的本人申请、审批表、健康体检报告、入院协议书、入院人员登记卡。档案建立后，由特困人员供养服务机构妥善保管，并随时将增添变更情况录入农村特困人员供养信息系统。

第二十三条 有条件的农村特困人员供养服务机构在满足当地农村特困供养人员集中供养需求的基础上，可面向其他社会老人提供社会化养老服务，但不得接收精神病患者、传染病人。入住特困人员供养服务机构的要进行健康体检。

开展社会化养老服务的农村特困人员供养服务机构应当与服务对象或者其赡养人签订协议，约定双方的权利、责任和义务。

农村特困人员供养服务机构不得因开展社会养老服务降低特困供养人员的供养条件和服务水平。

第二十四条 鼓励社会办养老服务机构和社会福利机构接收特困供养人员，政府采取购买服务等措施给予供养经费支持。

第二十五条 鼓励企事业单位、社会团体、个人兴办和资助农村特困人员供养服务机构。公办民营的特困人员供养服务机构，举办单位要与民营机构签订协议。协议的主要内容:

（一）明确安全责任。举办单位是责任主体，举办单位的一把手是第一责任人，民营机构是直接责任单位，其法定代表人是直接责任人。

（二）明确特困供养人员供养服务优先。特困人员供养服务机构应保证满足特困供养人员集中供养需求，且集中供养能力不低于60%，剩余床位方可用于社会养老。

（三）明确特困供养人员的供养条件和服务水平与社会养老相一致，差额经费由举办单位负责解决。

协议签订后须经县级民政部门批准，并报市级民政部门备案后方能生效。县级民政部门要对供养情况进行定期检查和走访。

第四章　内部管理

第二十六条　农村特困人员供养服务机构应当建立健全岗位责任制、请销假、学习、24小时值班巡查、膳食管理、环境卫生、财务管理、档案管理、安全保卫等管理制度，并张贴或悬挂在明显位置，监督执行，落实到位。

第二十七条　农村特困人员供养服务机构实行院长负责制，院长由举办单位选派热爱特困人员供养服务事业、身体健康、作风正派、政治素质高、有一定文化水平和管理能力、年龄原则上不超过50岁的人员担任，并接受县级民政部门的业务指导。举办单位应当定期对院长履行职责的情况进行考核，考核测评院民满意度应达到90%以上，对考核不称职、院民满意度测评达不到60%的应当进行调整或解聘。

第二十八条　院长主要职责是：

（一）贯彻执行国家有关农村特困人员供养和农村特困人员供养服务机构工作法规和政策；

（二）组织制定总体发展规划和各项制度；

（三）组织开展农副业生产，不断提高供养人员的生活水平；

（四）实行目标管理，建立岗位责任制，督促工作人员履行职责，维护供养人员的合法权益；

（五）抓好安全工作，严防各类事故发生；

（六）自觉接受举办单位的管理。

第二十九条　农村特困人员供养服务机构应设立院务管理委员会，实行民主管理，各类供养人员享有参与农村特困人员供养服务机构管理的权利。院务管理委员会成员由5至7人组成，须经农村特困人员供养服务机构全体人员民主选举产生，院务管理委员会成员中供养人员所占比例不得少于1/2。其职责是：

(一)研究制定各项制度，审议农村特困人员供养服务机构的重大事宜；

(二)监督落实各项制度，定期评议主任(院长)和工作人员的工作实绩；

(三)监督农村特困人员供养服务机构财务收支和管理情况；

(四)其他管理职责。

第三十条 农村特困人员供养服务机构应根据就餐人数多少配备炊事人员，并动员身体状况良好的特困供养人员帮厨。炊事人员应定期进行体检，持有健康证明，防止传染病的发生。炊事人员应具备一定烹调技能。

第三十一条 农村特困人员供养服务机构的伙房、餐厅应卫生整洁，餐具定期消毒，确保饮食安全卫生。特困供养人员的饮食严格按照食品卫生要求操作，做到每周有食谱，荤素、干稀搭配合理。一日三餐适时开饭，注意饭菜保温，保证开水供应。根据特困供养对象需要，制作软食、流质及特殊饮食，注重膳食营养，尊重少数民族习惯。

第三十二条 农村特困人员供养服务机构应适时向特困集中供养人员统一发放衣、帽、鞋、被、褥等生活用品，及时换洗床单、被罩、蚊帐、衣物。根据季节变换每年发放衣服不少于3套、鞋子不少于2双、帽子1顶，每3年配发冬季、夏季、春秋季被褥各1套。供养人员应定期洗澡、理发，夏季每周洗澡不少于2次，春秋季每周洗澡不少于1次，冬季每半月洗澡不少于1次，每月理发不少于1次，做到卫生洁净，仪表整洁。

农村特困人员供养服务机构每月向特困集中供养人员发放零用钱不低于供养标准的8%。

第三十三条 农村特困人员供养服务机构应定期组织供养人员开展有益于身心健康的文体娱乐、康复保健、社区公益等活动，做到内容丰富，形式多样，供养人员参与率不低于80%。

第三十四条 农村特困人员供养服务机构应设立医务保健室，配备1名熟悉医疗业务的人员。医务人员可专职，也可兼职，专职的应具有执业证书，兼职的应经过不少于3个月的专业培训。医务室或诊所应配有血压计、体温表、听诊器、治疗床和注射器械，并配备必需的老年常见病药物。

有条件的可设立心理咨询室，定期组织谈心交流，对普遍性问题和极端个人问题研究解决办法，保持供养人员对象心理健康。

第三十五条　建立特困集中供养人员健康档案，详细记载特困集中供养人员健康状况和疾病治疗情况。医务人员每天查房不少于1次，及时了解特困集中供养对象的健康状况，对患病的特困集中供养对象做到早发现、早治疗。定期做好休养区和院内公共场所的消毒灭菌工作，防止疫病流行。

第三十六条　定期为集中供养的特困供养人员进行体检，对患病的供养对象，应及时治疗、合理用药；对患大病、重病或不明原因疾病的供养对象，应及时送医院进行检查确诊、治疗，并安排人员照料；对患有传染病的供养对象，以既不影响他人，又尊重病患者为原则，及时采取特殊保护措施，进行隔离、治疗。

第三十七条　集中供养的特困供养对象医疗经费原则上实行全额保障，通过基本医疗保险、大病医疗保险、医疗救助等渠道予以解决。

第三十八条　对自理能力差的供养人员，农村特困人员供养服务机构应帮助饮食起居；对完全失去自理能力的，应配备轮椅等辅助器具，并安排人员护理。

第三十九条　集中供养的特困供养对象去世后，农村特困人员供养服务机构应按照有关规定妥善料理后事，丧葬补助费为其原享受的一年供养金。

第五章　生产经营

第四十条　农村特困人员供养服务机构的资产依法归供养服务机构管理和使用，任何单位和个人不得侵占和随意处置。

第四十一条　农村特困人员供养服务机构要建立健全财务管理制度，坚持勤俭办院、民主理财。应根据财务状况合理设置财务帐目、科目，对行政拨款和生产经营收入要分别设立帐目，开支的各项经费应具备合法的票据，并符合规定的审批程序，做到各项账目健全、手续齐备。财会人员离职时，必须按规定办理移交手续。

第四十二条　鼓励和支持农村特困人员供养服务机构因地制宜开展农副业生产经营活动，进行种植、养殖、加工等多种生产经营。生产经营收入归农村特困人员供养服务机构所有，用于扩大再生产和改善供养人员的生活条件，任何单位和个人不得侵占、挪用。

第四十三条　农村特困人员供养服务机构应根据生产经营项目，合理分工，分类管理。可根据供养人员身体状况，鼓励供养人员参加力所能及、有益身心健康的生产劳动和经营活动，并给予适当报酬，以调动供养人员参加生产劳动的积极性。

第六章　工作人员

第四十四条　农村特困人员供养服务机构工作人员由举办单位根据需要和规模配备，主要由院长（主任）、服务员、炊事员、卫生员、会计、出纳员、保管员等组成。工作人员和供养人员的比例原则上不低于1:10，护理人员与生活不能自理供养人员的比例不低于1:5。

第四十五条　农村特困人员供养服务机构工作人员实行合同聘用制，择优录用。工作人员持证上岗率不低于40%，从事护理、财会、医疗等专业人员应当具备国家认定的职业资格，持证上岗率达到100%。

第四十六条　聘用的农村特困人员供养服务机构工作人员享受国家规定合同工相关的劳动待遇，工资待遇由特困人员供养服务机构在聘用时双方协定，签定用工协议书。工资待遇不得低于当地最低工资标准，并提供基本养老、基本医疗、工伤等社会保险待遇。

第四十七条　农村特困人员供养服务机构应当对工作人员进行考核，由院民管理委员会每半年组织召开一次院民会议，对工作人员进行满意度测评。考核测评院民满意度应达到90%以上，连续两次考核测评院民满意度达不到70%的应当解聘。

第四十八条　农村特困人员供养服务机构工作人员应积极参加民政部门举办的培训，农村特困人员供养服务机构应经常组织工作人员进行业务培训，加强职业道德教育，不断提高管理和服务水平。农村特困人员供养服务机构应将安全教育纳入从业人员的培训内容，每半年组织一次安全知识培训和应急疏散演练，对工作人员和服务对象开展经常性的用火、用电和火场自救逃生教育。安全宣传教育工作应纳入农村特困人员供养服务机构年度管理考评内容。

第四十九条　农村特困人员供养服务机构的建设资金和管理资金应当按照财政预算管理程序申报，经审核后列入县级财政预算并按时拨付。管理资金是指维持农村特困人员供养服务机构正常运转必需支出的各项费用，主要包括工作人员工资、办公经费、设备设施购置维护经费和水、电、燃料费等。

第七章　法律责任

第五十条　农村特困人员供养服务机构有下列行为之一的，由县级人民政府民政部门或者乡、镇人民政府(街道办事处)责令限期改正；逾期不改正的，县级人民政府民政部门或者乡、镇人民政府(街道办事处)应当终止供养服务协议；造成损失的，依法承担赔偿责任:

(一)歧视、虐待农村特困供养对象的;

(二)未尽到管理和服务义务致使农村特困供养对象合法权益遭受侵害的;

(三)侵占农村特困供养对象财产的;

(四)其他违反规定的行为。

第五十一条　农村特困人员供养服务机构工作人员有下列行为之一的，予以批评教育；情节严重的，予以辞退；造成损失的，依法承担赔偿责任；构成犯罪的，依法追究刑事责任:

(一)私分、挪用、截留农村特困供养人员供养款物的;

(二)私分、挪用农副业生产经营收入的;

(三)辱骂、殴打、虐待农村特困供养对象的;

(四)盗窃、侵占农村特困供养对象或者农村特困人员供养服务机构财产的;

(五)其他违反规定的行为。

第五十二条　农村特困供养对象有下列行为之一的，予以批评教育；情节严重的，停止集中供养；构成犯罪的，依法追究刑事责任:

(一)违反农村特困人员供养服务机构的规定，扰乱正常生活秩序的;

(二)打架、斗殴，造成他人身体伤害的;

(三)损毁、盗窃、侵占农村特困人员供养服务机构或者其他农村特困供养对象财产的;

(四)其他违反规定的行为。

第八章　附则

第五十三条　社会力量举办的农村特困人员供养机构应根据《民办非企业单位登记管理暂行条例》(国务院令第251号)办理法人登记，其管理和服务参照本办法执行。

第五十四条　本办法自印发之日起施行。

工作大事记

1月26日

从国家农业部传来喜讯，河南省新郑市被认定为国家现代农业示范区。

3月12日上午

全市农业农村重点工作推进会召开。会议传达贯彻了中央、省委、市委农村工作会议精神，总结了2014年全市农业工作，对2015年重点工作进行安排部署。

3月16日

河南省青少年南水北调生态环保宣传实践活动暨省会青少年春季义务植树活动在荥阳市举行。

3月28日上午

第二届郑州 中牟农业公园嘉年华盛大开幕式。

3月29日上午

第三届郑州休闲农业“走进乡村 寻梦田园”春季活动月启动。

4月8日上午

全省农技系统小麦宽幅精播技术现场观摩会在我市召开。

4月21-23日

2015年全国休闲农业与乡村旅游星级示范创建管理人员培训班在郑州顺利举办。

5月14日

郑州市人民政府召开2015年全市农村饮水安全推进工作视频会议。针对郑州实际，对全市2015年农村饮水安全工作进行了动员、部署。

5月22日

召开全市农村改革工作会议安排部署今年农村改革工作，副市长杨福平出席会议并讲话。

6月3日

《郑州市石佛沉砂池至郑州西区生态供水工程可行性研究报告》专家评审会在黄河饭店召开。专家组对该报告进行了认真的审查，给了充分肯定，并提出修改意见，一致同意通过评审。

6月5日

郑州市防汛抗旱指挥部指挥长、市委副书记、市长马懿深入常庄水库、郑州市防汛物资仓库、城市积水点改造工程现场、市政工程工地和市政管网检查现场，实地检查全市防汛工作。

6月24日至26日

郑州市举办农村土地承包经营权确权登记颁证试点工作人员培训班。

7月19日

我市召开郑州市美丽乡村建设试点村项目评审会。

9月7日至8日

中国旅游协会休闲农业与乡村旅游分会专家验收组对我市创建全国休闲农业与乡村旅游五星级企业进行评审验收。

9月22-23日

郑州市召开2015年全市秋粮生产现场观摩评价暨小麦秋冬种生产形势分析会议。

9月23-27日

我市举办“首届郑州金秋农庄节”。

9月29日

副市长杨福平赴新密市、新郑市视察督导“三秋”生产、秸秆禁烧及农村环境综合整治等工作。

10月16日

“第35个世界粮食日和全国爱粮节粮宣传周活动”郑州分会场启动仪式在郑州市管城区举行。今年世界粮食日的主题是“社会保护与农业：打破农村贫困恶性循环”，全国爱粮节粮宣传周的主题是“兴粮惠农进万家”。

10月26日下午

全省加快转变农业发展方式暨都市生态农业现场会在我市召开。副省长王铁、省政府副秘书长胡向阳以及郑州市市长马懿、市委副书记胡荃、副市长杨福平出席会议。参会人员先后观摩了新郑市好想你木本良红枣博览园、新郑市君源生态有机农场、新郑市孟庄镇农民创业园和中牟国家农业公园、中牟姚家乡区域中心站。

12月10日

郑州市环城生态水系循环工程在南四环与十八里河交汇处启动。

12月19日

郑州市石佛沉砂池向西区生态供水工程开工仪式在高新区须水河东路举行。此项工程是继12月10日郑州市环城生态水系循环工程开工建设以来又一重点工程，标志着郑州都市区生态水系全面提升工程进入了建设高潮。

研究探索

YANJIUTANSUO

郑州市城郊农业旅游开发研究

城郊农业旅游是以城市居民为主要客源市场，依托城市郊区丰富的农业旅游资源开展的旅游活动的总和。随着国家旅游局确定的“华夏城乡游”、“中国乡村游”、“中国和谐城乡游”等一系列旅游主题后，城郊农业旅游以其时间短、特色强、消费低的特点在我国迅速发展起来。2009年郑州市旅游局发布了中共郑州市委、郑州市人民政府《关于实施旅游强市战略、加快推进旅游产业跨越式发展的意见》，提出要通过多种手段推动乡村旅游发展。总之，从国家到地方政策以及宏观环境方面对郑州的乡村旅游业的发展都非常有利。

一、郑州市城郊农业旅游开发现状

(一)郑州市城郊农业旅游发展概况

相对于发达地区，郑州市城郊农业旅游起步较晚，发展也不成熟。开始于上世纪九十年代后期，刚开始时大都以国外及国内发达省份观光农业发展模式为经验，模式较单一。河南是农业大省，具有悠久的农业发展历史，农业旅游资源多种多样，且具有几千年传承下来的乡风民俗，因此，有着发展城郊农业旅游的先天优势。自侯寨乡成功举办首届樱桃节以来，郑州市城郊农业旅游依托得天独厚的自然资源优势、丰富多样的农产品优势和四通八达的交通优势，经过10多年的发展，全市涌现出一大批融生产性、观赏性、参与性、娱乐性为一体的观光休闲农业景点和项目，成为郑州市农村经济发展新的增长点，逐步进入发展中期。截止到2014年，开辟了多条休闲观光精品线路，休闲农业庄园达到186家，休闲农业特色村18个，家庭农场126家，农家乐示范户249个，开展休闲农业节会活动26个，接待人次达1500万人次，营业收入18.1亿元，带动农户就业2.29万人。2014年丰乐农庄、绿源山水、弘亿国际庄园已通过全国休闲农业与乡村旅游五星级示范企业考核验收；黄河富景生态园已通过全国休闲农业与乡村旅游四星级示范企业考核验收；普兰斯薰衣草庄园、御寨山庄已通过全国休闲农业与乡村旅游三星级示范企业考核验收。除此之外，中牟莱骏农庄、惠济自然界等7家休闲农庄通过了2014年市级三星级示范企业考核验收。2015年全年实现旅游总收入1004.2亿元，比上年增长12.5%；来郑旅游人数8674.4万人次，比上年增长11.7%；其中国际旅游人数47.3万人次，增长4.8%；国内旅游人数8627.1万人次，增长11.7%。年末全市共有旅行社218家，星级酒店40个，A级旅游景区42个，4A级以上景区13个。

（二）郑州市城郊农业旅游发展的空间分布

从郑州市既有休闲观光农业开发的地域布局来看，主要分布在以金水区、中原区、二七区、管城区、惠济区、上街区6区为主的近郊区，属于依托都市区开发的近郊型模式，距市中心大多只有5-10 公里，多数园区已有公交直达，交通条件方便。郑州市的观光休闲农业分布极具地域特征，以郑州主城区为主的近郊区观光休闲农业旅游圈；以新郑、中牟、荥阳、巩义、新密、登封等县市为主的中远郊区休闲农业圈；以黄河游览区为依托的观光休闲农业旅游带。因为郑州都市区紧临黄河，形成了独有的广阔黄河滩地和湿地，是发展观光休闲农业的独特优势，因此许多观光休闲农业园区选址黄河岸边，形成了独特的空间分布模式。

（三）郑州市城郊农业旅游的类型

郑州市在旅游行业类型不断增加的同时，城郊农业旅游种类也开始呈现百花齐放的局面，目前，郑州市城郊农业旅游类型主要有：

农园休闲观光型、农园采摘型、畜牧养殖型、森林观光型、高新科技园区、渔场垂钓型。

二、郑州市城郊农业旅游开发存在问题

（一）建设水平不够高

1.比较单一。郑州市城郊农业旅游产品仍然停留在“春天看花，秋天收果”传统观光农业旅游阶段，类型主要以不为城市人所熟悉的农业生产过程为卖点，在城市近郊或风景区附近开辟特色果园、菜园、花圃等，让游客入内摘

果、拔菜、赏花，享尽田园乐趣。缺少更高层次的都市科技型农业旅游和休闲度假型农业旅游项目。而且农业旅游具有季节性，时间主要集中在春秋两季，到了冬季则一般很少有游客出来游玩，导致郑州市农业旅游出现短季现象。

2.缺乏特色。郑州市大多数的旅游项目都是观光式的旅游，缺乏参与性、科技含量以及丰富的产品组合项目。多数旅游园区都是采摘、赏花、垂约等传统观光旅游项目，很少会有参与性农业生产劳动项目，对游客的吸引力不够，重游率比较低。近几年，随着农业旅游的快速发展，一些地方政府和开发商盲目追求经济利益，在旅游区内大搞建设，导致景区脱离了农业旅游的根本，影响游客的旅游兴趣。此外，郑州市农业旅游项目重复开发建设情况严重，导致不良竞争现象的出现，不利于郑州市农业旅游的长远发展。

（二）基础设施不健全

城郊农业旅游具有观光、购物、农作、休闲、农业技艺学习、文化欣赏等多种功能，与此相对应，必须有相关的配套设施和项目。但目前许多观光休闲农业区还处于初期阶段，园区内的道路建设、相关配套设施建设以及管理服务用房等没有配套到位，缺乏统一的标准和要求。游客的餐饮、住宿、娱乐等安全、卫生方面也不规范，而且缺乏综合性的观光休闲农业场所。虽然郑州市相关部门不断重视郑州市农业旅游的开发，投入资金建设农业旅游区（点）的基础设施，但是基础设施仍然存在不健全（如道路狭窄、可进入性差、无停车场或停车场停车车位太少、餐厅不卫生、客房不卫生、无公共洗手间或公共洗手间太少、娱乐休闲设施不健全等），这些不仅会严重制约旅游者需求状况的满足，还会致使旅游者对农业旅游区（点）的评价低，所有这些都会对农业旅游目的地产生负面影响，制约农业旅游区（点）的持续、快速、健康发展。

（三）经营管理有待改善

郑州市城郊农业旅游处于层次不高的发展阶段，农业旅游从业人员主要是本村或附近村庄农村剩余劳动力的转移，他们缺乏系统的农业旅游经营和服务知识，缺乏农业旅游经营理念和服务意识，上到管理、下到服务水平都很低。有些农业旅游景区属于村集体投资建设的景区，村委人员即是管理人员，以亲情关系为纽带，企业支柱亲信化，管理方式完全靠起源于农民打江山的人控制人，而不是靠制度控制人的管理模式，缺少景区的内部管理和外部宣传营销经验，也没有引入较高水平的景区管理人员，“摸索着干”是这些村集体景区的主要管理方式。由此可见，郑州市农业旅游在管理层次上存在着管理人员水平参差不齐，管理不规范等问题。与此同时，郑州市城郊农业旅游尚未形成规模，发展相对落后，吸引不了旅游人才前来就业，管理者和经营者也没有资金引进优秀旅游人才和培养现有的劳动力，在农业旅游人才方面匮乏，对农业旅游的发展产生了负面影响。

（四）宣传旅游的意识不够

农业旅游目的地由于受区位条件的限制，一方面，这些地区由于受交通、通讯、资金等条件的限制，致使这些农业旅游地很少被人们所关注；另一方面，从政府的旅游管理者（旅游局）到农业旅游景区经营管理者再到农户缺乏对农业旅游的宣传意识，使这些本来就无法快速进入人们视野的农业旅游目的地离人们的视线越来越远，最终导致农业旅游经营收入难以提升。即便是有宣传促销意识的农业旅游的管理和服务人员对农业旅游的宣传、促销仅仅停留在原始、被动的水平，对宣传促销的投入极少。由此可见，郑州市目前的城郊农业旅游知名度和规模一直停留在较低的水平，对郑州市城郊农业旅游的发展以及农村经济的发展产生了负面影响。

三、郑州市城郊农业旅游开发的原则和对策

（一）郑州市城郊农业旅游开发的原则

农业旅游业的开发不可急于求成，更不能盲目、盲从，要想实现农业旅游的快速、可持续发展，就必须始终坚持科学可行的旅游发展规划原则。

1.因地制宜

郑州市应该坚持在对农业旅游资源科学评估的基础上，综合运用科学发展观理论、景观生态学理论、经济学知识、旅游学知识等知识和理论，因地制宜，从实际出发，不能千篇一律，要以当地的特色资源为依托，以市场需求为导向，因地制宜，突出特色，实现旅游产品的多样化、特色化。积极开发组合多样、特点突出的旅游项目和旅游活动，这样才能加深游客的旅游印象，进一步稳定客源。

2.可持续发展

农业旅游是生态旅游的一种形势，

它的发展既要符合农业生产的布局原则，又要符合旅游业发展的一般规律，而且农业旅游景区一般位于自然生态环境敏感地区，旅游业的发展极易对生态环境和文化遗产造成破坏。因此，在开发的过程中要坚持农业旅游、生态旅游和文化旅游相结合，必须保持同资源、环境的和谐统一，保证经济、环境和社会效益的统一，树立可持续发展的思想，适时、适度的开发旅游产品。

3.循序渐进

旅游业的发展有其特殊的规律和阶段，不能盲目求快。郑州市城郊农业旅游的开发存在着缺少资金支持、基础设施不健全等问题，因此，郑州市城郊农业旅游开发是一个长期缓慢的过程，不能急于求成，应该遵循循序渐进、逐步开发的原则。首先开发位于郑州城市周边交通条件相对较好、可进入性强，投资收益性价比高的农业区域作为农业旅游目的地。其次开发的是农业旅游资源丰富、开发投入大的农业区域作为农业旅游目的地。在开发层次上，由低层次向高层次开发，即按照先开发观光、再开发休闲度假、再开发体验参与、最后开发健身保健。

4.市场导向

发展旅游业应该以市场需求为导向，在市场学原理的指导下，以目标市场进行调查分析为基础，针对旅游者的喜好，开发适销对路的旅游产品。

5.系统、综合

旅游产业本身是一个复杂的系统，同时它又处于整个社会系统之中，要想发展好农业旅游，在开发的过程中，必须坚持系统开发的原则，既要考虑到景点的开发和建设，也要注重市场的开发和扩展，还要结合郑州市的总体发展规划和目标，协调相关行业的共同发展。坚持综合开发，建立健全吃饭、住宿、出行、购物、娱乐等系列配套设施，形成规模经济，建立完善的旅游服务体系。

(二)郑州市城郊农业旅游开发的对策

从城郊农村旅游存在的问题可以看出，郑州市城郊农村旅游的发展仍然任重道远，因此针对目前所面临的问题，提出以下几种对策和建议:

1.科学规划合理布局

开发农业旅游首先要考虑资源的基础条件，因地制宜，发挥地域优势。当然，在开发的过程中既要充分利用其自然景观，又要符合农业生产的基本理论。杜能农业区位论认为：最接近城市的地方是以生产蔬菜、水果、花卉为主，这其中最接近城市的地方我们认为是大都市的近郊区，那么在农业生产中这一范围内的农业生产主要是以生产不能长时间储藏的农产品蔬菜、水果、花卉，结合郑州目前的状况也基本如此。

目前，郑州市近郊有价值农业旅游景点已基本开发完毕，只是在旅游项目创新上有待进一步拓展，吸引游客利用双休日等较短的时间参与其中。但是，由于近年来城市化发展，郑州市近郊的城乡结合处早已没有那种古朴的乡野田园氛围，离城市较近的农业旅游区如同都市中的公园没有什么区别，游客在郑州市附近旅游区体会不到农业旅游古朴的韵味，不能满足游客相对较长时间的休闲活动。同时这些地方的农业旅游对于农村基础设施的改善、农村卫生条件的提高、农民收入的增加等作用不大。而中远郊区农业资源丰富，距离城市较远，自然景观特征明显，风景非常优美，在这些地方开发农业旅游还可以增加农民的就业机会，改善农民的生活，大力发展中远郊区的农业旅游正好弥补了近郊农业旅游发展的不足。因此，不管是从合理布局还是从长远发展来看，郑州市都应该大力发展中远郊的农业旅游。结合郑州中远郊区森林资源丰富的现实情况，在中远郊区可以发展以生态型特色农林牧业为主的森林观光、山区自然风景观赏等项目，或者是发展集约化农业形式的休闲、疗养、农村文化体验、自然风景观光观赏等旅游项目。

根据郑州市农业旅游开发现状，提出建议如下：（1）新郑、中牟：调整农业产业结构，大力发展特色种植业，开展观光购物游；（2）惠济区：利用黄河的资源优势及距市区较近的地域优势，发展养殖业，开展黄河风景游与水上观光垂钓游相结合的农业旅游形势；（3）登封：利用嵩山“少林寺”武术文化的悠久历史，开展农业旅游与文化旅游“一线拴”的旅游形势，为农业旅游拓展市场；（4）巩义：可利用优美的自然风光，发展乡村休闲度假游。（5）金水区、二七区、管城区：依据交通优势，发展短线旅游，完善已有的苗圃、公园，开发集生产、销售于一体的旅游模式。

2.加大宣传营销力度

城郊农业旅游作为生态旅游的一种形式，有广阔的市场前景，但是这种市场很大程度上还是潜在市场。据报道，目前很了解观光农业的人不足1/10，观光农业作为一种旅游形式尚未被公众普遍接受。郑州市目前有发展城郊农业旅游的良好机遇，但是，由于宣传力度不够，游客对城郊农业旅游了解很少。大部分游客旅游会选择到周边其它城市，或者到郑州市的一些著名的旅游景点。每年有许多国内外游客到开封、洛阳等古城旅游都要经过郑州市中转，由于郑州市的宣传不够，这其中一大批游客都没有在郑州市停留。如果郑州市加大宣传，将会吸引很多这种外来游客，为郑州市农业旅游开辟更广大的市场。

有效的促销手段能为企业树立良好的形象，扩大企业的商业价值和市场占有率。农业旅游需要通过各种途径和方式把相关信息传递给消费者。根据郑州市农业旅游发展的现状可采用以下几种形式的促销方式：（1）邀请媒体、记者和旅行社的人员来实地体验；（2）节假日在繁华地段，通过摄影作品广告等来展示；（3）利用农业的时令季节（如大枣节、樱桃节）和传统节日（如庙会）举办各种节日庆典；（4）通过电视、广播、报纸等媒体刊登或播出广告；（5）利用相关大型活动来宣传，如旅游交易会；（6）加强与外地的旅行社、机关、企业、学校、社团的合作或以提供优惠服务的方式，扩大观光农业的影响力和客源市场；（7）与本地的其它旅游形式（如文化旅游、风景名胜旅游）合作，开发这些潜在客源市场；（8）充分利用互联网传播速度快的优点，在郑州市旅游网等一些旅游网站上广做宣传。

3.完善配套设施建设

交通是旅游业的重要组成部分，游客在旅游目的地的选择过程中，交通的便利与否是影响消费者决策的重要因素。郑州市现已开发的农业旅游景点中，除了市区内的一些景点有比较便利的交通系统（公交、旅游专线、道路状况良好）外，其他一些近郊区和中、远郊区的交通系统都不够完善。很多远郊区的农业旅游景区没有公交车辆通行，这使一些集体旅游的旅行团体出行很不方便，有些景区还没有直达的水泥路或柏油路，这给驾车旅游的散客带来很大不便。

郑州市中、远郊区的一些风景秀丽、农业生产特色浓厚的景区由于交通不便，阻碍了旅游业的规模化发展。扭转这种局面可以采取循序渐进的原则：首先，由政府部门统一规划，建立完善的旅游交通路线，建设前期由于资金问题可以分期进行，把具有较大开发价值、发展前景较好的景区作为首批建设对象，等到这些景区的旅游业发展壮大以后，从旅游营业收入中抽取一部分，作为下一步建设项目资金；其次，针对广大的工薪阶层和学生阶层的旅游，开通中、远郊公交旅游路线，通过便捷的交通开发潜在市场。

旅游是集“食、住、行、游、购、娱”为一体的活动项目，不仅要满足游客游览观光的需求，还要满足游客饮食、购物方面的需求，所以在农业旅游区内不仅要建设旅游项目，还要有相应的附属设施的建设，游客一旦进入农业旅游园区都会观光完所有的景观才会离开游区，为满足游客的需求，应建设不同需求档次的餐饮服务设施。有些游客参与农业旅游时会希望买到具有特色的土特产品，所以在以民俗工艺品、特色果园为旅游资源的农业旅游区要建设正规的特产专卖店，满足游客购物需求，例如新密手工艺加工厂和新郑古枣观光园等地方。

4.提高游区管理水平

农业旅游园区管理人员缺乏管理理念，已经成为目前郑州市发展农业旅游的主要障碍之一，客源市场调查也表明农业旅游的游客比较关注农业旅游园区的环境卫生状况。改善农业旅游区的环境卫生要从提高游区管理人员素质入手，要对管理人员进行统一的岗前培训，提高旅游区管理人员保护环境卫生的意识，培养他们的服务意识和树立敬业精神，营造良好的旅游企业、经营管理人员、景区从业人员的形象，培训合格后才能上岗，提升郑州市观光农业旅游产品的市场竞争力。

5.农游结合

郑州市发展农业旅游的自然条件好，资源丰富，但是由于人口多、耕地少，造成的用地矛盾是阻碍郑州市农业旅游开发的关键。要克服用地矛盾，可以采取发展“高新农业旅游”的办法，高新农业旅游是以高科技农业为基础开发的具有科普价值和娱乐功能的新型农业旅游产品，是生态农业旅游的延伸，观光农业旅游产品的有益补充，有利于促进观光农园的规模效应和示范效应。高新农业园区的建设不仅改善用地矛盾，还可以适应市场需求，郑州市农业旅游的客源中有相当一部分是学生群体，学生群体是所有的农业旅游游客中最热衷于观看高效农业展示的。

发展高新农业旅游不仅可以扩展

农业旅游的功能，在发展旅游业的同时生产无公害的农产品，解决用地矛盾；同时对于当地农民来说，还有助于新型农业科技和农业知识的普及，对提高当地农民的文化水平和精神面貌有重要作用。

6.突出地方特色

郑州市主要是汉民族居住地区，不像少数民族地区，可以利用民族特色风俗习惯和具有民族代表的农业生产方式吸引游客，但是郑州市有着悠久的历史，是中华文化的发祥地之一，距今8000 年之久的裴李岗文化弥补了新石器时代以前的农业文化缺陷，也确立了郑州在中国农业文化历史上的地位，西山文化和大河村文化作为新石器时代的文化代表更加丰富了郑州的农业历史。这些宝贵的农业文化资源如被加以合理的开发利用，不仅体现了郑州市农业旅游的特色，同时也可以让游客学习到更多的历史知识，发挥农业旅游的教育功能。

针对这些资源，笔者认为最佳的开发方式是：一是对宝贵的出土文物以博物馆的形势陈列起来，这样既可以展示现有古代文化又可以免遭破坏；二是在可以不用加以保护的区域，还原文化遗址所在年代的农业耕作方式，并允许游客亲自体验；三是根据考古的结果还原出土物文物所在年代时的加工工艺，这些工艺产品可以让游客自己参与制作，也可以购买。

7.走可持续发展道路

农业旅游的发展要追求人与自然的和谐共生，经济发展与环境保护的协调统一。但是旅游业的发展一方面依赖于生态环境，另一方面，也会给脆弱的生态环境带来影响和破坏。因此农业旅游的开发必须以可持续发展理论为依据，把生态建设和环境保护作为规划设计的基本要求，将可持续发展理论落实到经营理念和规划管理上，农业旅游景区的开发要尽可能保留原有的自然风光，景区内部的基础建设和旅游活动的开展要以不破坏生态环境为前提，尽量避免在景区内大兴土木、开山劈石。

（作者：周强　河南财政税务高等专科学校，郑州市社科联选送）

以“三农电子商务”为核心的郑州新型城镇化发展模式研究

在过去的城镇化研究中，实现城镇化的路径特征是各类可移动生产要素向城市的转移，最为突出的表现即是人口的大量迁移至城市，造成了城市的人口承载压力过大，城市管理问题突出以及文化建设缓慢的问题。本文是在研究郑州自身的资源禀赋、经济社会发展、基础设施状况等发展基础与特点条件下，将三农电子商务和新型城镇化的建设有机的结合起来，以城市社区和农村市场网络为基础的空间格局协调发展，将三农电子商务作为实现新型城镇化的切入点，以信息化产业促进农业发展，以城带乡，城乡统筹发展，充分利用农村的部分生产要素，将各级产业链条延伸至农村，逐步实现农民本地化就业，农村基础设施建设城市化，生活服务水平现代化，走一条新型的城乡经济相互促进、相互融合发展的城镇化道路。

一、引言

改革开放之前，我国以工业发展为主，城镇化发展并没有受到过多的关注，直到国家“八五计划”中才首次出现“城镇化”一词，随着城镇化发展的不断提出，很多城市为了城镇化而城镇化，出现了假大空式的城镇化，甚至暴力城镇化等问题，完全脱离了党中央关于城镇化建设的方针政策。随后党的十八大提出的新型城镇化发展道路，要“加快完善城乡一体化体制机制，促进城乡要素平等交换和公共资源均衡配置，形成以工促农、工农互惠、城乡一体的新型工农、城乡关系。”新型城镇化的发展旨在解决城乡之间的非协调关系，要着力解决城市和乡镇的同步发展。郑州作为外来人口居多的二线省会城市，城市的人口承载能力有限，人均生态环境不足，且城市的生活成本越来越大，所以在引入人才的同时，还要控制人口的流入量，最好的办法是，将人口本地化就业，其中包括农民工以及部分大学生，使得农村和城市协调发展。农村劳动力的大量流失，以及城市的人口压力，促使我们政府探索新的城镇化道路，通过信息化时代的力量，解决城镇化过程中出现的问题，力求城乡的绿色生态发展。

近年来，我国政府非常重视三农问题，把农业的重点放在了经济发展的重要位置，并且通过解决三农问题，从实质上帮助农村和农民脱贫致富。随着互联网行业不断的在各个领域的渗入，以及一、二线城市电子商务饱和，三农电子商务也将成为蓝海，成为越来越多全国乃至世界知名电子商务公司所青睐的领域，而且农村的劳动力工资以及生产生活成本相对较低，所以在未来三农电子商务将是很多电子商务公司的必争之地。电子商务发展的成败很大一部分受制于物流因素，由于我们郑州属于交通枢纽城市，交通相对比较便利，加上一些大型的电子商务公司在郑州的落户，为周边三农电子商务发展提供了良好的环境。

本文旨在通过将信息化时代的电子商务与“三农”相结合，在研究郑州三农电子商务发展的条件下，提出适合郑州的新型城镇化模式。

二、郑州三农电子商务和新型城镇化现状概括

(一)郑州三农电子商务研究概况

河南省是农业大省，每年的小麦产量居于国家首列，郑州是河南省的省会城市，周边有着荥阳，原阳、开封、中牟等城市，并且不同的城市有着不同的农副产品，例如新郑大枣、开封的菊花、中牟的大蒜等。而农业电子商务是近几年的又一个电子商务的发展热点，2015年农业部、国家发展改革委、商务部联合印发《推进农业电子商务发展行动计划》，提出到2018年，农业电子商务基础设施条件明显改善，制度体系和政策环境基本健全。近几年郑州围绕了自身的交通优势，建立了郑州航空港试验区，为跨境电子商务提供了强有力的保障，也为郑州的电子商务发展提供了良好的发展环境，并且郑州提出了米字形的铁路发展规划，更是为郑州的电子商务发展提供了便利的条件。

郑州不仅仅有发展三农的主体基础——丰富的农业资源，而且还拥有了便利的交通环境以及网络环境。郑州的

互联网普率以及普及范围在不断的提升，根据河南省通信管理局以及省互联网协会发布的《2015年河南省互联网发展报告》，截至2015年12月底，郑州的互联网普及率达到45%左右，并且在互联网基础建设方面，郑州启动了国家级互联网骨干直联点提升工程，实施了4G网络建设优化工程，在全国率先实现了所有行政村的4G网络全覆盖，针对河南省省政府对农村网络信息基础设施建设的投入，保障了农业电子商务发展的基础。

在三农电子商务发展过程中，物流的发展不仅制约着电子商务最后一公里配送的顺利进行，并且是实现农业电子商务的必经之路。河南省加大了对农业物流体系的建设，包括专业的农业运输车辆，以及高速的农业绿色通道；加强各种农业仓库建设，以及配送中心和产销地的农产品批发市场的投放使用。确保了郑州周边农业电子商务的顺利发展。

(二)郑州市新型城镇化研究概况

随着中原经济区被纳入国家战略中，郑州市被纳入全国主体功能区规划，郑州近几年城镇化发展速度较快，2014年郑州市的城镇化率达到了67%，位于全省之首。郑州的新型城镇化道路以城乡统筹，农民与市民平等的享受公共服务为宗旨，将城中村以及城郊村合并到城市中来，并且在城镇化过程中，郑州以交通道路建设为先导，加快推进城乡路网一体化，协调中心城区发展和县城建设的步调一致性，在加快农业转移人口市民化的同时，积极的掌握城市资源以及生态环境的承载力，进一步完善户籍改革制度，提倡农村劳动力自愿有序的转移就业。郑州新型城镇发展较之前有了提高，从人口转移到工作重点为优化城市形态布局，建设特色的新型城镇。

三、横向比较

(一)浙江省三农电子商务的发展以及新型城镇化研究现状

浙江省是电子商务发展的核心城市，同时也是农产品电子商务发展的领头军，浙江省农产品电子商务发展模式简单的可以分为三种，首先是产品简介；其次是在产品简介的基础上，提供了供求信息以及价格行情，在线客服等服务；最后是在前两者的基础上，实现了网上交易，在线支付并提供后续的物流服务。

浙江省的农产品电子商务模式仍然

处于探索阶段，较之其他城市也有相对成功的模式。具体模式：第一模式：农业综合信息服务模式。该模式主要是以信息发布为主，并且每个用户发出的信息均可追溯，有效解决了网上信息的诚信问题，初步实现了农产品买卖信息的有效对接。该模式相对较为简单。第二种模式：农业企业+网店模式。农业龙头企业利用第三方电子商务平台开设网店，或自建商务网站开展网上交易，自身生产基地和自有品牌，因此比较容易获得网上消费者的信赖。第三种模式：农户+协会（公司）+平台模式。该种模式主要是以协会或者公司为中心，向上整合资源，实现农副产品集约营销，向下引导网上创业，提供免费培训等服务。第四种模式：农企+委托运营商+平台模式。很多传统农业企业既看好电子商务的发展，又受制于自身技术不足以及传统的经营理念的影响，对直接操作电子商务信心不足，所以委托有经验的第三方运营商代理其产品的电子商务业务，第三方电子商务运营商通过收取委托服务费、交易提成等方式获得相应利润。第五种模式：农户利用第三方平台做电子商务模式。这种模式大多以农村的青年为主，整合自有的农产品资源，在第三方平添上开设网店。

浙江省在农业电子商务发展的过程中，不仅带动了本省农业的发展，而且还解决了农民的本地就业问题，帮助农民实现了产品的信息化过程，并且为农产品尤其是具有特色的农产品提供了新的销售渠道。

而在新型城镇化发展进程中，浙江省在2015年提出了“互联网+城镇”的新型城镇化模式，提倡城市群的发挥在那以及小城镇发展和人口本地化就业，提倡农民工回流，形成与定居并存，创业与置业并存的新模式。这一理念的提出，预示着新型城镇化会伴随着信息化时代选择适合自身城市更好的发展模式。

（二）山东省三农电商的发展和新型城镇化现状研究

山东省也是我国的农业大省之一，并且山东省临海，有着优越的海鲜源头，山东省依靠自身的优质资源，不断的在电子商务发展环境下，探索鲜活农产品和农业生产资料的电子商务模式，并且将移动互联网、云计算、大数据、物联网等新一代信息技术贯穿到农业电子商务的各领域各环节。山东省除了在基础设施的建设中用力之外，还不断的引入国内乃至全世界知名的电子商务企业，借助第三方电子商务平台发展农业电商。并且建立农产品市场的信息预警体系，不断的统计农产品在产销过程中的实时数据，能够全面准确的分析农产品生产、销售、库存等各项数据。与此同时也加强了对农产品质量的监管力度。山东省还不断的引入人才，注重开展新型农业电子商务所需的人才培养，培养新型职业农民和农村使用人才以及农业企业的管理人才。不断的研究适合自省的电子商务模式，山东省在其他模式基础上，根据自身的特色进行创新，政府带头推出了电子商务企业、国有农场、农民合作社与城市社区的合作模式，共同设立农产品体验店、自提点和提货柜，提出“基地+城市社区”的鲜活农产品直配模式；并且还推出了各地村级信息服务站探索“放心农资进农家”模式。甚至将农业依托电子商务的优势走出国门。

山东省的新型城镇化发展是以城市群为主体，产城结合的发展模式，积极推进农村人口市民化，不断的提升义务教育、就业服务、基本养老等生活保障水平，提升生态环境、城市文化建设，打造任性化、智能化和精细化的城市管理模式。可以看到山东省作为农业大省之一，暂时还没有将三农电子商务与新型城镇化相结合。

（三）通过比较提出郑州三农电商建设和新型城镇化中的不足之处

通过对浙江省和山东省农业电子商务发展的研究，发现郑州三农电子商务发展中仍然存在一些问题。

首先是专业的技术人才和服务人才匮乏，关于电子商务人才培养，郑州市的大部分高校开设了电子商务相关专业，但是，部分学生毕业之后很难再回到农村，服务于农业的发展。而且农产品电子商务发展所需要的人才不仅仅懂的农业相关领域的知识，还要掌握电子商务相关的信息技术。所以，郑州目前农业信息化复合型人才极度缺失，目前处于农业信息管理机构中的人员所具备的知识结构和储备难以满足郑州市农业发展所需，这也进一步加剧郑州三农电子商务发展的进程变缓。不仅仅是农业信息管理和服务领域没有办法得到合理人才配置，由于专业人才的缺失，也将导致基础建设如数据库、信息系统等建设更加难以突破困境，产生连锁反应，进入恶性循环。

其次是农产品并未形成品牌化。农

产品电子商务的发展离不开品牌化，郑州目前的农产品品牌化的极少，以至于不能全面的推广，没有网络的信服力以及无法形成口碑相传的营销效果。

郑州市在新型城镇化中，以郑州都市区、国家区域性中心城市以及开封作为新兴的副中心城市，来带动周边的城市群以及小城镇的发展。近几年郑州周边的交通发展迅速，从郑州到开封有高铁、城铁、公交，交通的通畅也带动了在郑汴中间的中牟的发展，但是，在郑州市新型城镇化发展进程中，亟待解决阻碍新型城镇化的障碍。首先是在原有的城镇化进程中，大量的外来务工人员迁入郑州，造成了郑州的城市承载压力过大，城市管理难度增强，人均生态环境不足，甚至也阻碍了城市文化建设的进程。其次是通过不断的扩大城市，形成了不均衡的格局，有的区人口密度大，城市房屋紧张，而有的区，人口密度小，形成大范围的鬼城的同时又会出现新的城市二元矛盾。最后，农民工在城市的基本生活无法得到保障，基础医疗，随迁人员的安置以及外来务工儿童的上学等无法得到保障。城镇化进程中的问题研究仍需进行。

四、相关政策与建议

结合郑州市新型城镇化发展中出现的问题，以及郑州市电子商务发展的趋势和基础条件的建设，本研究认为提高新型城镇化进程，离不开三农电子商务的发展，所以，在本文研究的最后给出了如何将郑州市新型城镇化发展模式与三农电子商务发展相结合，解决在城镇化过程中出现的问题。

(一)以农业产业集群为主体发展三农电子商务，提升郑州市新型城镇化进程

郑州已经存在了成型的农业产业集群，这些产业集群以特色的农产品为集群条件，郑州应借助这些农业产业集群，在此基础上，提升农业产业集群周围的网络基础建设，引入知名的电子商务企业和物流企业，在借助第三方电子商务平台的同时，为不同的产业集群创建农业电子商务网站，包括门户网站以及专业的农产品交易平台。门户网站为农民以及企业提供农业技术信息，市场动态分析、供求信息集合以及农业发展动态等相关的信息。农产品交易平台专门提供在线咨询、销售、售后等一些列市场流通环节。并在农业产业集群建设严格的农产品检验检疫机构和完善的物流体系，以便农产品能够更好的流通到

市场和提升农业产业集群中农产品的品牌知名度，从农产品的产前、产中、产后各个环节加入信息技术的应用，提倡本地农村的参与，极大的解决了农村留守问题，以及农村就业情况，缓解了城镇化过程中的城市承载压力等相关问题。

（二）农产品物流园区的建设

新型城镇化要协调城市与乡村之间的关系问题，解决城市承载力，城镇化不是简单的将农村人口引入城市，也不是简单的放弃农村，在此前的城镇化进程中已经出现的很多亟待解决的问题，所以，本文认为，应该在农业产业集群的基础上建设农产品物流园区，在物流园区建设的基础上解决新型城镇化过程中的人口本地化就业以及土地问题，实施农村+企业的园区形式，提倡农民入股、就业等形式加入到物流企业。

物流园区一般会建立在城市的偏远郊区，不会对城市的交通造成压力，同时由于城市用地越发的紧张以及房租不断的攀升，创建物流园区，将大批专业的物流企业引入，部分缓解了企业的经营压力和成本。物流园区的企业可以适时的招聘当地的农村，实现了农村就地就业的问题，提升了农村人口的就业率，避免农村人口的大量流失以及农业无人管理的种种问题。同时缓解了城市的人口承载压力，和改善了城市生态环境。

（三）第三方物流的建设

当地政府引进第三方物流企业，可以降低农民的投资和资金回笼风险。农业第三方物流即农产品供应方和农产品需求方之外的第三者来负责农产品的物流问题。该种方式，第三方物流企业可以寻找当地居民对物流公司进行管理，以农村合作社的形式进行，开展农村物流企业，让农民加入到企业，使得农民成为企业的核心，发动农民的力量。

（四）人才管理以及储备

发展三农电子商务离不开专业人才的管理以及储备，政府应该提供相应的优惠政策为农村电子商务发展留住相应的人才，与此同时还要对当地农民提供关于电子商务等相关技术的培训，让农民也会用网、懂网，为自已在自已的家乡创造收入。

综合上述分析，郑州市的新型城镇化发展，应该建立在以农业产业集群为基础的三农电子商务发展过程中，将新型城镇化建设和三农电子商务的发展同步进行，促进郑州新型城镇化走集约、智能、绿色、低碳的路线，也是郑州市经济发展新的增长动力和扩大内需的重要手段。

（作者：马姗姗　河南牧业经济学院，郑州市社科联选送）

郑州市生态文明建设中的新型农村社区设计研究

一、现状

（一）研究背景

我国是个农业大国，广大农村人居环境的健康与否，对我国生态文明的建设至关重要。所谓生态文明就是人类既获利于自然，又还利于自然，在改造自然的同时又保护自然，人与自然之间保持着和谐统一的关系。新型农村社区是具有一定规模和良好生产生活环境，并对周边区域具有一定经济辐射作用的新型社会生活共同体。在全社会推进生态文明建设下，农村社区建设被赋予了更多的生态和环境意义。

我国当前面临严峻的资源、环境与生态压力，这些对我国新农村的建设产生了严重制约作用，影响到我国经济、政治、文化与社会的协调发展。以习近平同志为核心的新一代领导集体把生态文明建设提到了前所未有的高度，党的十八大把生态文明建设摆在突出位置，并将其纳入到我国建设中国特色社会主义“五位一体”的总体布局中，明确提出大力推进生态文明建设，努力建设美丽中国，实现中华民族的永续发展。新一代中央领导集体给生态文明建设制定了新的发展方向，坚持节约优先、保护优先、自然恢复为主的方针，树立生态观念、完善生态制度、维护生态安全、优化生态环境，形成节约资源和保护环境的空间格局、产业结构、生产方式、生活方式，使中国不断走向社会主义生态文明的新时代。河南省一直以农村、农业和农民的居住问题为重中之重，新型农村社区人居环境的构建对促进生态文明建设尤为关键。郑州市在新型农村社区建设实践中顺应生态文明发展趋势并作出相应的发展调整，是生态文明建设对新型农村社区建设构建的时代要求，也是推动农村生产生活方式向环境友好型、资源节约型转变的重要内容。

(二)研究现状

随着城镇化速度的加快，在郑州市新型农村社区建设过程中，乡镇企业生产造成的污染和垃圾对乡村的土壤、水体都造成的严重的影响，另外，城市工业的废弃物及生活垃圾等不断向农村地区蔓延也加剧了农村生态的紧张。虽然农村种植结构的调整，集约化畜禽养殖业已成为农村部分地区蓬勃发展的对象和增加村民收入的有效途径，但是农村发展养殖业所产生的排放物急剧增加，成为农村新的污染源。由于缺乏生态保护意识以及资金有限，大部分的养殖场不能对其产生的畜禽粪便作无害化处理，没有注意避开人口聚居区和生态功能区，严重破坏了农村和城镇居民的生活环境。虽然合理使用农用化肥可促进农作物的生长和提高农作物产量，但是由于无节制地单一使用化肥，土壤退化显著，引起的土壤酸化、板结导致土壤肥力下降，土壤生物多样性减少，土壤营养元素逐渐流失，化肥的不当使用对土壤的污染，造成土壤生态环境退化和次生盐渍化。长期存在土壤中的农药，被植物慢慢吸收进入到生物内部组织，它们通过食物链不断进行传递和迁移，破坏整个生态系统。

由于新型农村社区基础设施建设的扩张，矿产资源的大量开发利用，导致农村大片的农田、湿地、林地、草地受到侵占，农村的森林覆盖率减少，水土流失严重，自然景观遭到破坏。郑州市周边农村生态破坏、环境污染最大表现就是水土流失。受经济、技术等条件的限制，长江、黄河两大水系每年流失的泥沙量达26亿吨。其中含有机肥料相当于50个年产量为50万吨的化肥厂的总量。

二、存在问题

郑州市以新型城镇化为统领，以工业化建设为支撑，大力推进农业现代化，积极建设新型农村社区，大力发展农村社区公共事业，目前，新型农村社区的建设取得阶段性成果，也暴露出了相应的问题。

(一)农村城镇化的负面效应

农村城镇化是我国社会发展的必然趋势。它在有效地推动了地区经济社会的发展的同时，也带来了农村生态环境问题，成为影响和限制部分地区经济社会发展的重要因素。随着我国城镇化水平的提高，引发的产业结构调整，使得人口转移和集聚，城市人口密集，产业结构失调，区域发展不协调等矛盾进一步显现，导致生态资源过度开发，环境污染和破坏等问题变得进一步尖锐，人与自然间的关系失衡，直接影响人民的安定和谐和社会的可持续发展。首先，农村城镇化导致人口集中对土地、水等资源的需求增加，使得农村发展空间受到挤压和限制，资源危机加重。其次，农村城镇化使第二、三产业迅速扩大，产业结的失调使得对其产生的生活垃圾、工业废水、固体废弃物等处理水平低下，导致生态环境恶化。

另外在城乡转型发展过程中，由于农村人口非农化引起“人走屋空”，以及宅基地普遍“建新不拆旧”，新建住宅逐渐向外围扩展，导致村庄用地规模扩大、闲置废弃加剧的一种“外扩内空”的不良演化过程。它是乡村地域系统演化的一种特殊形态，其结果产生了“空心村”，既包括农村土地(耕地和建设用地)空心化、人口空心化，也包括农村产业空心化和公共品供给空心化，本质上是农村地域经济社会功能的整体退化。同时由于农村劳动力的外流使得部分地区的农田无人耕种而荒芜，造成大量土地资源浪费，土地荒漠化、土壤退化、地力下降、农业环境污染、土地后备资源不足等严重的生态问题，农业生态面临着新的挑战。

(二)生态文明意识薄弱

我国是发展中的农业大国，农业整体机械化程度不高。在这种情况下农民对资源、环境的依赖性就大，增产增收往往以消耗资源和破坏环境为代价。同时，化肥、农药的施用成为提高土地产出水平的重要途径，而这种“现代化”的农业生产是面源污染最为重要的来源。由于面源污染难以有效控制，会造成河流、湖泊等水体的负营养化，使之失去生产和生活的使用价值，面源污染的严重性因此逐渐显现出来。面源污染还造成地下水污染甚至食品污染，对农民的生产与生活都构成严重的危害。

从整体来看，当前农民的生态意识薄弱，导致农民呈现出一些无意识、不自觉破坏生态环境的行为，以消耗大量的资源、能源作为提高产量的主要方式。如乱砍乱伐、乱倒垃圾、私自开矿、不合理地使用农药化肥、大量焚烧秸秆等等，造成植被破坏、环境污染等现象。

(三)生态环境法律不健全

目前农村生态文明现状不佳有相

当一部分原因在于制度方面和管理监督机制。首先是农村环保方面的法律法规不健全，要使农村环保工作得以有效的进行，法律方面的保障措施必不可少。为了让一切工作做到有法可依，有章可循，目前我国已经形成了以《环境保护法》为主体的环境法律体系，虽然取得了一定的成绩，但与我国现实需求相比特别是农村生态环境建设还是远远不够的，存在着内容滞后、力度不够等问题。在政府自上而下的管理体系中，往往受政绩利益的诱惑产生一些不正当行为，导致现行的环境法律法规的有效性大打折扣。特别是在农村，农民基础民主意识极其匮乏，很难意识到政府在生态建设上也应该承担相应责任。

三、郑州市生态文明建设中的新型农村社区设计策略

新型农村社区特殊的地域属性和功能要求，使得在农村社区的设计和建设过程中要自觉考虑“人与地之间、人与自然环境”的关系，将农村社区的社会发展与地域自然环境综合进行考虑，并依据现代生态理念，充分尊重、利用、提升农民在与自然环境打交道过程中所形成的各种生态资源。在新型农村社区设计中“有所为，有所不为”，绝不能以牺牲环境，破坏资源为代价追求一时的经济增长。

（一）整体设计策略中的生态文明理念

新型农村社区建设不只是社会服务、公共产品等向农村地区覆盖，还更应包括农业产业结构调整、发展模式转变、生态环境保护等主题，其实质是整个农村社区经济和社会结构的转型。经济条件是新型农村社区建设的支柱，只有强大的产业支撑，新型农村社区才能使村民们达到真正的安居乐业，人与自然关系的重构的意义也就在此。依据郑州市周边农村基础条件和农业发展特征，其相关产业大致分为三种类型：第一、乡村生态工业；第二、乡村生态旅游业；第三、乡村生态农业。新型农村社区产业体系的构建要以生态文明理念为指导，走循环经济之路，以经济活动生态化、资源利用节约化、废弃物资源化的方式进行，综合考虑农村产业结构现状和环境资源承载能力。

目前，郑州市新型农村社区的生态文明建设很薄弱，农民由于经济利益的驱使，过分强调使用自然资源的效益，忽视了人与自然相互依赖、和谐相处的精神。生态环境的破坏，生态文明建

设的乏力，均源于农村生态环境知识的缺乏与环境意识的淡薄。因此，要加强宣传发动力度、全面普及环境知识，增强人们的环境保护和生态建设意识，树立生态文明观念。此外，新型农村社区的生态文明建设要想取得成功离不开生态农业的支撑。生态农业的成功建设即可既提供村民以满足基本生活需要的粮食，又提供农民可以改善生活质量的绿色食品；既可以提高物质能量的利用效率，又可以改善农村的生态环境、美化农民的居住环境。

（二）规划设计策略中的生态文明意识

新型农村社区的生态文明建设应着眼于营造不破坏自然的可持续的人居环境，注重村庄规划，从地形选址、房屋设计、村庄规模大小以及基础设施布置都要经过相关专家及村民的精心设计。郑州市新型农村社区建设需要设计人员深入农村调研，在充分了解农村居民对民居和农村社区建设要求的基础上，提出既能满足农村居民生活要求，又能体现现代乡村文明的民居和村庄的设计方案。此外，村庄规划还要与村庄整治相结合，针对各地的实际情况以及农户的具体条件，在适宜的情况下建设全新的农村社区，如现实条件不允许，不能盲目的推倒全部重建，则首先要从整治环境和改善现有民房入手，逐次推进新型农村社区的建设。农村生产、生活空间的健康发展必须以一个良好的生态环境为载体，郑州市新型农村社区在具体的规划设计中应以集约利用土地、注重土地资源的可持续使用为宗旨，以适于农村产业经济的发展为目的，规划设计使村民居住的方式相对集中，社区规模适度，居住密度介于城市与传统农村之间，集约配置各项公共设施，同时确保村民们能够就近从事农业相关的劳作。

新型农村社区的规划布局主要功能划分包括居住生活区、农村产业经济区、生活基础设施区、公共服务设施区。在具体设计中，应根据村民需求、产业发展、基地条件和传统村落的格局，选用利于生态文明建设，适于自身发展的空间模式进行功能布局。主要考虑延续地方传统文脉、保护自然风景资源、方便农产品资源配给、促进产业发展繁荣、突出地域文化特征等因素，以突出环境特色，体现传统村庄脉络、规模尺度宜人、注重整体形态为原则。在生态文明建设中的新型农村社区，其设计理念要充分考虑赖以生存的农业及生态基础，以郑州市为例，新型农村社区的居住用地往往是较集中的分散在平坦的农业用地中，并穿插分布着适量的商业及轻工业工地。这种各种社会经济因素都彼此关联、混合交织的形态，有利于形成了一种有机的整体。以农村新兴产业为基础新型农村社区，关联性的存在并发展起来的工商业主要是为生态村内部提供服务，虽然在经营面积、服务范围和就业人口数等方面规模都比较小，但是这些小规模的工商业以其多样化的内容、档次、产权等不仅为本地居民提供了服务和就业机会，而且形成了既亲切宜人又丰富多彩、生机勃勃的生活氛围。

郑州市新型农村社区建设的选址有整合村庄重新开辟新址、利用原有村落基址扩建和以交通便利发展潜力大的村落为中心周边村落迁移合址三种类型。无论哪种类型的新型农村社区的基址选择都应充分利用周边已有基础设施和公共服务设施，实现资源配给的最大化利用。在选址、扩址、合址时要最大限度的减少对自然生态环境的破坏，充分利用既有地形地貌和水源条件，尊重传统农村的空间脉络。郑州市新型农村社区在构建空间形态方面需要尊重传统农村在自发演变过程中形成的空间形态，因为这种自由化发展的空间形态是村民们无意识的适应自然环境的一种表现，是村民们传统乡村生活的真实写照。但是，为了体现集约化和配套设施的高效利用，新型农村社区的空间形态应该在原有村落的无序形态中寻找有序，建设以特征明显、环境友好的原有村落为中心点，吸收合并零散村落，辐射发展形成片状的农村社区网络空间形态。

（三）细部设计策略中的生态文明措施

细部设计最初起源于使用功能的需要，后来逐步成为如何使建筑融入自然环境，融于居民日常生活，体现新技术新材料的运用，展现建筑文化特征的载体，成为衡量居民居住品质高低的客观标准。对于新型农村社区的细部设计虽表现在许多细微之处，但这些细微之处与农村整体的生态环境确实紧密相连的。

基础设施的完善是衡量新型农村社区居住环境品质的一项重要指标，是提高农民生活水平一项最基本的设施。公共服务设施既要适合村民们的生活行为习惯和传统的生活方式，又要能够引导村民们积极利用，促使村民主动自发的享用城市化的配套设施。郑州市新型农村社区中的基础设施和公共服务设施的建设，要科学规划，循序渐进，以不牺牲自然环境为前提，杜绝使用高能耗的建设方式，这样只会加快对生态环境的破坏。在建设新型农村社区之前，应当调查分析周围的自然环境，挖掘当地可再生能源的利用潜力。基础设施的设计可采取传统的“靠山吃山，靠水吃水”的做法，按照水、电、路、网等设施的自身要求，寻求低能耗，生态、环保的利用方式。例如，雨水的收集、中水的利用、污水的生态降解，太阳能、风能、沼气的利用，自行车、电动车低碳出行方式的道路便利性等。公共服务设施的设计要满足村民们精神生活的需求，体现农村与城市的兼容性和过渡性，做到规模适当、相对集中，最大化利用。

新型农村社区内人工环境的建造要将其完全融入到自然环境之中，体现出乡土文化的气息。例如传统村落中村口的大树、小桥、土地庙、风水塔等标志性景观应在新型农村社区中传承保留，它使村民有环境归属感。自然环境中的青山碧水、溪流瀑布、田园风格等都是大自然美丽的风景，其景观美在于人与自然的和谐相处，在于传统文化与生态环境的和谐共融，然而乡土生态又是十分脆弱的，在人类破坏性开发的干预下，乡村生态系统已出现种种危机。乡土自然景观的保护能够改善这种状况，能够更好的促进生态环境系统的平衡和健康发展。乡土植物是当地土生土长的植物或者是在当地经过长时间驯化已经非常适应当地自然环境的植物种类，在当地已经形成了稳定的植物群落和生物链，抗逆性强，生长力旺盛，同时在群众中具有广泛的认知度，最大限度的利用乡土植物也是对乡村周围空间生态稳定性的保护，特别是茂密的植物群落，更应该加以保护。郑州市新型农村社区中的绿化设计可采取地方特有的野生植物适当整理种植，有助于形成良好的生态景观，传统的生产性的蔬菜、果树也可以作为新型农村社区绿化的主要选择。地方性野生植物和生产性作物相结合，有助于保护村里周围的原生树种和植物群落，增加新型农村社区景观设计中乡土植物的应用，保有足够的植物种类和植物群落对保护生物多样性也具有重要的作用，修复被破坏的植物群，保护新型农村社区的生态安全。

四、结语

总的来说，生态文明建设是新型农村社区建设的重要组成部分，对促进人与自然、人与自身、人与社会的和谐发展有着重要的意义。新型农村社区的建设是一个长期而系统的工程，其设计策略综合考虑的因素众多，但这些因素以生态文明建设为原则，能够体有效的现出新型农村社区建设的“环境友好、资源节约、村容整洁、乡风文明、生产发展、生活宽裕、管理民主”的目标。在生态文明建设的背景下做好新型农村社区的建设工作，需要注意：

(一)新型农村社区的建设和当地生态环境的协调问题。在规划新型农村社区建设之前，必须要考虑新型农村社区建设和生态环境协调的问题，坚决杜绝以牺牲环境为代价的新农村社区建设。

(二)新型农村社区的建设要充分尊重当地民风民俗。在新型农村社区的建设上，需要充分考虑当地村民生活习惯，尊重当地村民的民风民俗。只有这样，才能使之更适合当地村民的生活。

(三)新型农村社区的建设要与当地经济发展相协调。应充分考虑新型农村社区建设和村民原有家庭生产之间的矛盾，根据人群的差异制定不同的新农村社区建设要求。如当地经济发展较快，平均家庭收入较高，生活逐渐与城市生活接轨，则应考虑城市式单元房，进而提高土地的利用效率；如当地经济相对较为落后，村民主要以从事家庭生产或务农为主，则应尽量满足村民高独立性的要求，在新型农村社区建设中，户型采取垂直分户的模式。

(四)新老社区关系的协调问题。新型农村社区的建设和具有一定历史价值的老社区的拆迁与否的问题是新老社区规划设计的最主要的矛盾之一。解决这个矛盾的目前最优做法是在尽量保持老社区的传统特点的基础上，依据具体情况的不同进行区别规划，以达到最终提高村民生活质量、改善村民生活条件的目的。对于破坏较为严重，无法复原的老社区，应重新规划使之适应现代生活的需要。另外，可选择一些具有一定程度历史价值、保存较完整的老社区开发成为文化旅游区。

（作者：郭琳琳　郑州大学西亚斯国际学院建筑学院，郑州市社科联选送）

郑州市都市型现代农业产业形态和空间布局研究

当前，在郑州市经济、社会、体制综合转型和区域全面联通、城乡一体化进程加快的大背景下，随着中部地区崛起战略、中原经济区规划的实施和新型“三化”协调的快速推进，对郑州市现代农业格局和发展方式带来了挑战和发展前景。为进一步明确郑州市都市型现代农业的功能定位、产业形态和空间布局等，我们深入县（市、区）开展调研，现将研究报告如下:

一、发展现状和存在问题

(一)发展现状

1.农业综合生产能力稳步发展。2014年全市农林牧渔业增加值达到150亿元，农民人均纯收入15470元。粮食总产量147.36万吨，蔬菜产量达300万吨，蔬菜自给率达65%。水果产量29万吨，水产品产量15.5万吨，位居河南省第二位。蔬菜、瓜果、花卉、畜禽等农产品产量保持稳定。

2.农产品安全监管得到加强。建立了“两级三层”农产品质量安全监管体系，蔬菜质量安全检测合格率连续7年居于全国前列，农产品质量安全工作被农业部誉为“郑州模式”在全国推广。累计认定无公害农产品生产基地265个，建成蔬菜、水果、水产品标准化生产示范基地67个。农产品质量安全水平不断提升，农业标准化生产示范基地总面积达31万亩，认证登记“三品一标”966个，总数位居全省前列。

3.农业组织化程度逐步提高。全市市级以上农业产业化重点龙头企业总数达到423家，其中国家级13家、省级61家，在全省居于首位；农民合作社总数2874家，工商登记注册的合作社联合社29家、家庭农场126家。农业产业化集群培育步伐加快，认定首批市级集群15

个，全市市级以上农业产业化集群达26家。全市农产品加工型龙头企业年销售收入突破600亿元。全年农产品和农资投入品交易额超过400亿元。

4.农业多功能性进一步拓展。截至2014年底，全市三星级以上示范园13家，休闲农业庄园186家，休闲农业特色村18个，全市乡村旅游接待游客达1500万人次，年综合收入达到18.1亿元。沿黄休闲观光农业产业带初步形成，18个特色农业节会和一批农家乐专业村蓬勃发展。

(二)存在的问题

1.农业资源环境制约明显。郑州市人口集聚，人均水资源、人均耕地面积低于全省、全国平均水平，随着城镇化进程的加快，土地碎片化、农业发展空间及资源的刚性约束越发凸显，农业生态环境污染问题日益突出，因此，要加快农业发展方式转变，提高农业资源利用率，改良农业生产环境，促进农业可持续发展。

2.农业比较效益持续下降。一方面，农业雇佣劳动力成本、土地流转租金、农产品物流费用快速攀升，郑州农业生产经营成本远高于周边地区；另一方面，受国内外大市场影响，农产品价格持续走低，农业比较效益进一步下降，加快调整农业产业结构、发展高端高效农业的要求更加迫切。

3.农业社会化服务需亟待完善。随着农民外出务工增多和社会资本跨界进入农业，农业生产经营主体呈多元趋势，原有的服务体系已难以适应各类新型经营主体的需求，农业新技术新成果推广应用水平较低，亟待建立完善多层次、多形式、多主体、多样化的新型农业社会化服务体系，为农业生产提供产前、产中、产后全过程综合配套服务。

4.农民创新创业能力需要加强。随着农村劳动力大量向城镇和二三产业转移就业，现有务农劳动力大部分年龄偏大、文化较低，素质呈现结构性下降，迫切需要改善农业创新创业环境，激发青壮年农民回乡创业热情，在平台建设、政策扶持、创业辅导、项目融资等多方面给予扶持，培育新农人。

二、郑州市都市型现代农业的产业形态

就郑州市未来农业发展的产业表现形态看，可以归纳为两种基本类型：

(一)产品型都市农业

1.生态农业。依托郑州市良好的生态环境，加大农业结构调整力度，减

少农业化学投入品使用，加强资源循环利用，培育一批节约资源、绿色环保的生态农业，加快推进生态农业产业化进程，改善乡村人居生活环境，建设美丽农村。

2.设施农业。农业设施是都市型现代农业发展的重要载体。郑州要继续提升设农业施现代化水平，进一步扩大设施农业发展规模，建设集高效生产、观光休闲、科技示范于一体的高效设施农业，增强市场保障能力。

3.加工农业。以产业化和集聚化为核心，延伸产业链条，引导郑州农产品加工企业向产业园区和集聚区集中，通过招大引强，引进一大批经营水平高、产业效益好、品牌知名度高、示范带动能力强的产业化龙头企业，迅速占领国内外市场，将农产品加工业打造成郑州都市农业的“航母”。

4.节水农业。根据郑州市旱作区不同特点，因地制宜地引进示范抗旱耐旱作物新品种，推广应用节水农业新模式，加强旱作区特色高效作物生产示范基地建设。通过节水农业的推广应用，使旱作示范区形成节水型特色“种–养–加”结合的产业经济。

（二）服务型都市农业

1.休闲农业。充分开发农业与农耕文化资源，加速文化与农业融合，形成富有郑州地方文化特色的景观风貌，打造特色民俗文化旅游路线，发展文化内涵丰富的休闲农业，以文化融入提升休闲农业价值，促进休闲农业内涵式发展。

2.物流农业。充分发挥郑州区位优势，加大物流农业发展力度，加大物流基础设施建设，引导多方资本投入，健全物流信息体系，以物流农业实现郑州农业不断增值，服务郑州都市农业产业化进程。同时，大力发展农村电子商务，开展电子商务进农村综合示范，全面实施“互联网+农业”行动计划，形成农产品电子商务产业链。

3.创意农业。结合商场、工厂、企事业单位办公楼等，发展创意绿化、农作物立体栽培绿化；利用无土栽培技术和城市家庭阳台、客厅、墙壁等，发展盆栽园艺、立体栽培、植物墙等室内精品园艺；利用城市闲置土地和楼宇屋顶等，发展社区小菜圃、小果园、屋顶菜园等社区农园；利用防空洞、地下室等，发展食用菌、芽苗菜等微型植物工厂。

4.总部农业。依托郑州区位优势，

链接会展博览、商贸流通、电子商务等高端服务业态，建设郑州市总部农业，吸引国内外农业企业总部聚集，形成农业企业总部聚集地和展示窗口，为郑州农业辐射全国提供战略平台，实现郑州农业转型升级。

三、郑州市都市型现代农业的空间布局

郑州市境内山区、丘陵、平原各占三分之一，全市耕地保有量489万亩，基本农田413万亩。根据资源特征、发展基础和功能定位，将郑州都市生态农业布局为“三中心、三区域、十组团”。

(一)三中心：指都市生态农业总部创新中心、航空港农产品物流中心、沿黄都市生态休闲农业产业集聚中心。

1.都市生态农业总部创新中心：主要为郑州市四环以内区域。重点布局区域性农业企业集团的总部中心，以及农业科技研发中心、农业物流信息服务中心、农村金融服务中心、农业科技创新中心等服务机构，重点发展创意农业、楼宇农业、阳台农业、社区农业等城市农业，打造农业科技金融信息服务中心。

2.航空港农产品物流中心：主要为航空港区、经开区等区域。依托航空经济、国际陆港、郑欧班列优势，发展航空鲜花物流、鲜活农产品物流；依托四港联动优势，建设经开区粮食物流产业园，发展生鲜农产品冷链物流，打造中部地区农产品物流中心。

3.沿黄生态休闲农业产业集聚中心：涉及荥阳市、惠济区、金水区、郑东新区、中牟县等县（市、区）连霍高速以北区域。其功能地位是突出生态、生活两大功能。重点发展林果业、花卉苗木业、高端休闲度假与滩岭景观农业等产业形态，打造市民休闲的首选目的地。

(二)三区域：指东部平原高效现代农业区、西部丘陵特色农业区和西部山区特色农业区。

1.东部平原高效现代农业区：以中牟、新郑为主，拓展到荥阳和新密东部地区。其功能定位突出生产保障功能。该区域以蔬菜和粮食生产为主，畜禽养殖和部分瓜果、花卉为辅，是保障城市“菜篮子”供应的传统优势农业区。依托国家级现代农业示范区建设，重点发展设施农业、绿色农业、品牌农业、休闲农业等产业形态，为城乡居民提供安全优质农产品。

2.西部丘陵特色农业区：涉及新郑、荥阳、新密的大部分、登封中部及

东部等区域。其功能定位突出生产、生态两大功能。重点发展生态循环农业、节水农业、特色林果业、旱作农业、种养结合生态畜牧业等，打造生态循环农业产业带。

3.西部山区生态农业区：涉及登封、荥阳与新密主要空间区域。其功能定位突出生态、生活两大功能。发挥生态资源和文化底蕴优势，以涵养生态、凸显特色、传承文化、融合休闲创意为重点，重点发展绿色生态农业、山地特色农业、休闲农业、沟域经济等产业形态，构建郑州西部生态屏障特色农业生产基地。

（三）十组团：在全市都市生态农业发展重点区域，立足产业基础，发挥区域优势，围绕十大现代农业示范区，建设都市生态农业示范园和休闲农庄（园），形成一批规模较大、产业集中、效益良好、带动有力的发展板块，打造郑州都市生态农业发展组团格局。

1.中牟高端高效农业组团。以中牟国家农业公园、万邦物流、弘亿农庄等为重点，推进中牟国家级现代农业示范区建设，重点发展高端高效农业、高科技农业和休闲农业，形成中牟高端高效农业组团式发展格局。

2.航空港-新郑加工物流业组团。依托郑州航空港区位优势和新郑农产品加工集聚优势，发展农产品物流、农产品加工业，吸引一批在国内外具有较大影响力的农业企业总部进驻，布局发展总部农业，打造航空港-新郑加工物流业组团。

3.新郑高效农业组团。以新郑红枣产业示范区、新郑都市型现代农业示范区、新郑高标准粮田粮种示范区为重点，推进新郑国家级现代农业示范区建设，重点发展蔬菜、良种等高效农业，形成新郑高效农业组团式发展格局。

4.二七-新密生态循环农业组团。依托二七区樱桃沟休闲农业产业带和新密市溱水河沿线都市生态示范园建设，重点发展休闲农业、生态农业、循环农业等，打造郑州西南慢享生活循环生态农业产业带核心区，形成二七-新密生态循环农业组团式发展格局。

5.登封生态休闲农业组团。以打造登封全国休闲农业与乡村旅游示范县为重点，积极发展三木实业、全生农牧等种养结合的生态循环农业，雅鑫生态园、康峰蔬菜基地、唐庄休闲农业观光园等蔬菜林果、休闲农业，打造登封生态休闲农业发展组团。

6.荥阳现代种业和绿色蔬菜产业组团。以荥阳王村种业科技创新园区为重点，大力发展现代种业、设施蔬菜、集约化育苗，建设成方连片的规模化蔬菜生产基地，打造现代种业科技研发展示集散中心。

7.邙岭生态林果组团。以荥阳河阴石榴等产业基础为重点，实施标准化果园建设，重点发展具有休闲、示范等功能的现代休闲观光采摘园。

8.沿黄规模化渔业组团。以荥阳国家现代渔业示范区为统揽，主要包括黄河沿岸渔业养殖基地，以黄河鲤鱼为基础，培育特色，重点推进规模化和品牌化发展，做大做强特色渔业。

9.惠济-金水休闲农业组团。以惠济区绿源山水、毛庄绿源、薰衣草庄园、大自然、富景生态园等为基础，依托黄河文化和周边景区，发展高端、创意休闲农业，打造高端休闲农业发展组团。

10.惠济花卉产业组团。依托惠济陈砦（双桥）花卉批发市场和古荥花卉产业基地建设，打造河南（惠济）花卉产业集群。

四、保障措施

（一）健全工作制度

各部门、各县（市、区）要建立联席工作会议制度，及时商讨解决都市型现代农业发展过程中面临的重大问题，制定都市型现代农业发展的专项政策；按照各部门职责分工，明确责任和进度，并将建设完成情况作为考核部门领导班子绩效的重要内容；建立都市型现代农业评价指标体系与考核制度，对各县（市、区）都市型现代农业进程及规划落实情况进行评价、考核与通报。

（二）拓宽融资渠道

创新农村金融服务，利用郑州农业投资担保公司，发挥投融资平台作用，吸引金融资本、社会资本支持都市生态农业建设。创新涉农资金运行机制，积极探索财政贷款贴息、以奖代补、先建后补、县级报账等扶持方式，充分发挥财政资金的引导和杠杆作用。加快发展农业保险，完善农业保险保费补贴政策。探索财政支持下的农业大灾风险分散机制。

（三）培养涉农人才

积极开展创业培训，采取培训机构面授、远程网络互动等方式开展创业培训，提高农业从业人员的基本素质。支持返乡农民、转业军人、大学生等共创农民合作社、家庭农场等新型农业经营主体。创新人才素质提升机制，以建设农民创业园和都市生态农业示范园区为契机，引进吸收一批行业领军人才和高端专业人才。

（作者：张会丽　白忠政　朱戎　郑州市农业农村工作委员会）

他山之石

TASHANZHISHI

厚植京津冀协同发展的战略优势

——经济新常态下北京“新三农”发展纪实

改革春潮此起彼伏。全国“两会”刚刚闭幕，3月17日，我国第十三个“五年规划”正式发布。京津冀协同发展作为国家区域协调发展的重大战略之一，被清晰标刻在未来的蓝图坐标上。

两年前，习近平总书记视察北京，首提这一战略构想；一年前，《京津冀协同发展规划纲要》审议通过，提出形成新增长极目标；如今，“十三五规划”给新增长极勾勒出更加清晰的定位，那就是建设以首都为核心的世界级城市群，辐射带动环渤海地区和北方腹地发展。一盘区域协调发展大棋谋定而动。

重农固本，本固邦宁。在京津冀协同发展中，北京“三农”作为固本之基、发展之要，承担起改革的定盘星和压舱石作用，自觉服务于北京作为全国政治中心、文化中心、国际交往中心、科技创新中心的全新定位，并在变革中实现了转型升级，呈现出全新的特点。

近日，记者深入北京城郊，调研了解首都“三农”新变化、新特点、新发展，充分感受到一幅波澜壮阔的“新三农”画卷正在徐徐展开。

突围——疏解非首都功能

打破“一亩三分地”思维，清理腾退低端产业，向外寻求资源支撑，打赢去库存、降成本、补短板的农业供给侧改革战役。

“京畿”二字，特指国都及周边城市，因在政治、经济、军事等方面的重要地位，往往用作“京畿重地”。首都聚集着大量优质资源，这些资源不仅是北京的，也是全国的。如何发挥辐射功能，进而带动环渤海地区和北方腹地发展？突围前，北京也曾“大城市病”缠身，非首都功能众多。

习总书记一语道破：关键是要打破“一亩三分地”的发展思维。全国目光投向了北京，这是一次对北京政治意识、大局意识、核心意识和看齐意识的大考。

“要自觉从国家和人民需要一个什么样的首都的高度来认识和把握北京工作。”中共中央政治局委员、北京市委书记郭金龙作出回答。这是一场重大深刻的改革，是一项庞大的系统工程，是一个前所未有的攻坚克难过程!

在所有头绪中，如何以五大发展理念为指导，疏解非首都功能成为“牵一发而动全身”的“发”。市委副书记、市长王安顺说，必须统筹把握、合理安排疏解工作重点、步骤、时序，坚持改革创新，努力破除深层次矛盾问题，确保非首都功能转得出、稳得住、能发展。

动员令一经发出，从城市到农村，从第一产业到第三产业，都将在北京落实京津冀协同发展战略、推进非首都功能疏解过程中被重新定位，乃至重塑格局。

“当前阶段，北京‘三农’工作应当在疏解非首都功能中抢抓机遇。”副市长林克庆说，北京郊区农村是京津冀协同发展的重要节点和支撑，有承接首都优质资源的条件和空间，要抓住这个重大发展机遇，促进城乡一体化加快发展。

对北京“三农”而言，疏解非首都功能，其实质是一场去库存、降成本、补短板的供给侧结构性改革战役，要以“壮士断腕”的决心，清理腾退不符合首都定位的农村产业项目，淘汰高资源消耗、高污染的农业落后产能，降低农业生产成本，构建高精尖的农业产业结构。

“低端要拆，高端要建，特别是城乡结合部地区的农村，需要在清退疏解中实现‘腾笼换鸟’，让产业向更高层次发展。”市委农工委书记、市农委主任孙文锴说。

在紧邻国家级自主创新示范区中关村的东升镇，从2014年8月25日贴出关停通告，至10月8日商户全部撤离，明光寺农副产品综合批发市场用了43天就顺利完成关停撤市，打响了该镇市场调整疏解工作第一枪。相继，学院路金五星批发市场、清河朱坊后坟地市场、环三旗建材市场等7家低端市场均关停。

不破不立。镇长武凯说，全镇将疏解工作与产业结构优化升级和优化区域空间布局结合，与人口调整和文明城区创建结合，建立高科技园区，发展科技创新服务业。如今东升科技园正发展成中关村区域新的科技创新引擎，孵化器作用日益明显。

40多岁的钟二翠是东升镇前八家村村民，现在她也是东升科技园的股东。除了采购员的岗位工资外，年底她还能拿到几万元的分红。像钟二翠这样，实现农民变股民、年底拿分红的人，东升镇还有800多人。

与东升不同，提供北京市场八成以上农产品的新发地市场，做的是“功能转移”文章。去年10月29日，河北新发地市场在保定高碑店开业。公司董事长张玉玺介绍，该市场是新发地“内升外扩”战略中13个分市场之一，将重点承担净菜加工、仓储、中转等占地面积大、对交通压力大的环节。

最先进驻高碑店的3800多商户中，八成转移自北京。吸引他们的，是低廉的价格、低成本的运营和方便的运输。拿水果来说，这里每件价格比北京低10-20元。市场负责人测算，营业后市场可保障首都15天以上农产品供应，疏解6000余商户、从业人员5万人，当年减少80万辆车次进京。

说起协同，北京农业早在12年前就开始“吃螃蟹”。2004年至今，京承农业战略合作座谈会已举办六届。借津冀之力，北京发展“两端在内、中间在外”产业服务模式，形成京张、京承两翼蔬菜基地，安全蔬菜外埠生产示范基地达到1900亩。“河北菜”如今超过“山东菜”，成为北京市民的餐桌首选。

协调发展中，首都农业也拓展了自身空间。按照“做精畜牧业”要求，北京优化畜牧产业布局，许多龙头企业在外埠建设基地，引导产业向周边转移。

有“京郊养猪第一村”美誉的顺义区北郎中村，通过设立外埠基地打开了种猪养殖的地理空间瓶颈，目前已与内蒙古敖汉旗签署了意向型协议，今年将把在京郊的四家种猪场全部外迁。全市畜牧业外埠基地已达到57个，通过高标准建设，实现了产业疏解和畜产品安全供应的有机结合。

农业——瞄准“高精尖”

发挥科技优势，用创新驱动都市现代农业引擎，在全国率先提出“调转节”并深入推进，打造高端高效高辐射的朝阳产业。

大城市发展现代农业方兴未艾。

作为全国最早提出发展都市型现代农业的大都市，北京如何面对经济新常态，“领头羊”如何继续领跑，是北京农业人必须回答的时代课题。

在《北京市“十三五”时期城乡一体化发展规划纲要》中，答案明确，力透纸背：“十三五”时期北京将全面建成都市型现代农业示范区，农业现代化程度在全国处于领先水平。“全面”二字蕴意深刻，代表着从量变到质变的整体提升。

信心和定力从何而来？2016年中央一号文件提出，“让农业成为充满希望的朝阳产业”；三年前，北京也曾提出，“努力把都市型现代农业打造成高端高效高辐射的朝阳产业。”

异曲同工之妙！科技资源全国领先、高端人群集聚、政策支持强劲、市场潜力巨大，得天独厚的优势让农业发展新理念、改革新举措在北京迅速找到生根发芽的土壤。“如今北京农业已过了追求产量和数量的阶段，依靠科技创新驱动，让农业瞄准‘高精尖’成为可能。”市委农工委副书记刘福志说。

作为国际化大都市，北京农业占GDP的比重早已不足1%。但你也许不知道：北京保有国家级种质资源40余万份，居世界第二位；每年选育的主要农作物新品种数量和种业销售额占全国10%，初步建成中国种业科技创新中心、国内外种业企业聚集中心、全国种业交易交流中心，搭建起种业发展服务平台。

上世纪，北京小麦花培育种走在世界前列；采用黄早四种群自交系育种的玉米优良品种，作为国家重大科技成果封存在中华世纪坛。近几年，二系杂交小麦技术体系创建，使我国杂交小麦研究达到世界领先水平；世界首张西瓜基因组序列图谱绘制与破译，标志我国西瓜基因组学研究取得了国际领先地位……

科技创新改变农业面貌。在打造“国家种子硅谷”的旗舰基地——通州国际种业科技园，记者看到，这里将航天育种与高通量分子育种结合进行种子检验，让育种和检验驶上“高速路”，一次性检测上万个样品，比普通检测快了几十倍。北京科技进步对农业增长的贡献率已超过70%。

创新无处不在。2014年，北京率先提出调结构、转方式，发展高效节水农业的战略思路。这是在当前农业供给侧结构性改革中，北京提前发力的证明。通过不断创新，构建现代农业产业体系、生产体系、经营体系，大力推进规模化经营、标准化生产、品牌化营销，北京农业由生产导向向消费导向转变，农产品由“大陆货”向“品牌货”转变，正契合农业供给侧改革提出的不断提升品质、适应市场需求的要求。

“喝了几十年，还是认三元。”这是北京老百姓朴实的一句话，看似平淡，却是几代三元人近60年不敢松懈，坚守“质量立市、诚信为本”的结果。在全国乳品质量安全风波不断的情况下，三元没出过问题。问及原因，公司董事长张福平说，三元不盲目扩张，将食品安全永远放在生产经营首重位置。

三元的牧场也已经建到了京外。为保证牛奶品质，三元每周都为奶牛“体检”，严格建设上游奶源基地，将牧场作为第一车间。在看似保守的发展中实实在在保证品质，体现了首都企业良心，成就了百姓放心品牌。婴儿配方奶是中国奶业人“永远的痛”。作为有责任担当的企业，三元前年获得市政府千万元拨款，并自配千万元科研经费，力争啃下这块“硬骨头”，推出符合中国宝宝身体需要和口味的、具有自主知识产权的产品，为中国奶业正名。

在都市，农业的多功能性得到充分拓展。就在此时，一场展示北京都市型现代农业成就的“嘉年华”正在昌平区盛大上演：汇集120余项先进技术，农作物任你想象长在楼顶、墙上、办公桌旁，栽种在病房内、厨房里，休息时随手摘食；自动轨道让植物追着太阳“跑”；“鱼菜共生”在家中营造出温馨的小循环系统；作物所需的肥能缓控释、水能自动浇。农作物拼成各种图案，摆成各色景观，不仅能吃能赏，更能亲自体验。

其间，“互联网+现代农业”打造的阿卡“云农场”让人耳目一新。通过手机，你可以随时随地查看“自家”农田长势，通过咨询在线专家进行种植，用手机下单或预约采摘，查看配送车位置，甚至叫大厨上门服务。科技能从田间一直服务到你的嘴边。如此精彩的农业，源于阿卡农庄“博士庄主”江宇虹为儿子“大苹果”提供最纯粹农产品的爱。她把自己在剑桥和戴尔学习、实践的互联网思维“嫁接”到农业中，用云系统监控植物生长过程，坚持零农药、零化肥、零激素，全程可追溯。

“非传统农业生产者将农业做好不易，但要改造传统农业，却需要我们这些门外汉的‘剑走偏锋’。”江宇虹运用金融手段发行信用卡，通过众筹方式扩大生产规模，将“中央厨房”开到国贸写字楼内，农庄从最初20个大棚发展到1000多个，企业和个人会员累计2万多人，包括壳牌、大众、IBM在内的200多家世界500强企业参与阿卡的蔬菜大棚托管和农场体验等服务。

在北京，农业的辐射作用还在于，它吸引一批有学历、有能力，懂市场、懂品牌的“新农人”加入，构成了北京都市型现代农业的靓丽风景线。同样作为女博士的段然，将她钟爱的芽菜种到了“工厂”里，从种到收，植物生长所需要的所有自然要素都可精确控制，她种出的菜甚至获得了工业产品生产许可。

农业作为魅力产业，在北京吸引着越来越多8090后“加盟”，成为高级产业工人。网名“孔二愣子”的孔博，在北京理工大学毕业后，选择回到家乡密云卖特色农产品；几年来，他的“密农人家”以鲜取胜、抢占先机，从小小“夫妻店”发展到淘宝华北地区农产品类的销量冠军，三年复合增长超过100%。

孔博选择了“风雨后见彩虹”的精彩，更有年轻人的默默无闻、甘于奉献。从2006年开始，一帮年轻人聚在一起，在市植保站支持下，尝试以社会化服务方式为农民提供植保服务，从一家一户敲门拜访、田间指导质疑不断，到成为全市推进“全程绿色防控”技术体系的主力军。一批人走了，又一批加入，吃苦和坚守中他们实现了人生价值。

农村——拓展“战略腹地”

修复生态改善环境，依托美丽乡村建设，打造新农村建设升级版，促进一二三产深度融合，为“腾笼换鸟”提供空间资源。

从经济看，北京是“大城市、小农村”。然而从空间看，这个判断则要倒转。早在2008年，北京市委、市政府就提出，农村是首都发展的战略腹地，这个定位在去年的全市农村工作会议上被进一步强调。

京津冀三地地缘相接、人缘相亲，地域一体、文化一脉，京郊从地脉上直接津冀，势必成为协同发展的对接点和主阵地。以绿色发展理念引领的北京“新农村”，逐渐突显生态屏障意义和促进一二三产融合的作用。

在“北京最美的乡村”之一的蔡家洼村，记者看到，占地5000亩的现代农业园区萌发葱绿，不仅有400亩现代观光工业园区、2000亩“玫瑰情园”，还有红酒庄园和北欧风情小镇，这个有800多户人家、2600多口人的村子尽显现代与时尚。

“农民不种地，进厂当工人；村里没有田，观光厂房建；农居不再矮，高楼林立环；生活不出村，科教文卫全。”村干部喜欢用这样一首打油诗介绍村子。五六月花开时，蓝天白云、绿水青山、景观花海，共同交织出一幅浪漫的乡村画卷。

在北京，像蔡家洼这样的“最美乡村”遍布京郊，散发出璀璨星光。十年前开始，北京市委农工委、市农委就组织开展寻找“北京最美的乡村”宣传评选活动，到现在已评选出93个村庄。“最土”的农业竟开了“选美”先河。

去年10月25日，北京美丽乡村联合会正式成立。“这个新的交流平台，有利于各村分享生产、生活、环境、人文四美建设的经验成果，抱团发展，将遍布京郊的‘美丽焦点’连接为整片的‘美丽风景图’。”市农委宣传处处长陈立玺说。

宣传评选活动一定程度上带动了新农村建设。如今，建设美丽乡村已成为北京新农村建设的重要抓手，并随着内涵不断丰富，逐渐显现出新农村建设“升级版”的良好态势。“十二五”期间，全市在1000余个村庄启动了美丽乡村建设。

改善农村基础设施，是美丽乡村建设的题中之义。几年时间，京郊农村旧貌换新颜，基本实现农村安全饮水，建成乡镇污水处理厂48座，村污水处理站1001处，郊区污水处理率达到66.2%，远郊区垃圾无害化处理率达到97.2%。

交通方面，由轨道交通、高速公路、新城路网、浅山区路网等构建的城乡交通路网体系已具规模，3条连接新城的轨道交通项目建成运营，山区环线基本全线贯通，郊区公交运营线路367条，日均客运量126万人次，率先基本实现“村村通公交”。

北京山区面积超过一半，发展“沟域经济”是问题倒逼所致，更是北京首创。不夜谷、神泉峡、四季花海、古北水镇……这些特色各异的山沟沟像一块块强大的磁石，吸引城里人前来“洗肺”“醒脑”。按照“绿水青山就是金山银山”的绿色发展理念，北京各沟域构筑绿色循环、产业融合、特色富民、高端高效的产业体系。昔日“人见人愁”的穷山沟，变成了“人见人爱”的生态谷，成了城市居民的“大氧吧”、山区农民的“聚宝盆”。

百里山水画廊沟域覆盖延庆千家店镇全境，以优美的环境成为北京市自驾游最佳线路之首。千家店对黑河和白河沿岸60公里精心布局，打造古家山寨、滴水壶、乌龙峡谷、龙王庙等12个满足游人“吃往行游乐购”的功能节点，点联缀成线，构成“一镇一业、一村一品”的休闲旅游圈。

沟内经过生态环境治理，建设千亩葵海、万亩茶园等工程，实现“镇景合一”，构建了以硅化木地质公园为主体，集旅游观光、休闲度假、科普示范、农事体验、农家休憩于一体的国家4A级旅游景区。沟内12个民俗接待村、300多家民俗接待户挂牌经营，去年民俗经营总收入4995万元，增长13.3%。

绿色是农业的固有属性。京郊农村广大地区发挥生态屏障作用，在治理首都大城市病、改善大气污染、承接首都功能疏解等方面具有不可或缺的作用。

2013年，北京率先启动了农村地区优质燃煤替代工程。“减煤换煤、清洁空气”行动作为市委、市政府贯彻落实党中央、国务院对首都大气污染防治工作的一项重要措施，如今已有6万农户实现“煤改电”。农民也为蓝天白云贡献了力量。

春节前，记者走进通州区何各庄村村民赵天海家，新安装的空气源式电取暖设备让屋内温暖如春。“电暖气一通电就供暖，按设定好的温度自动停止和启动，可省事儿了！”赵天海说。他还记得以前用炉子取暖，黑烟呛得眼睛疼，每天定点填煤、换煤，否则屋里就跟掉冰窖里一样冷。现在冬季室温保持在19℃以上，而且清洁干净；费用上，经市区两级财政补贴后，每度电只付1毛钱。

农民——共享“改革红利”

“新三起来”等多项改革的实施，把农民变股东，把土地变资产，同时多管齐下、“精准帮扶”，补齐低收入农户增收短板。

在北京做农民很幸福。数据显示：去年全市农民人均可支配收入突破2万元，在全国名列前茅。“十二五”时期，北京农村居民人均收入年均增长11.2%，增速连续7年快于城镇居民。

在全国面临农产品价格下行和农民工资性收入增长乏力“双碰头”的情况下，北京农民增收成绩喜人，得益于城乡一体化和新型城镇化释放的改革红利。

2013年以来，北京以“新三起来”即土地流转起来、资产经营起来、农民组织起来为总抓手，全面深入推进农村改革：“三块地”确权赋能、集体经济产权制度改革、农村金融改革、“一绿”“二绿”地区城市化建设及乡镇统筹利用集体经营性建设用地试点、盘活利用农村闲置房屋发展健康养老产业试点、家庭农场试点等稳步推进。

一石激起千层浪。在理顺农民与资源、积累、市场关系后，京郊大地迸发出勃勃生机。

昔日默默无闻的大兴区西红门镇，正凭借产业升级的翅膀，掀开经济腾飞的新篇章；以前镇域内破烂的村镇工业大院，乘着农村集体经营性建设用地的入市春风，如今摇身变为环境优美的创新金融基地。

西红门在大兴最北端，是典型的城乡结合部，以往工业大院连片，小型印刷包装厂、废品回收厂、服装加工厂等随处可见。村民通过在自家院里增盖房屋出租获得生活来源。这种被称为“吃瓦片”式的经济形式，在北京郊区较为普遍。

2011年，大兴将西红门作为城乡结合部升级改造的重点地区之一。去年1月，中办、国办联合印发《关于农村土地征收、集体经营性建设用地入市、宅基地制度改革试点工作的意见》；2月，大兴成为北京获批的试点区，西红门也由此成为全国农村集体经营性建设用地改革试点的具体实施地之一。

截至去年，西红门所辖27个村以集体土地入股，由镇政府成立资产管理公司负责经营入股土地，并对村民收益分配。实践中各村还有高招：有的利用集体闲置资金，出资1.9亿元购置星光影视园A栋，每年村集体通过出租影视园增加收益1200万元；有的采取集体出资、村民自愿入股的方式购置商业不动产，统一出租经营，按利润分红，农民人均年增收3000多元。

今年初，西红门镇绿隔产业用地挂牌出让，这是北京首宗农村集体建设用地入市。起拍价4.5亿元，最终以8.05亿元价格成交，实现了与国有建设用地的同权同价。

北京农村产权交易在基层已实践多年，2010年，北京农村产权交易所成立，进入市场化运作阶段。几年累计成交农村产权交易项目402笔，流转土地

11.37万亩。去年初，该所联合天津、河北几家农交所进行了京津冀农村产权交易市场战略合作签约，农村产权交易在更大的平台上得以推动。

随着改革深入推进，北京近郊农民收入这几年是坐着“火箭”往上涨。从全国统计口径看，北京没有贫困人口，但是与自己比，在远郊山区，还有645个村、23.33万户村民的收入与全市平均水平有较大差距。

小康不小康，关键看老乡。北京市委、市政府高度重视低收入农户增收问题，提出“确保低收入农户同步实现率先全面建成小康社会目标”。“十二五”时期，全市低收入农户增收步伐明显加快，五年内低收入农户增收速度均高于全市农民水平。

坡峰岭景区位于房山区周口店镇黄山店村，矿山关闭后村子失去了主导产业，村民没有了主要收入来源，是该区有代表性的山区低收入村。

近年来，黄山店依托丰富的景观资源，大力发展以乡村旅游业为主的替代产业。村集体整合资金、资源、资产，成立旅游公司发展乡村旅游，将村集体资产量化到集体经济组织成员个人，每年享受股份分红。村集体开发的坡峰岭景区，年接待游客30万人，门票收入500多万元，带动村庄餐饮服务业发展和农副产品销售。同时村委会出资，组织村民开展技能培训，劳动力不出村就能就业。

“小水滴灌”式精准帮扶新举措，是北京在“十二五”时期促进低收入农户增收的着力点，通过加大资金投入力度因地制宜、分类指导。2013年，市级安排4200万元，对在产业发展等方面成绩突出的97个低收入村、4个经济薄弱乡镇给予奖励；2014年，市级安排4989万元，对66个低收入村产业项目扶持，并在沟域经济、一事一议、山区搬迁等方面加大政策倾斜；2015年，为创新财政帮扶资金投入方式，开展“异地物业”项目试点，市级安排9000万元，在大兴、密云试点以异地购置物业取得长期稳定收益支持低收入村发展的长效帮扶机制，两区配套资金1.5亿元。

同时，北京还大力提升社会保障水平，去年率先在全国实现居民最低保障标准城乡统一。全市城乡居民基础养老金和福利养老金每人每月分别提高40元、35元，达到470元、385元，受益农民71万人。

潮平两岸阔，风正一帆悬。今年

是国家“十三五”规划实施的开局之年，京津冀协同发展对于经济社会全局意义重大，经过转型升级的北京“新三农”，必将在这一国家战略中厚植发展基础，展现勃勃生机。

（本文来源：郑州市农业农村工作委员会推荐）

亮出底色守住底线

——贵州省推进生态文明建设纪实

绿色，是贵州奋进的底色，也是贵州发展的潜力所在。站在全面深化改革的新起点上，贵州依靠多年的积累，协调推进“四个全面”战略布局，牢牢守住“发展与生态”两条底线，把生态文明建设作为实现全面建成小康社会的跨越发展之路，培植后发优势，奋力赶超，走出一条有别于东部、不同于西部其他省份的发展新路。

守住生态和发展两条底线

众所周知，贵州贫困，是全国同步小康任务最艰巨的一个省份，目前全省还有600多万贫困人口无法享受正常的居民生活；贵州多山，是全国唯一没有平原支撑的省份，支离破碎贫瘠的土地，勤劳的人们只能在“鸡窝地”、“巴掌田”上找食；贵州多绿，全省森林面积超过1.3亿亩，森林覆盖率达到49%。

在这方贫困而又美丽的土地上，经济如何发展，人民如何富裕，社会如何稳定，如何让一方水土成为人们同步小康的载体？贵州省委书记、省长陈敏尔认为，贵州的发展面临既要“赶”又要“转”的双重任务、双重压力。“贵州的发展必须守住两条底线：一是发展的底线。贵州过去发展慢、欠账多，实现同步小康的任务要求我们必须长期保持一个较快的增长速度；二是生态的底线。绝不能以破坏生态来换取经济增长。必须要转变经济增长方式，走节约资源、保护环境的发展路子。”

制度建设是生态文明建设的基石。今年1月28日，贵州省十二届人民代表大会第三次会议报告指出，要“以促进环境保护为核心，加强生态文明领域立法。率先在全国出台省级生态文明建设促进条例，推动生态文明先行示范区建设，着力构建具有贵州特色的生态文明建设法规体系。”

短短的一段话，背后却凝聚着贵州省近几年在生态文明建设方面所作的不懈努力。

2009年，《贵阳市促进生态文明建设条例》出台，这是国内首部促进生态文明建设的地方性法规。

2011年10月，《贵州省赤水河流域保护条例》出台。该条例不仅为赤水河的治理提供了法律保障，更为贵州生态文明立法提供了经验。赤水河也因此成为贵州省生态文明建设改革之先“河”。

贵州用法治力量引领生态文明不止于一条河。

2014年5月17日，省人大常委会通过《贵州省生态文明建设促进条例》，并于当年7月1日实施。作为贵州省生态文明建设的基本法，条例在诸多方面体现了开创性和地方性：确立了政府、企业、公众在生态文明建设方面的基本权利和义务；突出了加强生态建设、调整产业结构、发展循环经济的思路；强调了生态保护红线、生态补偿、环境信用、环境污染第三方治理等制度。这些内容，国家都没有专门的立法规定，贵州的大胆探索，为国家制定生态文明建设基本法律提供了借鉴。

2014年6月5日，国家发展改革委等六部委批复《贵州省生态文明先行示范区建设实施方案》，标志着贵州在生态文明建设方面已先行一步。

与此同时，2013年，连续举办了4年的生态文明贵阳会议升格成为生态文明贵阳国际论坛，成为我国唯一以生态文明为主题的国家级国际性论坛。如今，已经连续举办了三届的生态文明贵阳国际论坛成为中国向世界发出生态文明的号角，传递中国生态文明建设的最强音。

今天的贵州，发出“多彩贵州拒绝污染”强音，推进“12件环保实事”，实施大气污染防治行动计划。贵阳空气质量指数优良率提高9.8个百分点，贵阳、遵义创建国家环保模范城市通过验收。淘汰落后产能729万吨，建成126个重点减排工程。启动实施县乡村造林绿化三年规划，营造林454万亩，治理石漠化1059平方公里、水土流失2235平方公里。

生态金饭碗需要强有力的产业支撑

49%的森林覆盖率，“生态大公园”“天然大氧吧”“绿色大空调”……山高林密的贵州，因山而贵，储存了巨大的“绿色财富”。

昨日的贵州万重山，自古黔道难，今天的贵州立体交通网络四通八达。4000多公里的高速公路网状分布，今年将实现县县通高速。贵广高铁、沪昆高铁、乌江航道、9市州机场“干支互补”、通江达海。

近年来，贵州一直在探索一种发展模式，如何变生态优势为经济优势，不再端着“金饭碗讨饭吃”，如何变绿水青山为金山银山而又不破坏绿水青山？几经摸索后，贵州探索出了“靠山吃山，吃山养山”的宝贵经验：以经济开发促进生态建设，寓生态建设于经济开发。通过发展山地农业、生态旅游业、生态畜牧业等产业，绿水青山不断变成群众存本取息的“绿色银行”。

2013年，贵州省实施“5个一百工程”，产业园区、现代高效农业示范园区、示范小城镇、城市综合体、旅游景区探路绿色发展，领着农民干，帮助农民赚。2014年下半年，贵州响亮地提出“五大新兴产业”，其中大健康医药产业、山地农业、生态旅游业与山关联，念好“山字经”、种好“摇钱树”，舞动“产业链”，成为实现绿水青山与金山银山共赢的重要路径。

以产业链为支撑，拉动一产转型，以绿色发展为理念，引领二产升级，贵州已经冲破旧的发展模式，开启新的发展征程。

小小刺梨，也可以作出大产业。位于六盘水市的天刺力集团研发生产项目投入1.18亿元，建成了6条生产线，主要生产刺梨果脯、饮料、果酒和刺梨高端健康品，是目前同行业中加工能力最强、产品种类最多的企业。2013年建成投产以来，该公司累计实现产值3000万元。项目达产后，年可加工刺梨鲜果15万吨，生产刺梨系列产品5.2万吨，产值达12亿元。

站在盘县滑石乡哒啦仙谷山顶的凉亭远望，红豆杉、红桃、刺梨等经果林把哒啦仙谷装扮得格外美丽。“要种有经济价值的树，解决百姓致富问题。”园区负责人介绍，“绿色贵州建设三年行动计划，不仅是要让山上绿起来，让山上美起来，还要让群众富起来。”

扛起生态文明的旗帜，贵州绿色产业频传佳音，奔小康信心满满：到“十二五”末，全面建成小康社会实现程度提高到80%以上；到2020年，以县为单位人均生产总值达到5000美元以上。

农业是绿色贵州发展的潜力股

贵州之贵，在于山贵。2014年6月，习近平总书记在贵州视察时嘱托：贵州要走出一条“有别于东部，不同于西部其他省份”的发展新路，希望在山，潜力在山，后发赶超靠山。

念好“山字经”，种好“摇钱树”。近年来，立足山地资源禀赋，贵州以结构调整为主线，以特色优势产业为抓手，以农业园区建设为平台，大力发展现代山地高效农业，形成了贵州农业农村经济快速发展的良好局面。

在全省重点打造的“5个一百工程”园区建设中，陈敏尔表示，其他园区建设都要封顶，只有农业园区建设上不封顶，只要有条件，能够保护生态、带动农民增收致富，能做多少就做多少，多多益善。

如今，依托生物资源多样性的优势，发展现代高效山地农业，一批优势特色主导产业如生态畜牧、茶叶、蔬菜、精品水果、马铃薯、中药材、核桃、油茶、特色食粮和特色渔业等特色优势产业迅速发展壮大；一些产业逐步在全国占据了一定地位，茶叶、辣椒、火龙果、刺梨、薏苡种植面积居全国第一位，马铃薯、中药材居第三位，蓝莓种植居第四位，大鲵存池量居第四位；湄潭翠芽、都匀毛尖、“乌蒙山宝 毕节珍好”一批特产形成品牌，畅销全国。

走进安龙县贵州汇珠薏仁集团生产车间，工人们正忙碌着灌装薏仁精油。汇珠薏仁集团每年可产薏仁精油1000吨，产值超过26亿元。

薏仁产业风生水起，让黔西南州数以万计的农民增收。如今，黔西南的薏仁米种植规模已达30万亩以上。

雪榕生物威宁食用菌产业园项目是威宁自治县重点招商引资企业，从培育房到出菇房，密密麻麻的菌棒遍布其中。公司负责人刘相涛介绍，该公司已形成日装菌棒4万袋的生产规模，每天使用玉米芯、甘蔗渣、麸皮等原料70吨左右，日产香菇30吨，年产值1.3亿元，解决近400人就业。

“该公司利用了一些烟秆、秸秆、玉米秆等，充分利用了当地废弃的资源，对环境的保护发挥了非常重要的作用。”贵州省农委主任刘福成认为，该项目增加了贵州食用菌产量，它将传统的农业生产方式产业化，对技术、产能、用工以及农业效益的提高都发挥了很好的作用。

把守住两条底线的意识转化为担当意识、转化为指标体系、转化为项目落实，让生态产业化、产业生态化，绿色贵州 六盘水梅花山军民共建植树造林项目是另一个范例。

围绕六盘水市委、市政府规划建设中国凉都 梅花山国际生态休闲度假区，力争把梅花山打造成为群众增收致富的“花果山”的目标，水城军分区组织力量在梅花山、明湖湿地公园、玉源水库等地种植红豆杉、猕猴桃、刺梨等共计14.8万亩。

白花花的石山变绿了，石山区的农民也开始了绿色的收获。过去的贞丰县北盘江镇怪石嶙峋，是石漠化的重灾区，农民在漫山的岩石中寻找稀薄的土壤种植玉米，一年的收成仅够3个月吃。如今漫山遍野种上了花椒，既赚钱又保护了土壤。

实现经济发展和民生改善良性循环

加快赶、全力转、奋力超的贵州，更加关注民生、重视民生、保障民生、改善民生，努力实现经济发展和民生改善良性循环。

走进毕节市百里杜鹃花海文化城，553幢别墅民居错落有致摆布，生态广场、大型停车场和幼儿园配套建设，成为花海文化城时下最耀眼的风景。这是政府投资2.1亿元修建的生态移民安置点，一期工程171幢于去年底完工交付使用，已有80%的搬迁户入驻，上百户人家在杜鹃花节期间，开旅店、搞餐饮，尝到旅游服务的甜头。

开展生态移民，是贵州决战贫困、攻克小康路上“最后一公里”的重要举措。为了让山更清、水更绿、百姓更富，贵州以实施新型工业化、新型城镇化、农业现代化、旅游产业化“四位一体”为抓手，在宽广的发展平台上既“赶”又“转”，统筹城乡新发展。

2012年至2014年，贵州不断加大民生投入，累计投资近2000亿元，全面完成“民生实事”年度任务。实实在在的“真金白银”，换来的是城乡人民幸福指数的不断攀升。

全面实施城乡居民大病保险政策，基本医疗保险异地就医即时结算提前实现全省覆盖；深入实施“9+3”义务教育及三年免费中等职业教育计划，启动实施基本普及15年教育计划，乡镇公办中心幼儿园实现全覆盖；“3个15万元”等促进就业政策，带动10多万人就业；建设农村敬老院，实现农村老人老有所养……

以乡村为底，绘发展新图。2013年贵州启动“四在农家 美丽乡村”基础设施建设小康路、小康水、小康房、小康电、小康讯和小康寨六项行动计划，推动基础设施向乡村延伸，加快改善农民生产生活条件。

以人为本，道法自然。贵州精心演绎城乡统筹发展二重唱，大力推动山水城市、绿色小镇、美丽乡村、和谐社区建设，走出一条有特色、集约型、多样化的贵州山地特色新型城镇化道路。

（本文来源：中国农民日报）

新书推介

XINSHUTUIJIE

新 书 推 介

《互联网+农业——助力传统农业转型升级》

作者：李宁　潘晓　徐英淇

出版时间：第1版（2015年11月1日）

出版社：机械工业出版社

《互联网+农业——助力传统农业转型升级》由易观“互联网+”研究院出品。易观“互联网+”研究院为易观企业教育旗下“互联网+”第一研究院。易观企业教育前身为易观商业解决方案，为易观国际集团旗下核心企业。秉承易观15年来企业互联网化咨询积淀，易观企业教育始终以服务企业教育为宗旨，目前已发展成为国内最大企业教育机构。自2000年至今，易观企业教育伴随合作伙伴走过IT、新媒体互联网化三大时代浪潮，拥有超过500家战略客户，涉及IT、制造、零售、通讯等多个行业及领域。伴随中国产业互联网化三次浪潮，易观企业教育因时而变，创造性提出互联网化、互联网+、互联网化三大战役——“卖货、聚粉、建平台”等理论。

本书共分五个章节，16开本，204页，20余万字。从互联网与农业大势分析落笔，在“互联网+农业”生态圈构建处泼墨，细致勾勒了“互联网+农业”实现方式，关于对未来的展望以留白的方式带领读者自由想象。书中引入了易观独创的“卖货、聚粉、建平台”方法论，结合案例进行了详尽论述，并适时总结核心观点和关键成功要素，对于还处于初创探索期的“互联网+农业”，不得不说是最为珍贵的伴手宝典。其内容“信”：一方面本书援引的是最为权威的第一手数据，数据来源真是可查，出处包括统计部门、行业协会、专业的研究机构；另一方面书中提及的诸多案例是由易观企业教育咨询顾问实地伏案执行，获取的资讯是最真实的市场情况，制定的方案是最有效的落地策略；其行文“达”：本书逻辑框架严密，基本上是沿着“为什么”“是什么”“怎么做”的顺序展开，每一个案例都对用户定位、产品规划、推广模式和盈利模式进行细致研究，真正做到有条理地完整呈现一个案例的全部内容；其语言“雅”：本书不是教科书，不是单方面的说教，需要通过与读者交流产生共鸣，在表述方面力求深入浅出，用最质朴、最有温度的语言与读者分享、交流，让整本书充满人文情怀。

正如“互联网+农业”刚刚上路一样，关于这方面的研究也只是刚刚开始，目前的研究对于“互联网+农业”真正释放出应有的全部效能还远远不够，本书算是一本抛砖引玉之作，希望能够唤起更多研究者、从业者的参与感，帮助“互联网+农业”驶出泥淖，渐入佳境。提倡多年的农业现代化将快步进入更加高级的“智慧农业”阶段，技术驱动的农业生产方式将彻底改变传统的以人力劳动主导的生产方式，农村建设将成为智能化设备应用与实践的最重要的一块乐土，农民的职业化与专业化发展也促使其成为最为紧俏的、热门的就业选择。农业是国家立业之根本，农业兴则百业兴，互联网对农业的渗透和革新绝不仅仅是农业领域的一次改造，而是从更广泛的范围影响人类生产生活方式的一次变革，固有的城乡二元结构也将出现新的破局之路，由此而深度影响的城镇化进程将促使社会发展的多极化、均衡化局面产生，饥饿问题、贫穷问题、不平等问题甚至是世界和平问题都可能从中找到新的解决线索，对于未来的美好图景要敢想象、敢作为。

希望本书能够为那些亟待寻求转型的农业企业以及业界人士提供一些富有建设性的启示。

《生态农场纪实》

作者：蒋高明

出版时间：第1版（2013年5月1日）

出版社：中国科学技术出版社；

《生态农场纪实》记述的是一个科研性生态农场的实践之路，从中折射出中国三十年的社会变化给传统农业带来的巨大冲击。一群科研工作者放弃空谈，进行了关于生态农业的实践。他们用数据呈现给我们一个令人振奋的成果：生态农业不仅能彻底解决粮食安全问题，还能让退化的生态环境休养生息。农业是立国之本，只有解决了农业和农村问题才能确保国家长治久安。

本书共分八个章节，16开本，260页，25万字。作者蒋高明教授带领科研团队从事生态农业实践7年之久，历尽艰辛。他们用一次又一次的实验，证明了搞生态农业没有技术难度。生态农业其实就是三十年前中国一直沿用的农业生产模式，所谓的科研是为了找回原来的路，并在原有基础上增加环保和增产的技术。本书主要围绕以下几个方面讲述了生态农业的发展方式。

第一，尊重所有物种生存权利。我们知道，“害虫”和“杂草”是人类冠以自己不喜欢的物种身上的贬义词。作为物种，“害虫”和“杂草”同我们人类一样，有着生长、生存、繁殖，享受阳光、空气、水分和食物的基本权利。在生态农场，我们用生态平衡的方式管理生物多样性，利用物种的天敌来控制恶性种群的扩张，利用物理与生物方式相结合的方法管理物种。我们彻底告别了农药和除草剂，将曾经对农田造成危害的物种当作资源利用起来，促进农业生态系统的平衡。

第二，保证耕地的高生产力，用地更要养地。我们知道，化肥可以在短期内提供作物需要的养分，但是过量使用化肥会损伤耕地，化肥中不含土壤内的动物和微生物生长需要的养分。农膜虽然在短期内提升了土壤温度，但农膜焚烧会产生致癌物。高毒性农药的使用，使许多长期近距离接触的人们患上了各种疾病。在30年前，农民甚少听说的癌症，现在发病率很高，至今他们还不了解得癌症是环境恶化造成的。我们要将被农民焚烧的秸秆等废弃物通过大型反刍动物转化，产生大量的有机肥，再返回农田，从而保持土壤的水、肥、气、热和土壤生物多样性；用有机肥养地，让耕地变黑，固碳。

第三，带动农民充分利用家门口的能源，远离煤炭、天然气，尽量减少温室气体排放。我们知道，中国农民是全球最勤劳的人群之一，而今富裕起来的农民大量使用煤炭、液化气、电力，这是现代化的象征，也是环境恶化的开始。我们让秸秆、粪便进行生物发酵，产生沼气，用以供农民做饭、取暖、照明之需。瑞典、瑞士可以将沼气装进轿车、公共汽车里驱动发动机，我们也已成功将沼气通入农户。国家大量开发更多的煤炭，并且建设高坝来发电，还利用太阳能、风能，甚至高风险的核能发电，殊不知，电力的缺口会因富裕的农民增多而不断扩大，引领农民利用家门口的传统生物质能才是大势所趋。

第四，引领农民将二氧化碳等温室气体埋葬在耕地里。我国有1.2亿公顷耕地，这些耕地除了基本解决13亿人吃饭问题外，还有一个巨大的功能，就是可将困惑人类的温室气体埋葬在土壤里。现在如果我们恢复了生态循环，植物秸秆固定的碳，还有大部分粮食中的碳，经过人类和动物消费后，再通过有机质还田的途径，从大气抽取聚合并固定在土壤中。如果我们经过10–30年努力，将土壤有机质提高一个百分点的话，则意味着每年有10亿–30亿吨的二氧化碳埋葬在土壤里。耕地固碳是利用有机质养地，是提高作物产量的副产品。中国有大量的农民，勤劳的农民如果充分动员起来，对温室气体减排的作用将是巨大的。

本书提到的技术其实并不是完全回归到30年前，而是在很多关键技术上超越了从前。同时生态农业的种种艰辛，在这本《生态农场纪实》中都有详细的体现。望能给喜欢生态农业和从事生态农业发展的学者提供一些帮助。

《世界历史上的农业》

作者：（美国）马克 B.陶格（Mark B.Tauger）

译者：刘健 李军

出版时间：出版时间：第1版（2015年1月1日）

出版社：商务印书馆

本丛书为上海市地方本科院校“十二五”内涵建设文科师范一流学科项目，是上海高校一流学科（B类）建设计划上海师范大学世界史规划项目的成果，教育部人文社科重点研究基地都市文化研究中心规划项目，并得到教育部新世纪优秀人才支持计划资助。

本书运用丰富的一手和二手资料。在延伸阅读中，列出了主要的参考资料，这些资料多数为著作，也有大量论文。这些阅读资料和参考书目将帮助有兴趣的读者获得更加完备的资料。本书共分八个章节，16开本，216页，15万字。

第一章　农业的起源与双重剥削：无论在什么地方，农业化的进程都是缓慢而曲折。人类进入农业生活之前已经建立起适应季节和年份变化的模式。他们扩大采集和狩猎的范围，自然就导致众多动物物种消失。即使在已经定居、从事农业和畜牧业生产之后，人类仍然继续狩猎采集活动。

第二章　古代社会的农业：土地与自由之间第一次大规模冲突：在希腊、罗马、中国这样古老的大农业社会，农村人口中多数人遭受不同程度的双重剥削，各地的反应也不尽相同。在地中海地区的希腊和罗马，大的自然灾害不多。这个地区农民面临的主要问题是天气干燥和盐碱地问题，他们通常采取已经掌握的各种方式处理这些问题。在中国，农民无数次地遭遇各种灾难，其严重程度和规模在欧洲前所未见，比如大河流改道或经年干旱及洪水。后世中国政府创立专门处置紧急状况的机构，执行长期发展计划，雇用上万名劳动力避免再次发生类似灾难。这些措施执行的成功与否是中国政局变化的晴雨表。

第三章　后古典社会的农业：在后古典时期，环境因素在农业和农民生活中发挥重要的，甚至是决定性的作用。中国和拜占庭都经历了连年灾害，粮食收成遭受损失，出现饥荒。欧洲的状况在开始时比较理想，但是最后在小冰期时发生持续数个世纪的大规模农业和人口灾难。

第四章　前近代的农业及欧洲农业统治（1500—1800年）：近现代早期，农民经历了最为严酷的双重剥削。小冰期对农业的威胁前无古人后无来者，特别在北半球。农奴可能占据农民的绝大多数，生产的产品占据世界农业产品的多数份额，其人数和规模也是史无前例的，但是在亚洲这是大规模解放运动时期。

第五章　19世纪的农业：民族解放、现代化与殖民主义：本章将首先叙述19世纪、20世纪农业的现代化转型。这些转型是欧洲资本主义经济形成、欧洲崛起以及后来美国政治、经济主导世界进程的组成部分。在19世纪，这些变化包括解放英美大量的农奴和劳工。这些变化也包括市场化的农业体系的发展。这些变化通常称“农业革命”，在荷兰和英国与其说是革命，还不如说是农耕体系发展的不同道路，美国和阿根廷的农业发展最终也是其表象。

第六章　农业与危机（1900—1940年）：20世纪早期，农业在经济和政治危机中发挥着核心作用。这些危机往往促使政府、商人和公共组织大力改革农业生产体系，甚至整个农业社会。这些组织机构的目标是解决粮食供应问题，改善农村经济和农村生活。但是，多数情况下，目标高于实际执行能力，众多国家企图通过剧烈的改革，甚至革命改变农业，改变它与农业社会之外的那些社会组织的关系。

第七章　繁荣与危机：第二次世界大战至21世纪的农业：1940—2000年，世界农业经历过两次主要转型，现代世界农业食品体系形成。在第二次世界大战期间以及随后几十年时间里，美国逐渐统治世界农业，并形成了世界食品体系。从19世纪70年代以来，许多国家成为农业生产大国，成功地与美国形成竞争关系，打破了世界市场的平衡稳定状态。跨国公司利用他们的财富、市场力量和技术专家控制食品消费。造成农民难以摆脱这些公司强加给他们的农产品要求，成为全球食品体系中的农业劳动者。

第八章　结论：这些观点说明古老的双重剥削现象仍然存在，但是有所变化，更加趋向全球化，更加复杂。文明发展仍然依靠农业，但是现在农业也开始依靠文明。

这种相互依存关系似乎前所未有。在古老的社会，比如古代希腊、中国唐朝和印度莫卧儿王朝，农民的生活相对自给自足。他们必然喜欢用自己的产品交换城镇的手工产品，在灾害爆发时，他们能够从政府获得救济，比如中国的“常平仓”制度。但是，在十分必要的时候，这些社会的农民也拯救自己。农民拥有自己的种子、自己的牲畜，能够在某些紧急情况下依靠村庄。他们遵循文明形成以前祖先的生活方式。

该书系统全面地梳理和总结了世界农业从产生之日起直到今天的方方面面的发展历程，既有讨论作物品种的变化、农业技术的进步和应用、土地改革等传统农业研究的内容，也包括一些新的。本书希望给学者一个概括叙述，给所有爱好者继续探索和深入研究的动力。

后　记

《郑州农村发展报告·2016》是由郑州市人民政府组织市直有关委、局、涉农事业及管理单位、中国人民银行郑州中心支行、郑州商品交易所、科研单位、高等院校、县（市、区）政府的专家、学者和实际工作者共同编写的，郑州市经济社会调查队承担了具体编审工作。

2015年，郑州市认真贯彻落实中央、省委农村工作会议精神和郑州市都市生态农业先行先试、率先发展的要求，以新型城镇化为引领，以“服务城市、富裕农民、优化生态、繁荣农村”为目标，抓改革、转方式、调结构，推动一二三产业融合发展，推进都市生态农业建设，加快农业现代化进程，“三农”工作持续向好，实现了“十二五”的圆满收官。《郑州农村发展报告·2016》全面记载和反映郑州农业和农村发展，描述了农业对整个经济社会的支撑和保障作用。

《郑州农村发展报告·2016》在组稿、编辑出版过程中得到各部门、各级领导的大力支持，省、市有关专家学者的指导，在此一并谢忱。

“报告”中的疏漏、错误之处，恳请读者批评指正。